故宫

博物院藏文物珍品全集

故宮博物院藏文物珍品全集

金陵諸家繪畫

主編：單國強

商務印書館

金陵諸家繪畫
Paintings of Jinling Region

故宮博物院藏文物珍品全集
The Complete Collection of Treasures of the Palace Museum

主　　編 ················· 單國強

副 主 編 ················· 余　輝

編　　委 ················· 傅東光　李湜　婁瑋　聶卉

攝　　影 ················· 馮　輝

出 版 人 ················· 陳萬雄

編輯顧問 ················· 吳　空

責任編輯 ················· 陳　傑

設　　計 ················· 甄玉瓊

出　　版 ················· 商務印書館（香港）有限公司
　　　　　　　　　　　香港筲箕灣耀興道3號東滙廣場8樓
　　　　　　　　　　　http://www.commercialpress.com.hk

發　　行 ················· 香港聯合書刊物流有限公司
　　　　　　　　　　　香港新界荃灣德士古道220-248號荃灣工業中心16樓

製　　版 ················· 昌明製作公司
　　　　　　　　　　　香港北角英皇道416號新都城大廈C座536室

印　　刷 ················· 中華商務彩色印刷有限公司
　　　　　　　　　　　香港新界大埔汀麗路36號中華商務印刷大廈

版　　次 ················· 2022 年7月第1版第2次印刷
　　　　　　　　　　　© 1997 商務印書館（香港）有限公司
　　　　　　　　　　　ISBN 978 962 07 5226 1

故宮博物院藏文物珍品全集

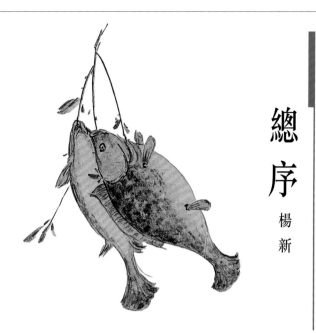

總序

楊新

故宮博物院是在明、清兩代皇宮的基礎上建立起來的國家博物館，位於北京市中心，佔地 72 萬平方米，收藏文物近百萬件。

公元 1406 年，明代永樂皇帝朱棣下詔將北平升為北京，翌年即在元代舊宮的基址上，開始大規模營造新的宮殿。公元 1420 年宮殿落成，稱紫禁城，正式遷都北京。公元 1644 年，清王朝取代明帝國統治，仍建都北京，居住在紫禁城內。按古老的禮制，紫禁城內分前朝、後寢兩大部分。前朝包括太和、中和、保和三大殿，輔以文華、武英兩殿。後寢包括乾清、交泰、坤寧三宮及東、西六宮等，總稱內廷。明、清兩代，從永樂皇帝朱棣至末代皇帝溥儀，共有 24 位皇帝及其后妃都居住在這裏。1911 年孫中山領導的"辛亥革命"，推翻了清王朝統治，結束了兩千餘年的封建帝制。1914 年，北洋政府將瀋陽故宮和承德避暑山莊的部分文物移來，在紫禁城內前朝部分成立古物陳列所。1924 年，溥儀被逐出內廷，紫禁城後半部分於 1925 年建成故宮博物院。

歷代以來，皇帝們都自稱為"天子"。"普天之下，莫非王土；率土之濱，莫非王臣"（《詩經·小雅·北山》），他們把全國的土地和人民視作自己的財產。因此在宮廷內，不但匯集了從全國各地進貢來的各種歷史文化藝術精品和奇珍異寶，而且也集中了全國最優秀的藝術家和匠師，創造新的文化藝術品。中間雖屢經改朝換代，宮廷中的收藏損失無法估計，但是，由於中國的國土遼闊，歷史悠久，人民富於創造，文物散而復聚。清代繼承明代宮廷遺產，到乾隆時期，宮廷中收藏之富，超過了以往任何時代。到清代末年，英法聯軍、八國聯軍兩度侵入北京，橫燒劫掠，文物損失散佚殆不少。溥儀居內廷時，以賞賜、送禮等名義將文物盜出宮外，手下人亦效其尤，至 1923 年中正殿大火，清宮文物再次遭到嚴重損失。儘管如此，清宮的收藏仍然可觀。在故宮博物院籌備建立時，由"辦理清室善後委員會"對其所藏進行了清點，事竣後整理刊印出《故宮物品點查報告》共六編 28 冊，計有文物 117 萬餘件（套）。1947 年底，古物陳列所併入故宮博物院，其文物同時亦歸故宮博物院收藏管理。

二次大戰期間，為了保護故宮文物不至遭到日本侵略者的掠奪和戰火的毀滅，故宮博物院從大量的藏品中檢選出器物、書畫、圖書、檔案共計 13427 箱又 64 包，分五批運至上海和南京，後又輾轉流散到川、黔各地。抗日戰爭勝利以後，文物復又運回南京。隨着國內政治形勢的變化，在南京的文物又有 2972 箱於 1948 年底至 1949 年被運往台灣，50 年代南京文物大部分運返北京，尚有 2211 箱至今仍存放在故宮博物院於南京建造的庫房中。

中華人民共和國成立以後，故宮博物院的體制有所變化，根據當時上級的有關指令，原宮廷中收藏圖書中的一部分，被調撥到北京圖書館，而檔案文獻，則另成立了"中國第一歷史檔案館"負責收藏保管。

50 至 60 年代，故宮博物院對北京本院的文物重新進行了清理核對，按新的觀念，把過去劃分"器物"和書畫類的才被編入文物的範疇，凡屬於清宮舊藏的，均給予"故"字編號，計有 711338 件，其中從過去未被登記的"物品"堆中發現 1200 餘件。作為國家最大博物館，故宮博物院肩負有蒐藏保護流散在社會上珍貴文物的責任。1949 年以後，通過收購、調撥、交換和接受捐贈等渠道以豐富館藏。凡屬新入藏的，均給予"新"字編號，截至 1994 年底，計有 222920 件。

這近百萬件文物，蘊藏着中華民族文化藝術極其豐富的史料。其遠自原始社會、商、周、秦、漢，經魏、晉、南北朝、隋、唐，歷五代、兩宋、元、明，而至於清代和近世。歷朝歷代，均有佳品，從未有間斷。其文物品類，一應俱有，有青銅、玉器、陶瓷、碑刻造像、法書名畫、印璽、漆器、琺瑯、絲織刺繡、竹木牙骨雕刻、金銀器皿、文房珍玩、鐘錶、珠翠首飾、家具以及其他歷史文物等等。每一品種，又自成歷史系列。可以說這是一座巨大的東方文化藝術寶庫，不但集中反映了中華民族數千年文化藝術的歷史發展，凝聚着中國人民巨大的精神力量，同時它也是人類文明進步不可缺少的組成元素。

開發這座寶庫，弘揚民族文化傳統，為社會提供了解和研究這一傳統的可信史料，是故宮博物院的重要任務之一。過去我院曾經通過編輯出版各種圖書、畫冊、刊物，為提供這方面資料作了不少工作，在社會上產生了廣泛的影響，對於推動各科學術的深入研究起到了良好的作用。但是，一種全面而系統地介紹故宮文物以一窺全豹的出版物，由於種種原因，尚未來得及進行。今天，隨着社會的物質生活的提高，和中外文化交流的頻繁往來，無論是中國還是西方，人們越來越多地注意到故宮。學者專家們，無論是專門研究中國的文化歷史，還是從事於東、西方文化的對比研究，也都希望從故宮的藏品中發掘資料，以探索人類文明發展的奧秘。因此，我們決定與香港商務印書館共同努力，合作出版一套全面系統地反映故宮文物收藏的大型圖冊。

要想無一遺漏將近百萬件文物全都出版，我想在近數十年內是不可能的。因此我們在考慮到社會需要的同時，不能不採取精選的辦法，百裏挑一，將那些最具典型和代表性的文物集中起來，約有一萬二千餘件，分成六十卷出版，故名《故宮博物院藏文物珍品全集》。這需要八至十年時間才能完成，可以說是一項跨世紀的工程。六十卷的體例，我們採取按文物分類的方法進行編排，但是不囿於這一方法。例如其中一些與宮廷歷史、典章制度及日常生活有直接關係的文物，則採用特定主題的編輯方法。這部分是最具有宮廷特色的文物，以往常被人們所忽視，而在學術研究深入發展的今天，卻越來越顯示出其重要歷史價值。另外，對某一類數量較多的文物，例如繪畫和陶瓷，則採用每一卷或幾卷具有相對獨立和完整的編排方法，以便於讀者的需要和選購。

如此浩大的工程，其任務是艱巨的。為此我們動員了全院的文物研究者一道工作。由院內老一輩專家和聘請院外若干著名學者為顧問作指導，使這套大型圖冊的科學性、資料性和觀賞性相結合得盡可能地完善完美。但是，由於我們的力量有限，主要任務由中、青年人承擔，其中的錯誤和不足在所難免，因此當我們剛剛開始進行這一工作時，誠懇地希望得到各方面的批評指正和建設性意見，使以後的各卷，能達到更理想之目的。

感謝香港商務印書館的忠誠合作！感謝所有支持和鼓勵我們進行這一事業的人們！

1995 年 8 月 30 日於燈下

目錄

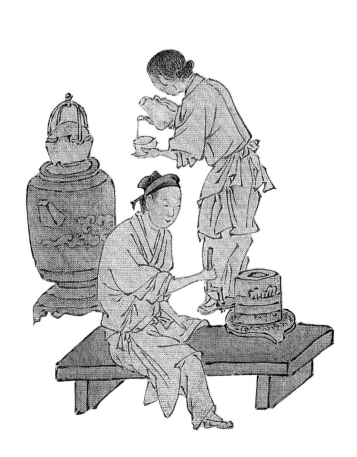

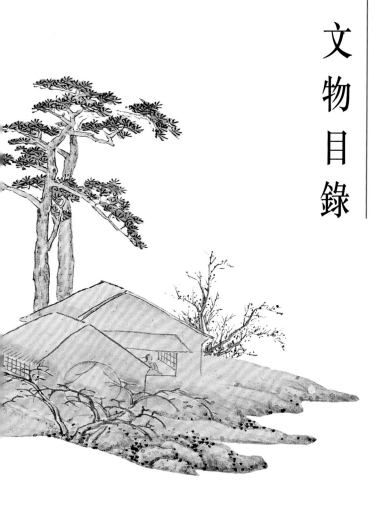

文物目錄

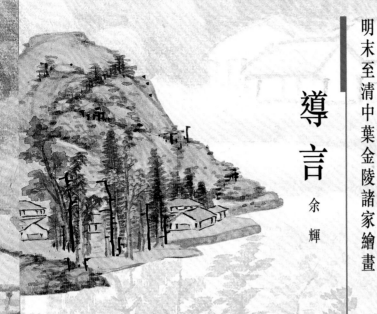

明末至清中葉金陵諸家繪畫

導言

余 輝

金陵諸家的由來和範圍

北京故宮博物院收藏的明末至清中葉活動於金陵（今江蘇南京）一帶的本籍和僑寓畫家的真跡數量近千幅。值得注意的是，當時的清代統治者冷落了金陵地區畫家的藝術，而許多金陵地區畫家基於政治原因也大都無視清代權貴。因此，在清宮的繪畫著錄中，除了極個別的如明末朱之蕃、程正揆等人之作品見於紀錄外，當時很少入藏金陵地區畫家的作品。故現今院藏的清初金陵繪畫中，也沒有一件鈐有清宮收藏璽印或皇親國戚的收藏印。

故宮所藏的這些真品，主要是在二十世紀五十年代至六十年代中期收進的文物，其數量之眾、畫藝之精為海內外之首。它們較完整地反映了明末至清中葉金陵畫壇的全貌，體現了各家的主要繪畫成就，特別是龔賢等名家在各個時期的藝術特色。對其中的名家精品，故宮博物院已作較深入的研究。

六朝古都金陵枕長江之南而臥，在歷史上曾多次吸引了許多擅長繪畫的文人和藝匠在此聚居。本卷所敍金陵諸家，其緣起在於明末清初聚集在金陵的畫家有百人之多，究其原因主要有二：金陵在明、清兩代是南方的政治中心；金陵在歷史上有着深厚的經濟、文化蓄積。這些活躍於此地的畫家及其繼承者使明末以至到清中葉的金陵畫壇再度發放異彩。

明朝開國，定都金陵，至明成祖朱棣改為定都北京，以金陵為陪都。雖然如此，陪都金陵設置了許多與首都北京相對應的政府機構，如城內秦淮河畔的貢院科場；它作為政治及文化機關，吸引了無數試圖通過科舉走向仕途的江南文人到來，使金陵城繼續成為江南最重要的文化名城。此外，江南富庶的經濟資源和發達的商品經濟亦滋養了這座城市。故終明一代，金陵仍是舉足輕重。

清帝國取代了明王朝以後，清初統治者為了籠絡漢族文人，十分看重舊朝的遺老及知識分子，金陵一帶的文人都在招攬之列。如在南明弘光政權中任禮部尚書的錢謙益，以率先迎降而得官禮部侍郎管秘書院事；南明福王時任東閣大學士的王鐸順治年間也降清，得官禮部尚書。然而，當時在金陵一帶的畫家幾乎都不願臣服，其中方亨咸只是極個別的降清文人。面對清初的高壓統治和官祿引誘，金陵一帶富有民族氣節的文人有不少選擇了在這個商業都市裏鬻畫為生、課徒為業的生活方式。他們沉浸在對故國無盡的懷舊之情中，常借憑弔明孝陵、賦詩懷舊等活動遣情；這種情懷更反映在他們的畫作和題畫詩裏，成為金陵諸家繪畫的一大特點。事實上，這種文化現象在中國繪畫史上出現過不止一次。

金陵在清初能成為江南畫家生存的沃土，除了政治上的背景因素外，還有賴其深厚的文化背景。早在魏晉南北朝和五代南唐，金陵因是國都之故，先後兩次成為中國南方的繪畫中心，其藝術成就均曾達到了畫史上的高峯。六朝有東晉顧愷之、劉宋陸探微、蕭齊謝赫、蕭梁張僧繇等，五代時南唐有董源、巨然、周文矩、王齊翰、顧閎中、趙幹等巨匠，於此相繼名世，是金陵歷史上最早的兩批擅於卷軸畫的偉大畫家。他們都注重在金陵地區的生活體驗，並融於其卷軸畫中，特別強調描繪金陵的山水風物。這藝術道路亦為後世金陵畫家所宗，明末清初出現的“金陵八家”亦無例外。

清初的金陵以其豐厚的地域文化獨領風騷，繪畫方面也發展得欣欣向榮。吳門、松江等畫派雖然已成強弩之末，其藝術卻依然滋養了金陵地區的畫家。明末至清初，先後又有許多畫壇巨擘到訪金陵，如清初“四僧”中的石濤和髡殘，後者更終生寓居此地，他們對金陵一帶的畫家有直接的影響；歷經十多年後，清初金陵地區畫家的藝術創作已然充分汲取了諸前輩名師的精粹。綜合而言，同期或稍早畫家對金陵地區繪畫的影響，主要有以下三類：一是來自皖南的渴筆山水；二是出於吳門的文人筆墨和宗法元人的逸筆山水；三是師承宋、明宮廷畫風的寫實山水和人物等。清初的金陵一時成了多種繪畫流派的大熔爐，構成了頗為濃厚的文化氛圍。

金陵諸家從所屬地域來看，大致可分為兩類，一類固然是本籍畫家，而更多的是寓居金陵的畫家，他們主要來自蘇南和皖南。

本卷以“金陵諸家”一名概稱明末至清中葉一百多年間，活動於金陵及金陵一帶的畫家；以時序而言，大致可分為三個階段：一是明末活動在金陵地區的畫家；二是清初“金陵八家”及其同時期的名家；三是“金陵八家”的後人或門人。這三個階段各有長短不一的時間跨度，而在藝術特性上有不可分割的聯繫，可視為發展期、高潮期和餘脈期。

明末金陵畫壇的形成

論及明末金陵地區畫家，須追溯到明代中葉金陵本籍和寓居此地的畫家。明代中、後期，往來中國南北的文人過客均會長期或短期駐足於金陵，由此而逐步形成了一定的文人畫家群。在當時的畫壇上，吳門名家林立，獨步江南，金陵地區畫家的藝術因此而傾向吳門的文人畫風範是必然的趨勢。如吳門畫家長於作紀遊山水，便影響了當時金陵地區畫家的山水畫選材。其中例子有陳沂（1469—1538年），他佔籍金陵，仕至翰林院編修，曾與任待詔的吳門畫家文徵明共論畫事。他的山水畫多記宦遊所歷名山大川，如《西山圖詠圖》卷畫京郊西山之景，約是在京為官時所作，此畫筆墨蒼逸，山形寫實，有吳門文人畫風，還可見到雜糅了一些浙派的筆墨。明代浙派首領戴進、江夏派創始者吳偉等均曾在金陵有過藝術活動，他們的畫風都遠宗南宋馬遠、夏珪，在一定程度上促成了明代中葉的金陵地區畫家師從南宋馬、夏筆墨的好尚。如當地畫家馬俊的山水、人物畫，全帶有浙派的筆墨意趣，即是一例。

明末清初，巨大的政治變化使金陵一下子湧入了許多明朝遺民，加上原籍金陵的遺民畫家，形成了一個特殊的群體；他們都具有共同的遺民意識，即堅守忠於明朝之晚節，拒不仕清。他們當中有許多是富有個性和文人學養的畫家，其政治態度往往也表現於其畫風鮮明而藝術表現互不雷同的山水畫佳作中，寓意於畫便成為他們作品的共有特點。若論他們藝術上的共通處，是他們都在元代隱士黃公望的山水畫那裏找到了共同語言，也就是說借繪畫山水曠野而沉浸在空靈毓秀、灑脫不羈的逸趣之中，以避開無可挽回的政治現實，如楊文聰（貴州貴陽人）、方以智（安徽桐城人）、程邃（安徽歙縣人）等寓居金陵的遺民畫家。此外，先反清、後仕清的程正揆（湖北孝感人），論其畫風也是此一路。還有本地的遺民畫家張風和原為明宗室的畫僧七處等。他們共同的藝術特點是用墨乾淡，造型簡潔。由於他們本已有頗為廣泛的宦遊經歷，其山水畫選材也就多樣，不少是憶舊之作，甚或全憑虛構。如楊文聰繪於1642年的晚年作品《仙人村塢圖》軸（圖8），並非據實景山水，而是畫家憑空塑造的。如前所述，寓意於畫是這個時期金陵諸家山水畫的主要特徵，楊文聰在此畫中的題畫詩也流露出畫家羨慕參禪禮佛的情懷，帶有避世意味，反映了明末文人普遍存有的消極心態。及明亡之際，楊文聰卻一反上述消極心態，轉而作出積極的抗清行為。他在畫完《仙人村塢圖》的第三年，便以蘇松巡撫之身份率兵抗清，後敗退至福建浦城，被俘不降，就義於斯。當其時，也有的文人為避劫或出於絕望而出家為僧，如方以智、七處等。方以智的《策蹇圖》軸（圖12）即繪於他出家之後。該圖畫一老僧戴笠策蹇在山水間，老僧輪廓近似一幾何形，造型樸拙簡練，受晚明變形主義的造型風格的影響；全圖用禿筆以中鋒乾墨繪畫，再用粗筆濃墨畫葉點苔；構圖取元人一江兩岸、高樹通天的佈局形式；他的這種畫風甚為時人所重。七處的山水亦對當時江南畫壇甚具影響，時人謂自翰之（七處字）出，秣陵（今江蘇南京）畫風一變，士夫僧人，無不宗之。他馳名江南長達六十年，年近八十尚在揚州高座寺作畫，終成絕筆。七處圓寂後，片紙尺素，人皆以重金購之，可惜存世的作品極少。從本卷所錄七處《山水圖》卷（圖29）所見，確有“極蒼古之中寓以秀好，極點染處見其清空”之韻致，畫中除枯枝、苔點用濃墨外，遠山、近石和叢林皆用輕淡的筆觸和乾渴的筆墨，但全無乾燥枯澀之感。本籍金陵的畫家張風雖未出家為僧，卻因家貧常常寄居寺觀之中，他的居所僅能容膝，嘗戲稱"蝸牛窩"。張風原是明末崇禎時生員，若非明亡，他可晉身仕途；明亡後，他即效法東晉陶淵明的生活方式優遊山林。他早年的畫風都怡情閒逸；晚年卻佩劍北遊，筆墨也為之一變，轉為勁挺豪爽，帶有北方劍俠的氣格。他繪於庚子（1660 年）年間的《淵明嗅菊圖》軸（圖 23），取陶公"採菊東籬下，悠然見南山"的詩意，正是張風晚年的精品。其圖意在自勵晚節，畫中的陶淵明躬身嗅秋菊，所寓感情十分強烈、真摯。兩年後，張風帶着他崇尚的黃菊——晚節離世了。

女性繪畫是明末金陵諸家中不可或缺的一部分，在當時獲得極大發展，成為金陵繪畫的一大特色。明末的金陵，文人雅集於斯，他們的妻、女亦深受藝術熏陶，甚至投身創作行列。同時，一批風流倜儻的文人墨客也促使一些江南名妓為了與彼等交往而致力尋求共同語言，因而紛紛援筆作畫。因此，明末金陵畫壇分別形成了以方婉儀、黃皆令為代表的閨閣畫家群和以馬守真、薛素素為主的妓女畫家群。她們現存於故宮博物院的繪畫，選材多樣，山水、人物、花鳥無不涉及；表現形式亦豐富多彩，或工整精細，或恣意揮灑，或白描勾勒，或賦色濃麗，以較高的藝術水平把中國女性繪畫推向了高潮。無論是馬守真的《蘭竹水仙圖》軸（圖 3），還是薛素素的《溪橋獨行圖》扇（圖 4），雖均未逾越中國文人畫的藩籬，但其作品帶有一種女性特有的細膩情感和淡淡憂思，開拓了一個男性畫家所難以達到的另一天地，這在中國繪畫史上無疑具有獨特意義。

清初"金陵八家"之說

清初"金陵八家"及與其相關的畫家合成了一股政治態度相似、活動範圍相同、審美取向相近、表現對象相仿、繪畫風格相異的明末遺民的藝術勢潮。其畫風相異的原因有二：其一，當時各路高手雲集，各有所宗，難於以一種畫風統領諸家；其二，金陵地區也許是受到清初統治者的政治高壓，原參加過"復社"的畫家很少雅集，故難以出現藝術風格橫向影響的現象，某家畫法只在父子、兄弟、師徒間相傳，而諸家之間僅保持着鬆散的聯繫，與完整意義的畫派概念不同。直至今天，美術史界仍在爭論金陵當年是否存在一個畫派的問題。或以稱"金陵諸家"為妥，或認為"八家"只是泛稱，選八位知名度相近的畫家以代表當時金陵畫壇的一種藝術傾向，與清代中期的"揚州八家"情況相似。[1] 他們當中的龔賢本應以其藝術成就成為諸家的領袖畫家，但他頗為封閉的隱逸生活限制了他在金陵畫壇的凝聚力。清前期，孰為八家，幾番爭論，全無龔賢一席之地；直到清末，張庚在《國朝畫徵錄》中才將龔賢一舉推為"金陵八家"之首，此說至今已被普遍接納。

"金陵八家"是金陵諸家中的精英，但具體是哪"八家"在清代共有三論。"金陵八家"的概念首先出現於周亮工（1612 — 1672 年）的《讀畫錄》，內將陳卓、吳宏、樊圻、鄒喆、高岑、武丹、蔡澤、李又李合稱為"金陵八家"。成書於乾隆年間（1736 — 1795 年）的《上元縣志》承周亮工之說，只是八家的後四家順序有些變化。成書於同治年間（1862 — 1874 年）的《上江兩縣志》把蔡澤、李又李二人換成了胡慥和葉欣。但正如上述，現今學術界所認同的是張庚《國朝畫徵錄》和清末秦祖永《桐蔭論畫》的説法，即指龔賢（江蘇昆山人）、樊圻（江蘇南京人）、高岑（浙江杭州人）、鄒喆（江蘇吳縣人）、吳宏（江西金谿人）、葉欣（上海松江人）、胡慥（江蘇南京人）、謝蓀（江蘇溧水人）。事實上，除龔賢出類拔萃外，另七人的藝術成就與其他同時期的金陵地區畫家相近，均各有所成，難分軒輊。遺憾的是，曾被列為"金陵八家"之一的李又李的畫跡無存於世。

嚴格地説，若以畫派的概念去歸納明末至清中葉金陵地區畫家的藝術，唯有龔賢一路可推為代表，因為呂潛與龔賢的畫風十分相近，王概、王蓍兄弟，官銓和龔賢之子龔柱等，在藝術上與龔賢有緊密的師承關係，是事實上的"龔賢畫派"。然而這一畫壇史實，卻一直為美術史界所忽視。

龔賢的藝術成就

龔賢的藝術地位在清末陡然上升，標誌着晚清畫壇大為肯定龔賢在山水畫方面的首創風格。和大多數金陵地區畫家一樣，龔賢的山水畫以寫實為主。清初的金陵畫壇出現了藝術回歸的現象，一反明中葉以來盛行於江南的寫意和大寫意的繪畫語言，而鍾情於富有逸趣文采的畫風及宋、明宮廷畫家的寫實精神。當某種畫風發展到極限時，往往會出現與之相悖的新格局。而金陵諸家的成就，在於其藝術回歸並不局限於回歸寫實，而是其寫實手法頗為豐富，各有所成，這是歷朝歷派所難以比擬的。

龔賢的寫實藝術不是宋、明宮廷畫的重複，而是文人畫的新創。龔賢出身於破落的官宦之家，少時就寓居金陵，明末曾參加"復社"反抗權奸阮大鋮。明亡後，龔賢流落於江北揚州、海安和北方許多地方，曾賦詩道："短衣曾去國，白首尚飄蓬。不讀荊軻傳，羞為一劍雄。"[2] 到年近半百時，他定居在金陵城邊的清涼山上，築半畝園，作畫課徒。在聊度餘生中，尚矢志不移，並不忘抗清英雄史可法和被文字獄迫害而死的好友函可和尚；又，反清文人孔尚任的名劇《桃花扇》也是在與龔賢的交往期間完成的，由此可一窺龔賢之晚節。

龔賢桀驁不馴的個性和堅守節操的信念鑄就了他堅實凝重的藝術風格，在融會了五代董、巨，宋代米家父子，元代黃公望、吳鎮，明代沈周等富有創意的造型語言之後，他認為"古人之書畫，與造化同根，陰陽同候。非若今人泥粉本為先天，奉師説為上智也，然則今之學畫者當奈何？曰：心窮萬物之源，目盡山川之勢，取證於晉、唐、宋人，則得之矣。"[3] 他把搜尋萬物蹊徑表現的目光集中到金陵城郊和屬於寧鎮山脈的丘陵和溝壑，形成了龔賢獨創的數種寫實手法。這些手法，匯集在他的《山水圖》冊（共二十開）（圖51）中，這是龔賢畫給其友周氏的精品，作畫態度極為嚴謹，足見二人感情甚篤。畫家選取的景致是金陵城郊不為人注目的坡地、雜樹，畫家卻從中發現沉靜凝重的美。他用三種寫實手法表現他的審美感受，一是"墨龔"，用積墨法將較乾的墨作層層堆積，筆筆相接，墨色濃重幽黑而不髒膩，墨氣沉厚蒼茫而不淤結，富有立體感。二是"白龔"，用筆、造型以簡取勝，稍作皴染，意境清新雅潔。三是"灰龔"，其畫法與"墨龔"極為相似，只是用墨清淡，仍作積墨法，有水中望月、霧裏看花之感，別具一格。

龔賢不僅能借畫尋常景物展示他心中的藝術世界，而且亦長於從宏觀的角度把握某一實地真切的全貌，如《攝山棲霞圖》卷（圖53）、《清涼環翠圖》卷（圖54）等，兩圖均在"墨龔"的基礎上渲染了一層淡淡的花青和赭石，氣勢雄渾開闊。《溪山無盡圖》卷（圖52）更以有限的畫幅展示了遐想無盡的寧鎮山脈的氣韻——山不見頂，水不見源，畫不見天，正是"無盡"的所在。龔賢的皴法多用豆瓣皴、小斧劈皴和雨點皴等，點皴出山石的輪廓，他視這類皴法為"正經"，把捲雲、牛毛、鐵、鬼面、解索等皴法視為旁門外道。龔賢山石的皴法缺乏豐富的變化，與他這種偏見有關，但這種強化某一皴法的創作手段，成為後世一些山水畫家表現個人鮮明、強烈畫風的方法。如現代黃賓虹的層層墨點、當代李可染的多層渲染皴擦，無不受到龔賢"墨龔"畫法的啟迪。

呂潛，字半隱，一說為龔賢之師。以其畫風而論，與龔賢極似，至少二人在金陵有過交往，他的《山水圖》軸（圖38）、《板橋草堂圖》軸（圖39）等，可資研究其與龔賢的筆墨聯繫。

清初金陵其他名家

"金陵八家"和同時代諸家與及當時文人畫家等一樣，多借山水抒情，畫跡多以山水為主，人物、花鳥為次。從總體畫風上看，寫實是他們的主要表現手法。可大致分為兩種寫實風格：一是"逸筆寫實"，是以文人直抒胸臆、強調逸氣的情懷去描繪具體的實景實物，多以元、明文人畫家清淡或沉鬱的筆意繪景；二是"細筆寫實"，即以工整清勁的筆調作畫，頗有宋明院體遺韻。

八家中"逸筆寫實"者有樊圻、吳宏、胡慥、葉欣。八家之外，還有柳堉、樊圻之兄樊沂等。代表作如葉欣《鍾山圖》卷（圖76），吳宏《燕子磯、莫愁湖圖》卷（圖70）等。吳宏、胡慥的筆墨最為粗勁、雄放和老到，代表者如吳宏的《寒泉疏樹圖》頁、胡慥的《葛洪移居圖》扇（圖82）等。比較而言，樊圻行筆方硬結實，兼長於設色，所畫花卉得兼工帶寫之法，如《黃月季圖》頁。葉欣的用筆尖峭瘦硬，略施淡色，氣格冷峻，如《梅花書屋圖》軸（圖79），是他的典型風格，山石作荷葉皴和亂柴皴，坡石前後相疊，一道道皴綫把觀者的視引到坡頂上的文人書齋，這正是作者理想的生活境界。八家以外的諸家能與之比肩者不下十人，柳堉即其中之一，他用墨乾渴，筆痕粗糙，但生動自然，構思、構圖均十分巧致，感情尤為細膩，如他的《山水圖》冊（圖103）。武丹的《拖節訪友圖》扇（圖101）行筆極為粗礦，勁健豪爽，看似不經意，實則刻意經營，畫中人物手持的節杖象征該人物和作者的氣節。正因金陵地區出現了一大批這類畫風的文人畫家，"逸筆寫實"才成為清初金陵畫壇的主導風格。

另一類"細筆寫實"的佳作則體現了這時期的次要風格,別具特色。運用這類畫法的在"金陵八家"中有高岑和謝蓀,此外,還有落戶於金陵的北京籍畫家陳卓。他們以精細工緻的筆法,間或用青綠設色描繪高聳的峯巒。其中高岑是一位多面手,他既能精微狀物,又擅長粗筆寫意,曾作有大寫意畫《山水圖》卷(圖62)。他的畫藝以前者為上乘。其"細筆寫實"的作品中,以《萬山蒼翠圖》軸(圖60)最為精絕;所畫不是實景,但有金陵一帶以土質為主的地質特性,遠處高聳的山峯是作者想像而成的,坡石的行筆極為輕細明淨,略用青綠渲染,實為小青綠山水畫,林木用筆稍粗和略重;全圖有宋朝院體之工,又有明清文人之氣。比較而言,謝蓀更多藝匠的氣息,但也無一毫落入俗格。他的《荷花圖》頁,令人想起南宋佚名的《出水芙蓉圖》頁,但行筆較宋人輕鬆活潑,格調清新雅潔。他的山水畫雖以大青綠為主,但有一種朦朧感,不似高岑般畫得明細。如《青綠山水圖》軸(圖85),描繪了金陵一帶緩坡及少露石的地貌特征,坡石皆用青綠染出凹凸感,雜樹、屋宇亦細筆寫實,少了些文人逸氣,有元代工匠畫家盛懋的筆意。與他畫風相近的陳卓擅長山水和人物,也許是北人南居的緣故,陳卓筆下的坡石、高嶺保留了一些北方石質山的特性,用筆方硬,多用豆瓣皴和小斧劈皴;山水取景高曠深遠,主峯高聳,構圖與高岑、謝蓀的相似。如他的《山水圖》軸(圖89)和《山水樓閣圖》軸(圖88)等,圖中的樓台用界畫法,青綠豔麗,樹石以淡墨、花青渲染,形成統一的基調,而這些都是陳卓虛構的景物。他的實景山水有《天壇勒騎、冶麓幽棲圖》卷(圖90),共兩景,右為明朝天壇,左為從清涼山鳥瞰金陵城,是研究天壇建築的原始形態和清初金陵城貌的實證。表現手法可謂工而不膩,實而不細,簡潔明淨,筆力堅實瘦硬。

《金陵諸家山水花卉圖》冊(共十二開)(圖86)在金陵諸家眾多的冊頁裏最具代表性,它是清初伴翁先生(生平不可考)以他的藝術審美觀薈萃了龔賢、樊圻、高岑、高遇、吳宏、謝蓀、柳堉、王概、鄒喆等諸家筆墨的珍品。此冊畫藝之精、畫科之全,堪稱金陵諸家最精彩的力作。更重要的是其中凡有年款者均為己未(1679年)之春,上款均為"伴翁先生",是諸家同時期特別為此伴翁先生而作,由此可推知此伴翁先生與金陵諸家過從甚密,起着與周亮工同樣聯繫諸家的作用。

在故宮所藏金陵諸家的畫作中,常有一些互題的詩文,可作為他們之間藝術交往的實證。如龔賢在高岑《山水圖》卷拖尾上的題跋,昭示了他們之間的藝術聯繫;龔賢在其門人官銓的十二開《山水圖》冊(圖114)上,每幅對開均有題記;柳堉在陳卓《天壇勒騎、冶麓幽棲圖》卷上兩處題寫了跋文。凡此可見金陵諸家的存在並不是孤立的,而且正如前述,從他們的前輩開始,就與其他地區的藝術流派有着密切的交往,如楊文驄的《山水圖》軸(圖5)上有明末華亭派之首董其昌的題文;楊文驄和董其昌本身就是蘇南"畫中九友"的中堅。

此外,清初"四僧"之一的髡殘在程正揆的《山水圖》軸(圖15)上題有觀款,題句中反映了他與程正揆有相同的藝術觀念。王概的《山水圖》卷（圖 94）上有清初"四王"之一王翬的題款，可見其創意也為王翬所讚賞。

清中葉金陵繪畫的餘緒

除了賣畫以外，金陵有許多畫家還以課徒為生，使金陵成為江南民間的繪畫教育中心。龔賢將他的山水畫語言一一分解並繪在小幅畫面上，編成供課徒用的畫稿，這一創舉強化了中國傳統山水畫的程式化因素，但極有益於初學畫者系統地、完整地把握繪畫語言，王概就是其中最傑出的受益者。

王概（1645—約 1710 年）專師龔賢，也與當時反清文人湯燕生、李漁、程邃、孔尚任等過從甚密。其畫風蒼健粗硬，結實雄勁，但其筆墨不及龔賢沉厚，且欠墨韻。他頗為成功的佳作有大幅巨製《雲山清峙圖》軸（圖 95）和《泰岱喬松圖》軸（圖 97），均氣勢雄渾開揚，筆力蒼勁厚重。他也擅繪工緻的畫作，如《江山臥遊圖》卷（圖 96），繪長江南岸金陵近郊之景。他把江邊平淡無奇的坡渚畫得曲盡其妙，筆法工整過人，但並無呆板髒膩之弊，整體一氣呵成，意蘊悠遠，使觀者如坐舟中順流東下，百里南岸盡收眼底。可以説，王概是金陵諸家中畫藝最廣、畫法最多的一家。這點與他的課徒生涯有關，為了滿足門生的不同需要，促使王概練就堅實的寫實功底和各種筆法，代表他寫實工緻方面成就的作品有《玉山觀畫圖》軸（圖 93）。此圖以精細的畫風描繪了元代後期江南逸士顧瑛、楊維楨等人雅集賞畫的情景。作為文人畫家，王概之精於此道在當時是頗為罕見的。除了繪畫的成就外，王概另一為畫史稱道的事是他在三十五歲時以明代李流芳課徒畫稿為基礎所增編而成的《芥子園畫傳》山水集，這本畫譜把中國山水畫的基本繪畫語言作出明確的分析，至今仍是初學山水畫者作為創作參考的範本。

官銓，字方楷，上元人，亦學步於龔賢，作《山水圖》冊（圖 114），幅幅盡是龔家樹石，頗得其師心傳。但太似必損，反而使官銓畫名不顯。學樊圻的張寶更是如此。同樣，承傳"細筆寫實"一路的何亢宗專師高岑，他的《山水圖》軸（圖 113）與高岑之作相比幾能亂真。當某一藝術群體亦步亦趨不離先人之跡時，預示着其餘緒亦即將告終。

在金陵諸家中，還有一位最奇特的畫家周璕（1649—1729 年）亦值得一提。他祖籍河南商丘，流寓金陵。他是一位反清義士，擅長武功，以拳勇名世，更精峨嵋槍法，因在江淮組織反清活動遭洩密而被害。很難設想，如此勇猛之士竟能作畫，且行筆十分細勁工整，如他的《觀馬圖》軸（圖 106），綫條柔細卻遒勁有餘，筆墨渲染繁複卻仍顯明淨。此畫的特別處還見於人、馬造型，觀之虎虎有生氣，特別是人物舉止猶如身懷武功。他的人馬畫多為一人一樹一馬，程式十分鮮明。他的繪畫技法較為單一，其《松石圖》軸（圖 105）與《觀馬圖》軸如出一轍。周璕的畫在當時賣價極高，但後人評價不一，或因他始終不是文人，清代批評家張庚評其畫"非大雅也"[4]。

金陵諸家的核心部分——"金陵八家"及其同道者和傳人等的藝術活動,自清初(1644 年間)到清代雍正年(1723 — 1735 年),歷時近百年,最後止於王概之弟王蓍(? — 1737年)。王蓍的《鳳台秋月圖》軸(圖 116)等,可作為清代金陵地區類龔賢一路畫風的絕響。張敔(1734 — 1803 年)本是安徽桐城人,遷居金陵,乾隆二十七年(1762)舉人,曾官湖北房縣令。他的出現和仕清行為標誌着原金陵諸家的氣節已不成氣候。"金陵八家"及其同道者沉雄古厚或峭硬瘦勁的畫格在張敔的山水、花鳥畫中已蕩然無存,取而代之的是輕鬆隨和的筆韻,本卷就以他的《雙鳥啄柳圖》軸(圖 119)和《山水圖》軸(圖 120)作為介紹金陵諸家的休止符。至此,金陵地區的畫家們在明末清初形成的富有創意的藝術精神已告消亡,取而代之的是"揚州八怪"和京江派的繪畫藝術,然而,金陵諸家的藝術實踐和創作方法,在中國繪畫史上將永遠佔據重要的一席。

金陵諸家在中國繪畫史上的地位主要在於明末楊文驄、方以智、程正揆、張風,特別是龔賢的藝術貢獻,他們除了對明末至清中葉的畫壇具影響力外,對清末至民國的中國畫變革更起催化的作用。

本卷選錄了院藏明末至清中葉金陵諸家的作品,唯應該說明的是,金陵本地畫家和寓居名家眾多,但藝術水平差別較大,平平者佔十之七、八,為保證質量,本卷的重點放在諸家諸作中最突出的"金陵八家"的山水畫上,特別是龔賢的繪畫;又為了充分反映龔賢的精湛畫藝和獨特而豐富的造型技巧,圖版中儘量附以局部圖和細部圖。對於其他畫家的畫,則採取擇優刊錄、點到為止的原則,使讀者可欣賞到"金陵八家"的藝術波瀾及其所泛開的漪漣。至於那些曾在金陵流寓的名師,如明代戴進、吳偉,清初石濤、髡殘、程邃等人的名跡,因《故宮博物院藏文物珍品全集》中,另有院體浙派、吳門及四僧等分卷,故不錄於本卷。

百年以來,中國繪畫的出版物中,從未有將"金陵諸家"以一個完整的地域性畫家群的面貌面世,讀者從一般畫冊或繪畫史書上所獲得的僅僅是金陵諸畫家的一鱗半爪,因此,本卷的出版或能有益於美術界和學術界整體把握"金陵諸家"從明末到清中葉的藝術風貌,補充各位對金陵諸家地域性的認識與分析,從而比較其藝術淵源和成就。

註釋:

(1) 單國強:《試析"金陵八家"合稱的原因》,北京故宮博物院院刊,1989 年 3 期。

(2) 引自龔賢詩《扁舟》,見龔賢《草香堂集》五言律,北京故宮博物院藏精抄本。

(3) 周二學:《一角編》,乙冊。

(4) 張庚:《國朝畫徵錄》,卷下,畫史叢書本。

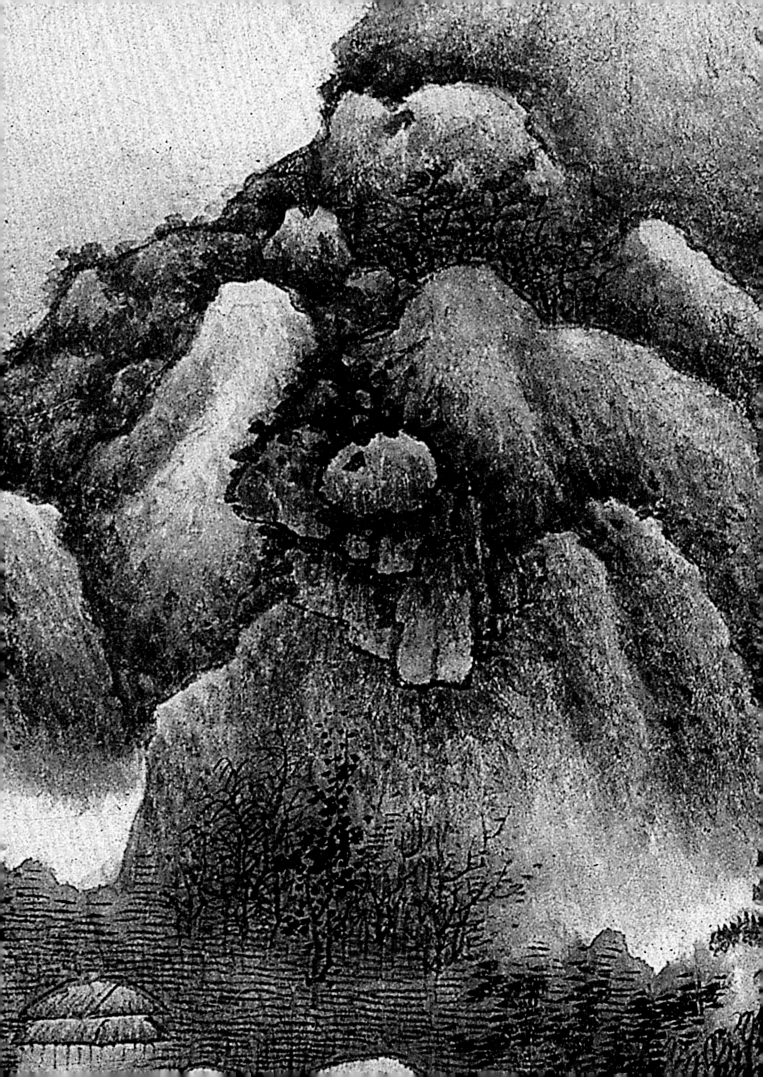

圖版

1

陳丹衷山水圖軸

明

紙本　墨筆　縱 82.5 厘米　橫 28 厘米

Landscape
By Chen Danzhong, Ming Dynasty
Hanging scroll, ink on paper
82.5 × 28cm

本幅自題："二楮初擬各作，筆意所至，乃合為一。此不可為贈也。吾社鑒定推魯望兄，遂以問去古人多少。人生求完好原是一病。勞勞心手説空閒，多犯貪饞少犯慳。岩脈水痕收不住，舟添殘楮續谿山。結屋何必清澈天，能隱何必陶唐年。青山夢裏時出篋，安得十丈魚子箋。丹衷。"鈐"陳丹衷印"（白文）。

另本幅李廷鈺一題。又收藏印三："秋柯草堂"（朱文）、"潤堂珍藏"（朱文）、"簾口罨口業"（白文）。

此圖佈局豐滿，全圖筆墨鬆秀，意境蕭索。圖中山石多以乾筆細細皴擦，近樹四面出枝，近明代山水畫家沈灝一路畫法，是畫家的典型風格。

陳丹衷，生卒年不詳，字旻昭，號涉紅，金陵（今江蘇南京）人。崇禎十六年（1643）中進士，任御史。善畫山水，筆意簡淡，墨竹亦超逸。年七十四尚在。

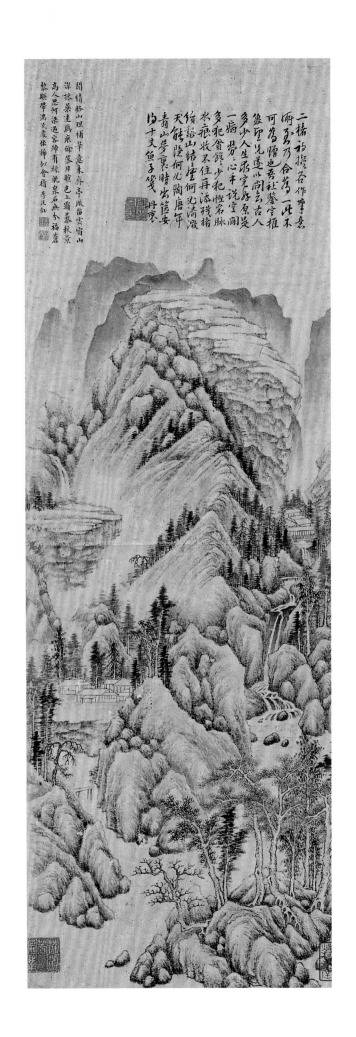

2

陳丹衷　山水圖軸
明

紙本　設色　縱 92 厘米　橫 44.4 厘米

Landscape
By Chen Danzhong, Ming Dynasty
Hanging scroll, colour on paper
92 × 44.4cm

本幅款識："邗上過穉恭年兄，賡之先
生以此楮索畫，至海陵始了此一案。
念生平詩畫逋負，尚有數載未消者，
不覺失笑。陳丹衷。"鈐"陳丹衷印"
（白文）。另左下角鈐收藏印二："米舫
平生真賞"（朱文）、"仰山堂珍藏印"
（朱文）。

此圖以淡墨調和花青，勾畫平岡沙阜、
長林茅舍，又以焦墨點苔。坡石以解
索皴堆疊交錯而成，古樹的瘦幹疏枝
造型，構圖"一河兩岸"式格局以及尖
峭乾淡的筆墨，均仿元代名家倪瓚的
風格。近岸的樹木將上下兩段有機地
聯結起來，形成了完整而自然的視覺
效果。

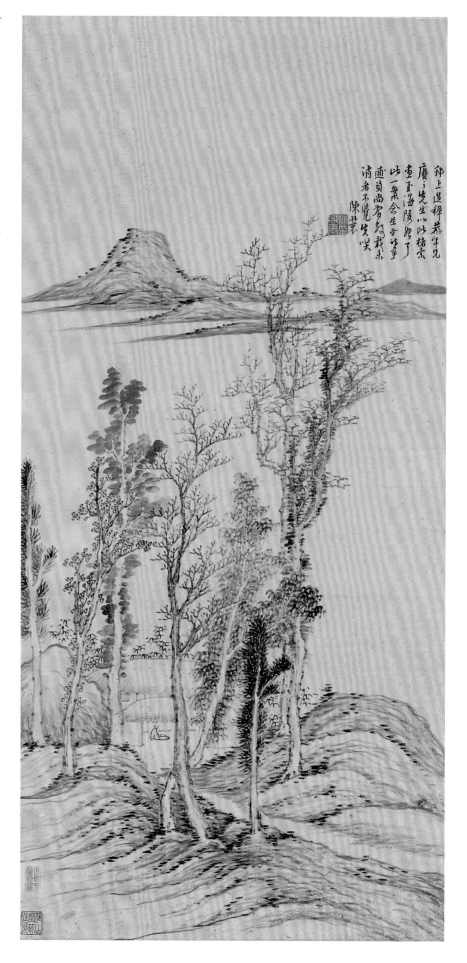

3

馬守真　蘭竹水仙圖軸

明

紙本　墨筆　縱 85.3 厘米　橫 47.2 厘米

Orchid, Bamboo and Narcissus
By Ma Shouzhen, Ming Dynasty
Hanging scroll, ink on paper
85.3 × 47.2cm

本幅自題："九畹多清況，碧雲與仙子。
結交素心人，迺得茲香芷。臨管夫人
三友圖於秦淮水榭，湘蘭子馬守真。"
鈐"馬湘蘭印"（白文）、"泉聲松韻"
（白文）。

圖中突起的坡地上，沒骨蘭花、白描
水仙和鐵綫墨竹呈縱式佈局。特別是
蘭葉以沒骨法寫出，綫條工細，風神
飄逸，君子高潔之態盡現筆底。蘭是
馬守真內心情感的一種寄託，經常借
以抒發她風塵人生的慨歎，故其繪蘭
筆法灑脫，不求形似，唯求其神韻。

馬守真（1548 — 1604 年），金陵人，
秦淮名妓。小字玄兒、月嬌。以善畫
蘭名重江南，故號馬湘蘭。以輕財任
俠、工詩擅畫名重一時。其蘭仿趙孟
堅，竹法管道昇，均能襲其餘意，細勁
清雅，別饒風韻。

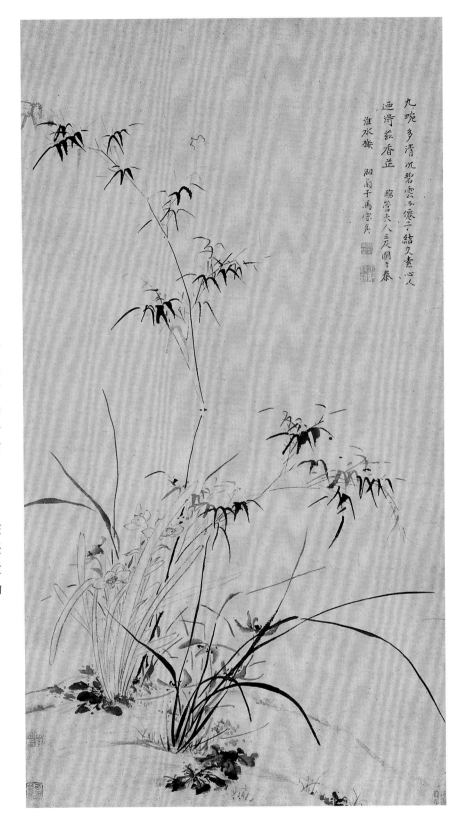

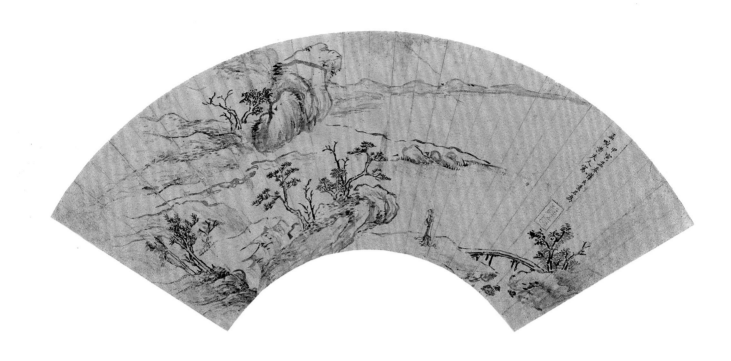

4

薛素素　溪橋獨行圖扇

明

金箋　墨筆　縱 15.6 厘米　橫 48 厘米

A Bridge across the Stream and a Lady Walking Alone
By Xue Susu, Ming Dynasty
Fan leaf, ink on gold-fleckecl paper
15.6 × 48cm

本幅自識："甲寅孟春薛氏素君為孟畹黃夫人寫。"鈐私印：
"薛素素"（朱文）。

甲寅為明萬曆四十二年（1614）。

圖繪木橋橫跨溪水兩岸，簪花女子沿岸獨行，意境簡潔清
幽，筆墨疏簡含蓄，隨意自然，屬典型的文人山水畫風格。

薛素素，生卒年不詳，活動於明萬曆（1573—1620 年）間。
字潤卿、素卿，浙江嘉興人，一作吳（今江蘇蘇州）人。江
南名妓，曾為文士沈德符妾。能詩擅畫，以山水、蘭竹見
長，兼擅仕女、人物、花卉、草蟲，畫風清逸恬雅，各具
意態。

5

楊文驄　山水圖軸
明

紙本　墨筆　縱 56.9 厘米　橫 37.8 厘米

Landscape
By Yang Wencong, Ming Dynasty
Hanging scroll, ink on paper
56.9 × 37.8cm

本幅自署："甲戌冬為駿公道兄畫。驄。"鈐"驄"（白文）。詩塘有董其昌題："龍友此圖筆墨圓潤，士氣、作家俱備，大類王叔明青弁圖，妙極妙極。董其昌題。"鈐"宗伯學士"（白文）、"董氏玄宰"（白文）。又有徑山七十老翁題七言詩一首。

甲戌為明崇禎七年（1634），楊文驄時年三十七歲。

圖繪層巒疊嶂的山坳中房舍數間，山腳叢林間有高士策杖獨行。構圖運用高遠法，繁密而不塞迫，既表現了江南山川清麗秀潤的景象，又透出一股雄偉氣勢，境界壯、秀結合，頗具特色。筆墨輕柔秀潤，具文人畫雅逸之致。畫風如董其昌所言，極類王蒙"青弁隱居圖"軸細秀繁密的筆墨，只是技法上稍遜一籌，少王蒙豐富的變化。

楊文驄（1597—1646 年），字龍友，貴陽人，官至兵部郎中。他寓居金陵一帶，博學好古，善畫山水，"有宋人之骨力去其結，有元人之風雅去其佻，出入五代巨然、宋惠崇之間。"

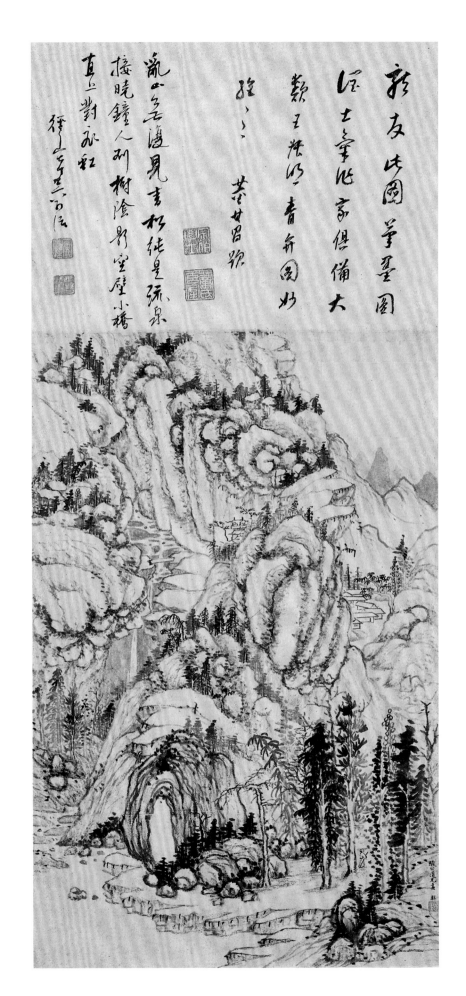

6

楊文驄　送譚公圖卷

明

紙本　設色　縱 33.4 厘米　橫 265.3 厘米

Bidding Farewell to the Reverend Mr. Tan
By Yang Wencong, Ming Dynasty
Handscroll, colour on paper
33.4 × 265.3cm

本幅自識：“乙亥春日，譚公別余入玄墓，畫此送之。文
驄。”下鈐“文驄”（朱文）、“龍友”（白文），又右下角鈐“楊
伯子”（白文）印一。

本幅鈐收藏印多方：“信天巢”（白文）、“漢廬珍藏”（朱文）、
“吳子深珍藏書畫之記”（朱文）、“靖侯審定”（白文）、“湖
帆鑑賞”（朱文）、“高詹事”（白文）、“朱靖侯家珍藏”（朱
文）、“雲松館”（白文）、“靖侯鑑賞”（白文）、“佩裳心賞”
（朱文）、“經臥雪齋鑑藏一次”（朱文）。

尾紙有董其昌、陳繼儒、高士奇、孔廣洵、顧麟士、吳湖
帆諸人題跋。隔水及尾紙鈐收藏印多方：“朱翼盦父秘笈之
印”（朱文）、“朱榮爵氏審定真跡”（白文）、“蛟川馬氏珍藏”
（朱文）、“靖侯”（白文）、“漢廬心賞”（朱文）、“黃田村人”
（朱文）、“朱榮爵印”（朱文）、“如如居士之章”（白文）、“珍
顛寶迂之齋”（朱文）。

乙亥為明崇禎八年（1635），作者時年三十九歲。

此卷構圖平遠，繪山巒層疊起伏，林壑幽深，江河浩淼。圖
中摻以董源、巨然畫法，然於渾厚中見縱逸，取元代黃公
望淺絳設色法，又兼具水墨渲染之韻，顯現出自身特色，為
楊氏精心佳構。

《過雲樓書畫續記》著錄。

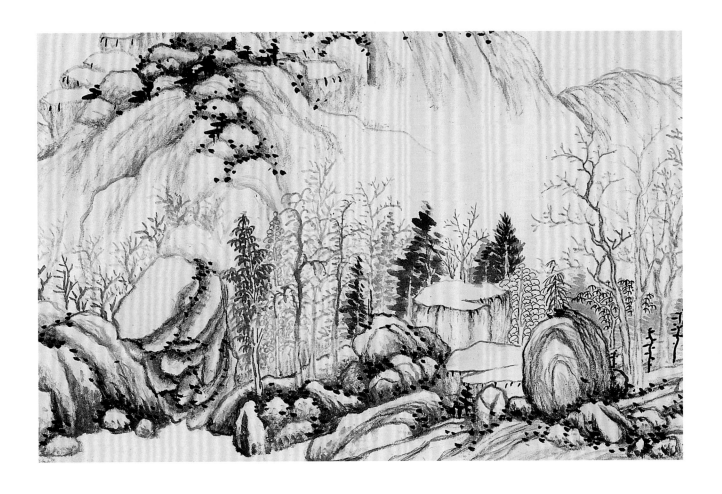

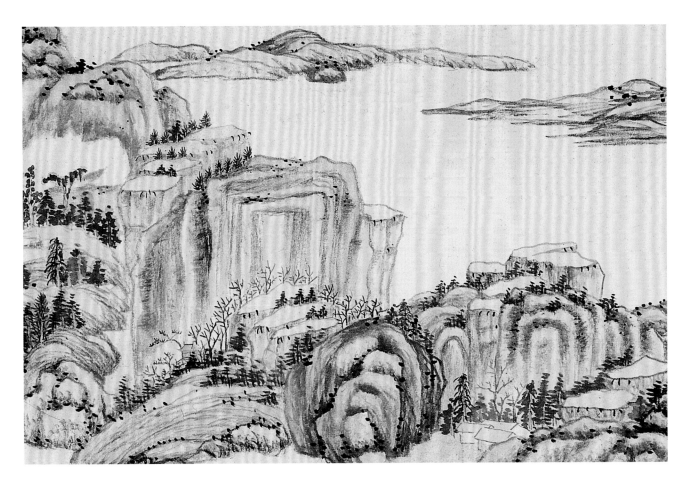

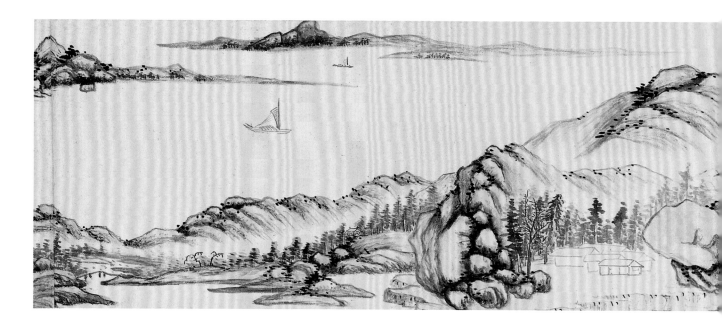

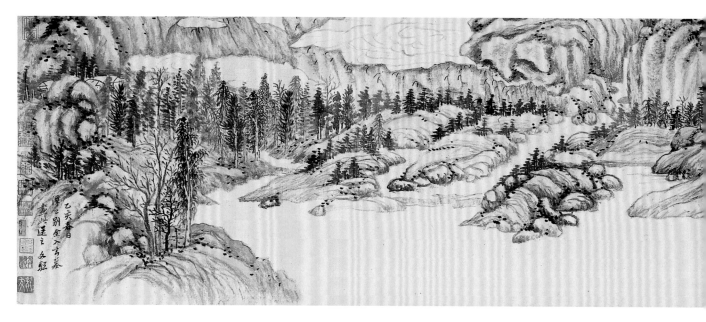

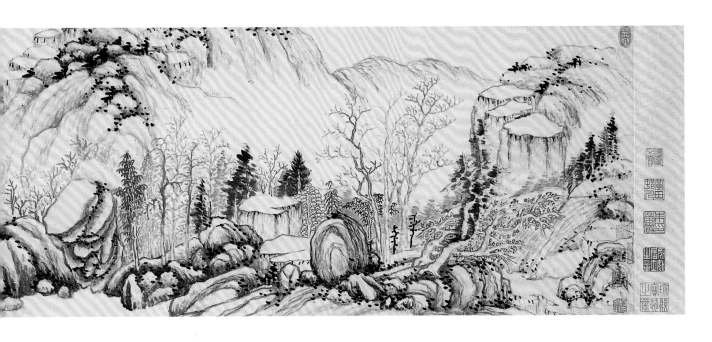

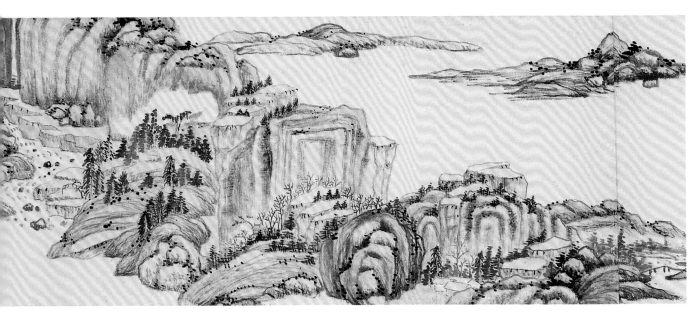

唐山蓮社者
公溥十八賢與雲
蓮一代名流稽柱
此巘之列考所烏
三陶之醉煙百不住
謝之心亂玉蓮牟
淨社之人三雜奶今
於岩於蓮喜松世外
主交雲崖怪澤者故
造君舍素揚宗台以
主信力照緻九華注
境与屏用九疊牟
秀丕弓優墨絛花
出五色光明雲中
雜荒嵪菜圖一序
地京為唐牟不齊
擷士界入方丈為喬
予此老盖籠澤師
遠玄塵者五媽送品
漂玉行筐時之淵社笑

乙亥三月
莊嚴頌
宇道夬見竇高画莫堂之技方崇堂

7

楊文驄　白日掩荊扉圖卷

明

紙本　水墨　縱 25 厘米　橫 32.2 厘米

The Door of Thatched Cottage Closed in the Daytime
By Yang Wencong, Ming Dynasty
Handscroll, ink on paper
25 × 32.2cm

本幅自題："白日掩荊扉圖。荒寒接太古，庭養洪濛姿。屋內移青山，歘然懷離奇。搔首問荊關，委身嗣大癡。慘澹白日中，天地靜相師。市朝遂道路，奔塵無停吹。何以療營營，雙扉誠良醫。滿字社兄命畫，因繫以詩。文驄記。"下鈐 "文驄"（朱文），又右下角有 "龍友"（朱文）印一。

尾紙有時人譚元聲、鄭元勳、黃璟、沈峻、劉一梧、平其政、程南等人應鄒典之請為此圖所作題識詩文。

此圖繪荊扉茅屋，溪水板橋。園中古木高聳，氣氛幽寂。用筆枯淡簡逸，"蒼秀生拙"，明顯地受董其昌繪畫思想的影響。全圖氣韻蕭索，配以題詩，表現出庭園主人遠離塵俗的高潔志向。

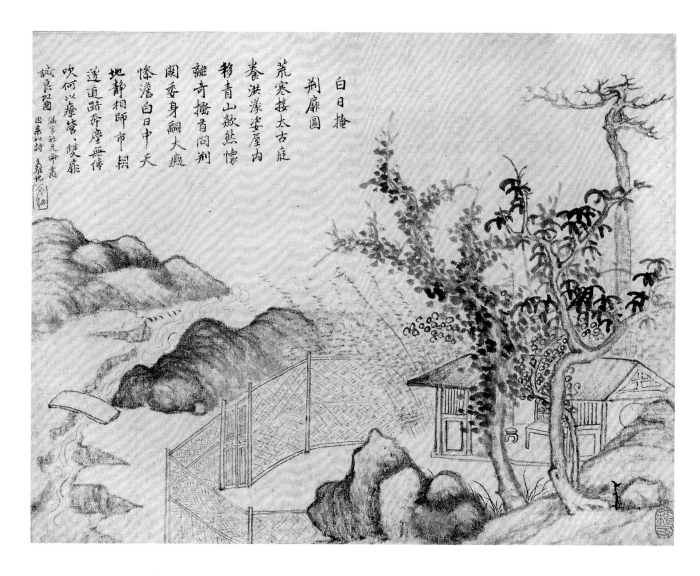

8

楊文驄　仙人村塢圖軸

明

紙本　墨筆　縱 131.8 厘米　橫 51.22 厘米

A Scholar in Waterside Pavilion
By Yang Wencong, Ming Dynasty
Hanging scroll, ink on paper
131.8 × 51.22cm

本幅自題："仙人村塢錦為屏，雞犬雲中
戶自扃。煙火紅塵俱不着，長齋繡佛禮
黃庭。壬午春仲畫於甌江之輕順閣中，
楊文驄。"鈐"楊文驄印"（朱文）、"龍
友"（朱文）。本幅鑑藏印有"虛齋審定"
四方。裱邊鑑藏印有"韞輝齋印"二方。

壬午為明崇禎十五年（1642），楊文驄時
年四十五歲。

圖繪山石陡峭，坡台錯落，水榭處一
高士臨窗而坐，俯首暇思。全幅筆墨
枯中有潤，極近黃公望的筆法。山石
用長披麻皴。林木取元代倪瓚逸筆草
草的筆意，不求形似，但繪其神韻。
構圖左密右疏，卻以右上方的題字取
得了畫面的平衡。畫面意境蕭寂，
寄託了作者孤傲高潔，欲遁世自然的
情操。

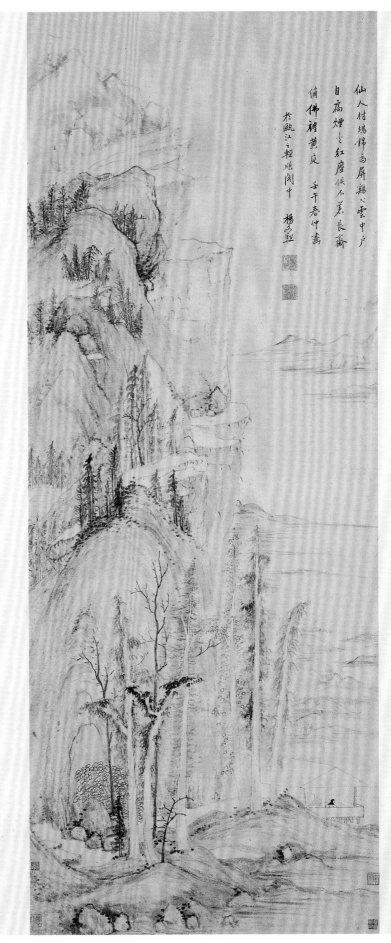

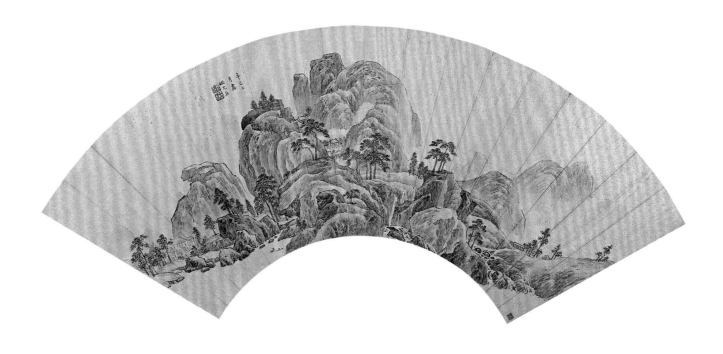

9

姚允在　山水圖扇

明

金箋本　設色　縱 16.3 厘米　橫 51.1 厘米

Landscape
By Yao Yunzai, Ming Dynasty
Fan leaf, colour on gold-flecked paper
16.3 × 51.1cm

本幅自識："辛巳二月畫。姚允在。"下鈐"允在"（白文）、
"簡叔"（白文）。右下角鈐"秋□藏□"（朱文）印一。

辛巳為明萬曆九年（1581）。

此圖繪層巒疊嶂，澗壑幽杳，構圖高遠，筆法細膩。粗筆短
皴，效果近似小斧劈皴，並與暈染結合，表現出山石的陰陽
向背。林立的遠峯以花青淡染，樹木、水面勾畫精細。全
圖意境高曠，有兩宋山水遺韻。

姚允在（生卒年不詳，活動於明萬曆年間），字簡叔。會稽
（今浙江紹興）人，流寓秦淮。人物精工秀麗，山水宗荊關，
筆墨遒勁，向背照應結構準確。他活動於浙江，卻未受"浙
派"後學簡率之風影響，而能自成一格。以細勁見長，畫品
在能妙之間。他以筆墨自娛，不多為人作，有人持重金購
其作品，亦不能得一水一石，頗具文人畫家之本性。故作
品流傳甚少，卻為一時名流推重。

10

朱之蕃　馬電　金陵雙檜圖卷

明

紙本　墨筆

全卷分為四段。

第一段縱 38.5 厘米　橫 102 厘米；

第二段縱 38.5 厘米　橫 251.5 厘米；

第三段縱 33 厘米　橫 137.5 厘米；

第四段縱 31.5 厘米　橫 133 厘米。

Two Old Junipers at Jinling

By Zhu Zhifan and Ma Dian, Ming Dynasty

Handscroll in 4 sections, ink on paper

First section 38.5 × 102cm

Second section 38.5 × 251.5cm

Third section 33 × 137.5cm

Fourth section 31.5 × 133cm

引首楷書"金陵雙檜"四字，款署"朱之蕃"，鈐"朱氏元介"（白文）、"朱之蕃印"（白文），右下角鈐"江上外史"（朱文）收藏印一。

第一段　本幅無款，段末鈐"元介"（白文）、"朱之蕃印"（白文）。另有清內府收藏印多方："石渠寶笈"（朱文）、"寶笈三編"（朱文）、"嘉慶御覽之寶"（朱文）、"嘉慶鑑賞"（白文）、"三希堂精鑑璽"（朱文）、"宜子孫"（白文）。另私人收藏印三方："王掞之印"（白文）、"吳下阿湄"（白文）、"江上外史"（朱文）。

此段墨筆繪古檜二株。粗筆勾廓，淡墨暈染，細筆勾畫樹皮紋路，點葉濃淡相間，層次分明。

第二段　朱之蕃長篇題識（文見附錄）。末款署："時暮春十又三日。蘭嵎山人朱之蕃識。"鈐"朱氏元介"（白文）、"朱嵎之蕃印"（白文）、"狀元宗伯"（白文）及引首章"聽默"（朱文）。另笪重光印一"江上外史"（朱文）。

第三段　本幅無款，鈐"馬電"（白文）、"元赤"（白文）。另"宣統御覽之寶"（朱文）、"王掞之印"（白文）、"江上外史"（朱文）等收藏印。

此段墨筆繪古檜二株；筆墨縱逸，點葉濃密，以濕潤的筆墨皴染表現出古樹表面的凹凸及質感。

第四段　馬電楷書"城南古檜行並序"。（文見附錄）末款識"江東馬電"，下鈐"馬電之印"（白文）。另收藏印三方："王掞之印"（白文）、"吳下阿湄"（白文）、"江上外史"（朱文）。

據二人題識可知，本卷乃先有馬電之圖文，作於萬曆三十四年丙午（1606）。此圖依據實景寫生，作者似有感而發，借檜喻人，抒發懷才不遇的感歎。後萬曆三十九年辛亥（1611），朱之蕃索得其圖而臨仿作畫，並於十年後（天啟元年辛酉，1621 年）補書跋文並將二圖及跋裝裱成卷。朱圖雖是臨仿馬電而作，但並不求其形似，純是文人筆墨遊戲。然二圖筆墨均尚欠功力，若將此卷與朱跋中提到的沈周《三檜圖》卷（今藏於南京博物院）中沈氏蒼勁老辣的運筆相比較，則朱、馬二圖的筆力明顯較弱，缺乏富有力度的表現。

《石渠寶笈三編》、《故宮已佚書畫目》著錄。

朱之蕃（1548—1626 年），金陵（今南京）人（《貢舉考》作茌平人），字元介，或作元價、元升，號蘭嵎，明萬曆二十三年（1595）狀元及第，官至吏部右侍郎。他詩文、書畫兼善，並富收藏，坿於寶晉齋山水畫宗米芾、吳鎮，竹石法蘇軾、文同，書真、行法趙子昂。

馬電，生卒年不詳，字元赤，金陵人，擅畫山水。

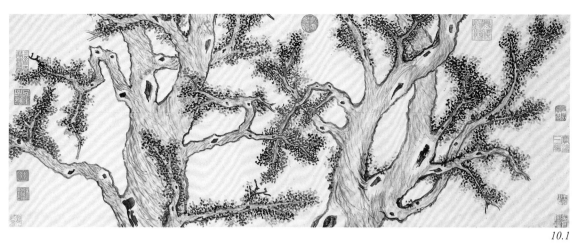

10.1

隆繪圖賦咏心
怦忡恨不移根
上苑中予來觀
檜意靡窮世儻
見奇疇能輪囷
偃蹇謝眾工蕭
然遠避荊榛業
天年自保存昂
顯時從躋驕扶
長笴

萬曆辛亥馬元赤談城南
古繪之奇曾作圖賦詩以賞
云索得其稿于六行彿其貌
狀玉天啟元年辛酉購得石田
翁虞山之檜憂追憶元赤之
筆弄撫得拙筆石忍棄去
爰續書舊作合元赤二帝
裝潢之以存故人之手跡時
暮春十三日蘭嶼山人米
之蕃識

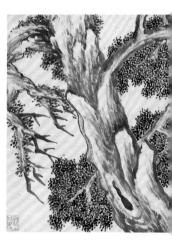

何葉道夸雜為永常薛為裳
幸喜未逢斤斧厄愛護有神明
相我來一見何惆悵指筆為瘑
冰霜狀虬柯敧挽泰山霞龍槓懸
峨嵋障君不見二祠名兩樹時
在人口偁有憐材一頓胹盍使聲
身名同散骨
江東馬電

金陵雙檜　朱之蕃題

城南雙檜勢爭雄，凌屬霜雪號天風，厳蔚日月摩層空，不嘆匠石不戒逢，秦山有松汙奉封，蜀江有柏嗟卧龍，虞山星列同根宗，更欣地僻無游蹤，花開笑彼春山紅，烈日楚林秋飛蓬，萬卉凍萎俄嚴冬，就與此檜百千年載常丰茸，有客探奇歷禪宮，崇祠寂竅環羣峯曉睇

10.2

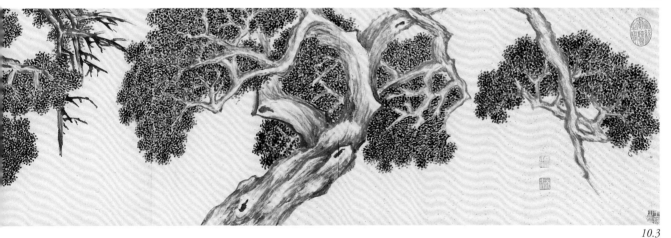

10.3

城南古檜行　并序

成都諸葛武侯祠堂前古柏數株，牟祀寇遠喬柯鉅圍蟠屈凌拔枝，子美嘗作歌文昌而作文藝狀奇瓊之名自漢歷今無人多傳誦然以忠武之，盖千餘年物龍枝此幹歷來題詠者象弘正間吳人沈周又從而圖其形賦詩數章葢播人口吾鄉六代以來數經兵燹類故多名祠佛刹皆新植之木無可觀者萬曆丙午秋暮趙治卿氏耿剪伐者姑蘇虞祠有古檜數株要余登兩華臺散步下去不里許見逢見二檜下覆浸祀枝柯挺拔蔭蔭菁蔥非數百年不能如此吾象當興武都姑蘇二祠之本馬勝雖然吾鄉素多博古好事家辛未言及此之名咸知之庭曾經過者題詠昌諫二祠木也且負近城郭何湮淡無聞馬憶几天下之物有遇與不遇仁祠何限乃先賢登覽之鄉磨之植諸正祀之庭曾經過者掉背而不顧安者以為异常過見見掉背而不顧安知此檜之奇物有遇與不遇也余繪圖賦詩以獎其靈秘堇歌娓美前賢將慨其物之不遇也九月城南秋色老故人要戒來倒青吳柯枝峨嶼蓋窮邃鐭皮剝凌青蒼苦巖根盤蹙可惜未得地挺立裂蒼苔凌高當冽風聿來不知何代種當時孤高當冽風聿來不知何代種當時小共秦人封千年想伐想應材火難為用錦宮城外武侯祠庭下森々古柏枝曾經杜甫一題詠

10.4

17

11

方以智 山水圖軸

明

綾本 墨筆 縱 167.2 厘米 橫 51.1 厘米

Landscape
By Fang Yizhi, Ming Dynasty
Hanging scroll, ink on silk
167.2 × 51.1cm

本幅自題："亭亭雙松，享此青天。芘籟人間，香林相鮮。山高水深，護以雲煙。向上樓閣，一指同圓。恰遇二翁菩薩，以父台為春台，以庶社歸法乳。華嚴一際，真俗何分。聊借毫端，祝無量壽。望社弟智指上。"鈐朱、白文印二方，模糊不辨。裱邊有石直費題："方密之綾本墨筆山水真跡。丁酉秋八月石直費題識。"

清代姜紹書《無聲詩史》評方以智"山水得元人派，淡煙點染，筆入三昧"。從方以智疏簡、輕淡的畫風看，應受元倪瓚的畫風影響較大。本幅畫遠景峯巒疊嶂，近景雙松醒目，汲取黃公望佈局法，而筆法鬆秀簡淡，意境蕭散空寂，頗得倪瓚以"天真幽淡為宗"的意韻。此圖取黃公望之景，近倪瓚之筆，頗具特色。

方以智（1611 —1671 年），安徽桐城人，世居金陵，巡撫方孔昭之子。崇禎庚辰（1640 年）進士，授檢討。明亡後為僧，名弘智，字無可，號藥地。山水宗元代文人畫，淡墨點染，取景疏簡，頗具文人畫"逸筆草草，不求形似"的"逸品"之趣。

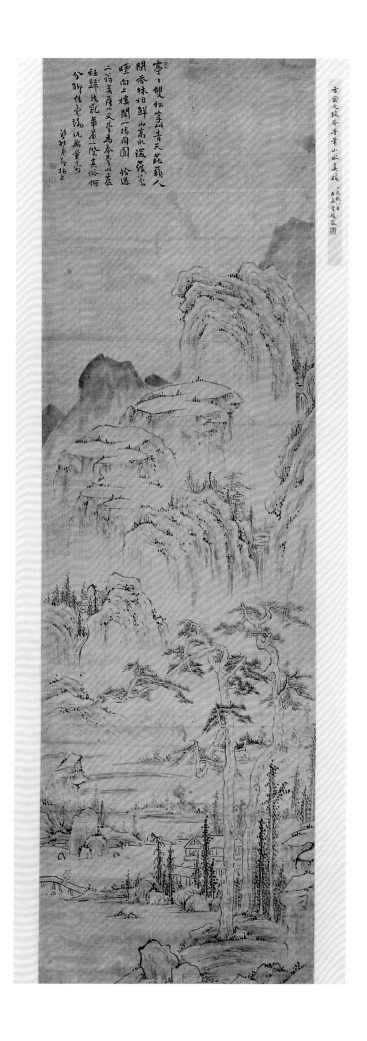

12

方以智　策蹇圖軸

清

紙本　墨筆　縱 127.9 厘米　橫 40.5 厘米

Whipping a Donkey On
By Fang Yizhi, Ming Dynasty
Hanging scroll, ink on paper
127.9 × 40.5cm

本幅自題："石若冬雪，樹若春雨，人
都猜作灞橋驢背，我便道是天台騎虎。
驢黃九方，且清削堊。烏駁牸牛，不妨
弄斧。方且遊戲大羅天外，卻來墋埮
堆頭撒出。也是禿筆作怪，不覺舌為
之吐。是誰面壁九年來，來此敲空下
語。愚者曰：聊讓此人一日，餘者不
敢相許。浮渡山長無可智。"鈐"以智"
（朱文）、"密山氏"（白文）。鑑藏印有
"王氏禹卿"、"浮山所藏書畫印記"等
四方。

據作者署款"浮渡山長無可智"而知此
圖當作於方以智甲申（清順治元年，
1644）出家為僧後。

圖繪岸邊策蹇者，構圖簡練，略去遠
景，重點表現前景的騎驢者，作者巧
妙地以大斗笠遮去了騎者面目，使人
物造型更為簡括。圖題內容為灞橋策
蹇，取自唐代詩人賈島騎驢苦覓詩句
典故，屬於傳統題材，然根據自題，畫
家將此內容卻作了禪意的解釋，灞橋
策蹇猶如天台騎虎，詩人覓句也可視
為面壁的達摩在揣摩佛語，於是這張
畫就成了充滿禪意的作品，具濃郁出
世的思想。

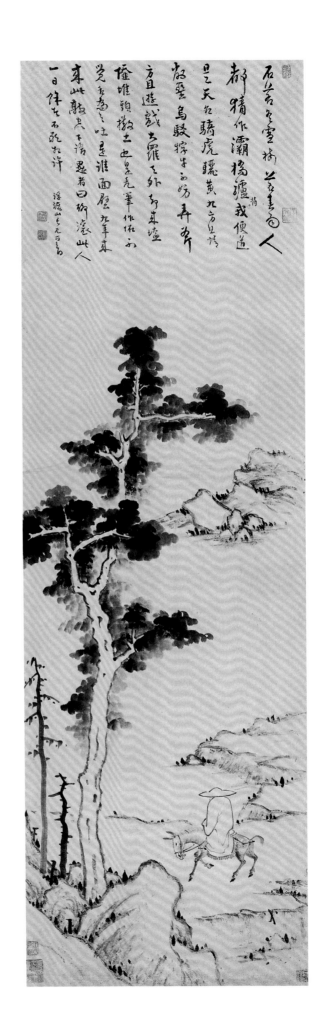

13

程正揆　臨沈周山水圖卷
明

紙本　設色　縱 26.2 厘米　橫 328 厘米

Landscape after Shen Zhou
By Cheng Zhengkui, Ming Dynasty
Handscroll, colour on paper
26.2 × 328cm

本幅卷首款識"臨於天尺閣中"，下鈐"癸"(朱文) 及"一人師"(朱文)，卷末鈐"程正揆"(白文)、"端伯氏"(朱文)、"青谿舊史"(白文) 及方亨咸鑑藏印"方邵村曾觀"(朱文)。

尾紙有明方亨咸題跋。

此卷是臨寫明代"吳門四家"之首沈周之作，表現了文人雅士在林泉中的隱居生活，直接表明了畫家與吳門繪畫在藝術上的淵源關係。用筆雄健有力，取用沈周的中鋒方筆，設色濃湛古雅，以淡赭染石，花青染草木，色調和諧，此圖臨仿沈周晚年粗筆一路面貌，但於沈氏雄強豪放的畫法中，又透出蕭散秀潤之筆韻，顯現出自身面目。

程氏創作過很多"臥遊圖"，存世作品甚多，其中多有沈周畫法影響，其淵源似可從此圖中覓得端倪。

程正揆 (1604—1676 年)，初名正葵，字端伯，號鞠陵，又號青溪道人。順治時改名正揆。湖北孝感人。明崇禎四年進士，明亡後仕清，後於 1657 年罷官。常居金陵，交遊多遺民志士。他善文工詩，所畫以山水手卷為多，尤其以江山臥遊為總題之畫作，多達三四百之譜，抒發其對山水及田園生活的嚮往，隱含河山易代的感慨。這種形式的畫作，在中國畫中可謂絕無僅有。山水初師黃公望、董其昌，後自出己意，多用禿筆，枯勁簡老，設色簡淡。

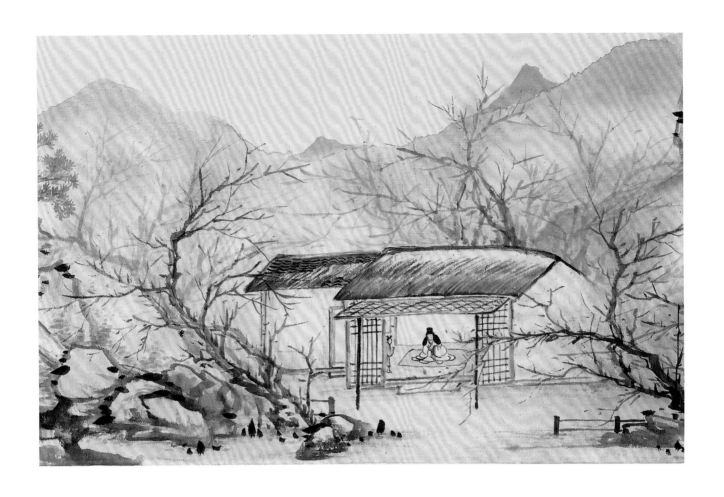

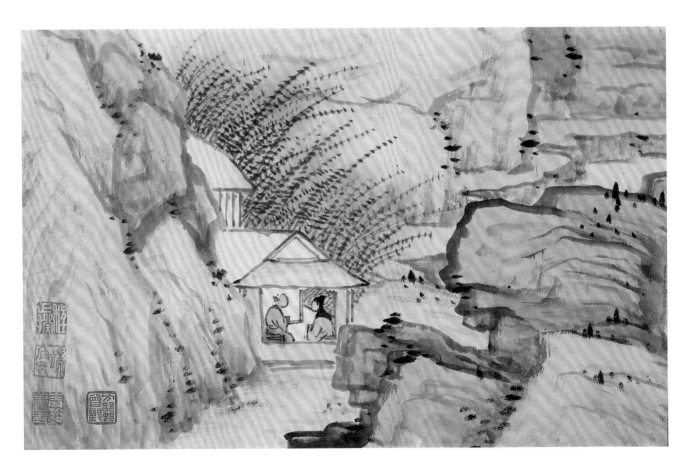

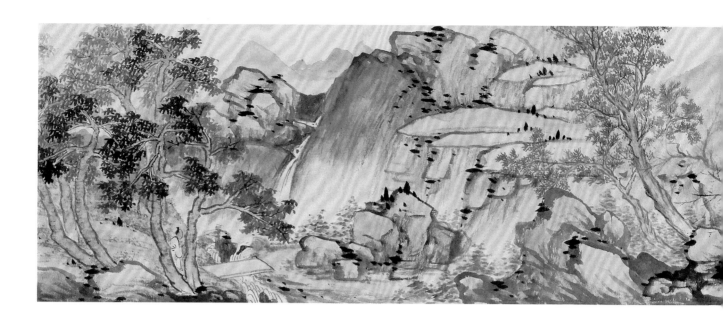

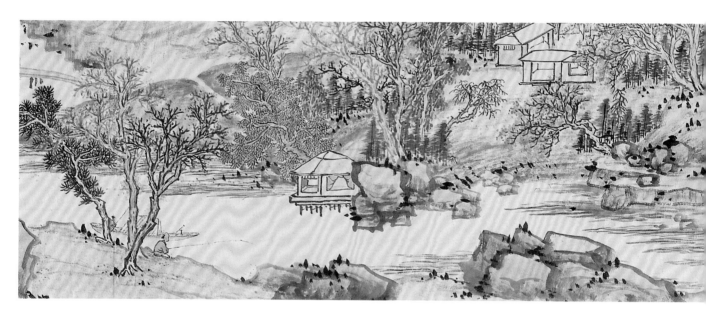

【三二】萬樹梅花照雪明凍
雲凍壑凌書齋衡
寒暉老來四事驢怯
冰嘶不肯行群山
雪後晚崚嶒一抹寒
煙花葉層松浮四溪
春月夜陳林科
讀書煙兩積秋林征積
苦門芸利啄畫長開
多情唯有巖頭瀑度
嶺寧雲歸來荒林
高遠山小門對寒流
沒秋草宏足動人
秋里深以九涇入勢刜
溪曉 此余自題畫者偶關程
習空曲巻因偶書之已空畫
今時士人中傑出此筆拄師士
人週與作者此巻更似岩作
不同古氣磅遠韻縱橫者
石田翁尤遜一至秀為是其生
平得京葉戊去實之不易
浮此康熙十三年甲寅十二月廿五日
龍眠逸史方亨咸書

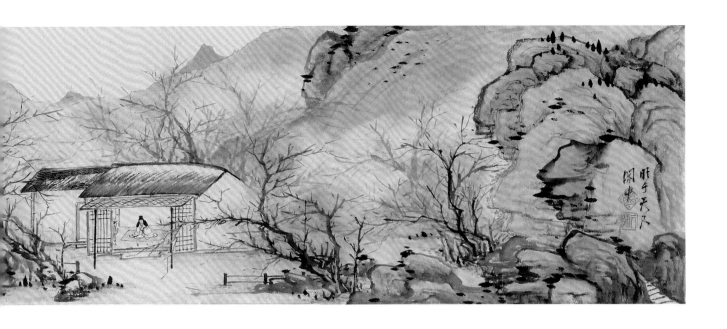

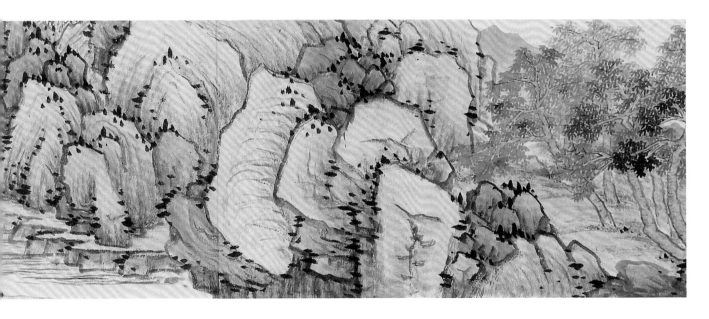

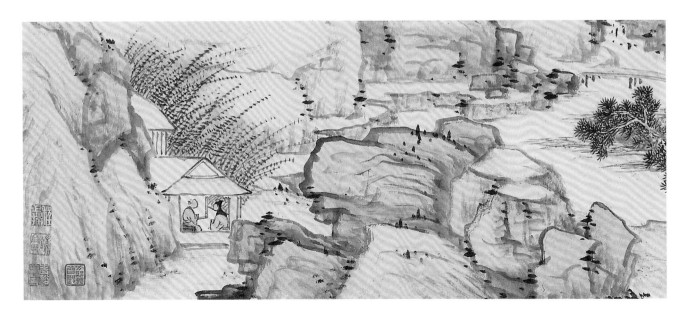

14

程正揆　江山臥遊圖卷

清

紙本　設色　縱 26 厘米　橫 304.5 厘米

Dream Journey among Rivers and Mountains
By Cheng Zhengkui, Qing Dynasty
Handscroll, colour on paper
26 × 304.5cm

引首篆書"江山臥遊圖"，款署："光緒丙子題。青溪老人真蹟。鐵嶺李慎。"鈐"李慎之印"(白文)、"儉德齋主"(朱文)。

本幅卷首自識："江山臥遊圖。壬辰六月畫。青溪道人。其二十五。"鈐"正揆之印"(朱文)、"端伯"(白文)。卷末鈐"程"(朱文)一印。

又本幅卷首鈐收藏印二方"李氏家珍"(白文)、"李柏孫關中所得"(朱文)。尾紙有"借園吉懷"於"乾隆己未初冬"的題識。

壬辰為清順治九年 (1652)，程正揆是年四十九歲。他一生精繪了許多同名山水畫長卷，本幅是其中的精品。

此圖在筆墨和構圖上吸收元代黃公望與明代沈周的特點較多，用筆粗細相兼，皴染並舉，蒼勁有力，設色以淡墨為主，略敷花青、赭石，十分諧調。圖中以一條崎嶇山徑為脈絡，一路上峯迴路轉，景致幽謐險絕，是作者"為天地開生面"創作思想的實踐，同時也表達了作者對岩穴隱居生活的響往之情。

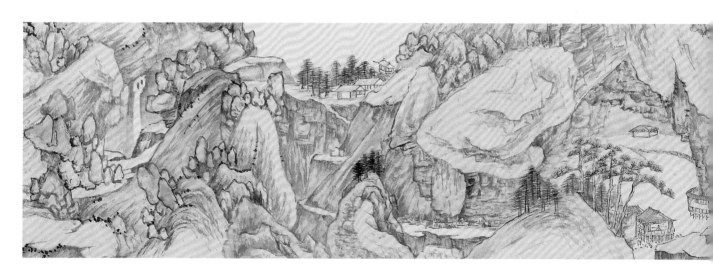

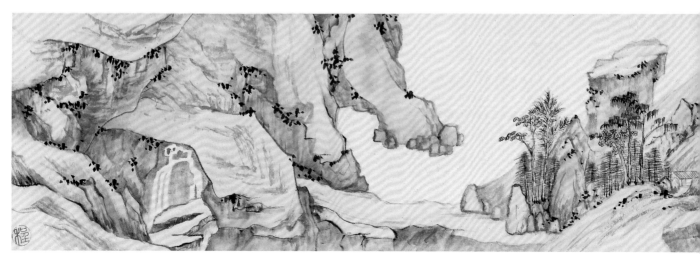

恒山卧游图

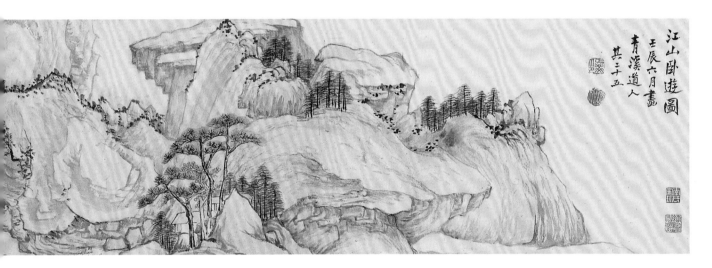

江山卧遊圖
壬辰六月畫
青溪道人
其三十五

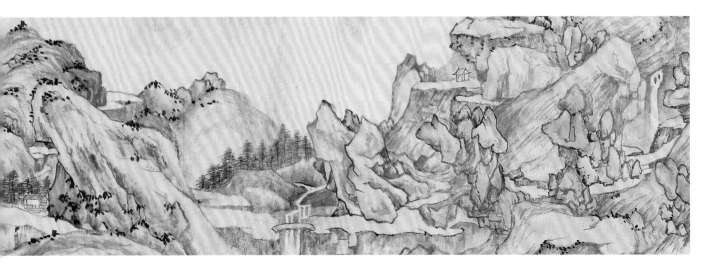

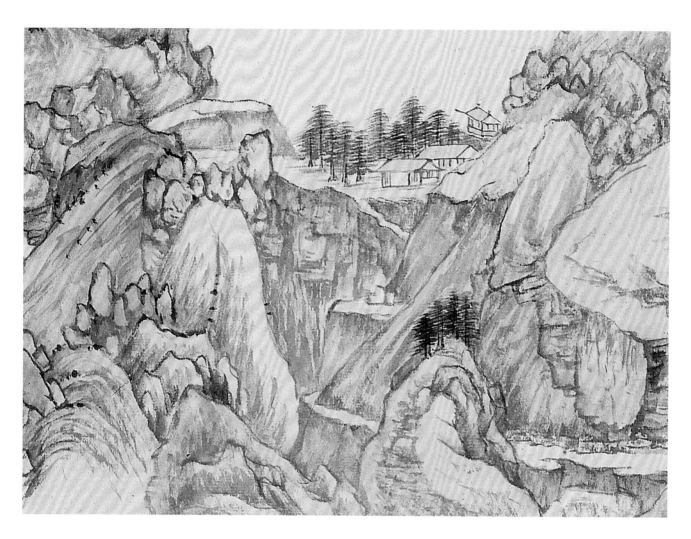

家住像山陽門通大
河水雙溪抱村遶千
嶂環洞里我仗山水
靈萬生在於此賦性愛
巖岳相欹吾終始乞
朝展畫圖江山後滿
眼乃以田歸清趣
常從倚山自高下江
自流煙波沙沙石嵐
閒雲遠樹鎖人家人
玄室山探石髓飛濕
遠吞碧澗來小橋不
磷溪旗雁山房看雲
栒筠祥古聽松濤看
雲起自出人鏡遠
奧此公室是流俗子
我永泉石之畫人君
店悵寄滄前而來
中逸知己近前噗詞
自笑身出畫幻句畫
中人若見余我
果誰是
乾隆己未初冬題
青溪道人江山
卧遊圖爲店
鳴玉堂之命
借園志懷

15

程正揆　山水圖軸

清

紙本　墨筆　縱104.8厘米　橫40.6厘米

Landscape

By Cheng Zhengkui, Qing Dynasty

Hanging scroll, ink on paper

104.8 x 40.6cm

本幅自題："青溪道人畫於沚園舊居。"下
書一押，文未能辨。鈐"風雨兩山堂"（朱
文）、"程正揆字端伯"（白文）。本幅有髡
殘題記，署款："辛亥正月同友人觀於幽
棲之大歇堂。石道人識。"鈐"石谿"（白
文）、"殘者"（朱文）。鑑藏印有"虛齋審
定"、"秀水金氏蘭坡過一目"、"紫伯秘玩"
等七方。

辛亥為清康熙十年（1671），程正揆時年
六十七歲。

近代龐元濟《虛齋名畫錄》著錄。

圖繪蒼山老屋，江南秋景。運筆氣厚力
沉，氣勢跌宕豪逸，具唐代懷素草書的筆
韻。畫風如髡殘題記中所評："書家之折釵
股，屋漏痕，錐畫沙，印印泥，飛鳥出林，
驚蛇入草，銀勾蠆尾，同是一筆，與畫家
皴法同一關紐。觀者雷同賞之，是安知老
斲輪有不傳之妙耶！"該畫構圖較飽滿，
注重在外輪廓綫以內繁密的佈景，留出空
闊的天、水，強調疏密對比，形成了他獨
特的豎式構圖，作品意境清寂幽曠，具隱
逸文人情思。程正揆在繪此圖前的十多年
間，遭劾革職回南京，在隱居生活中受前
明遺老髡殘、龔賢等人的審美意趣影響，
創作亦帶遺民意趣。全圖純用墨筆，不着
一色，然富有節奏感的淡坡濃樹仍使畫面
具一定生氣。

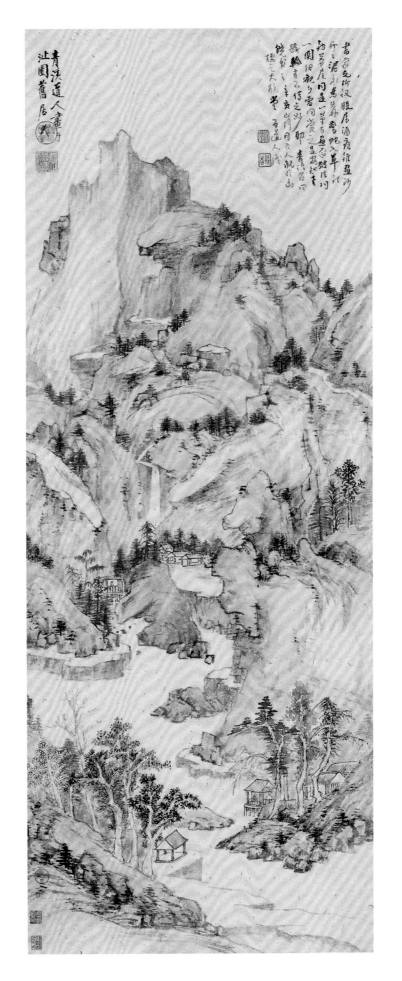

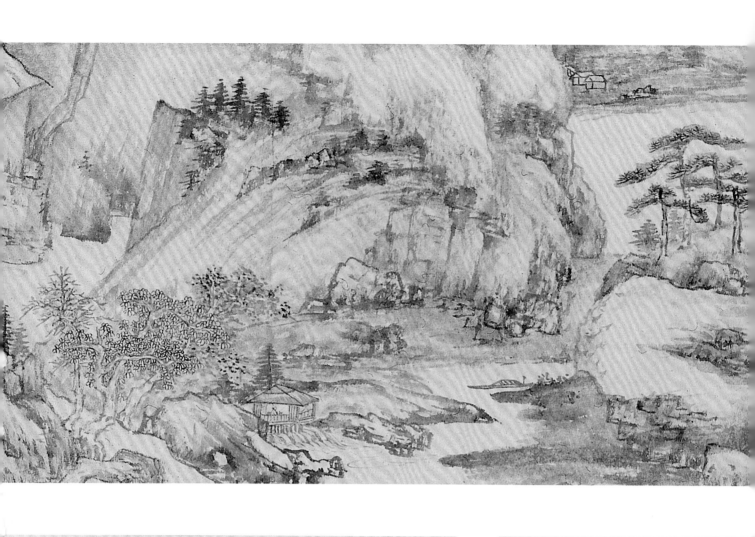

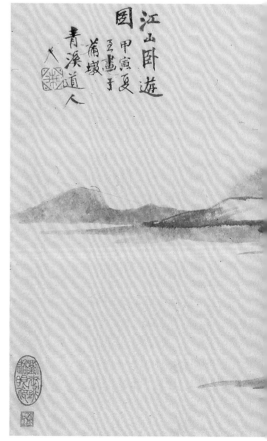

令歳見青溪道人此三卷
甚乙為蔣孟蘋所藏臨一
峯富春山番蓋用功極深
之作天趣尚少其一為乙盦
所藏稍淡此卷然共之跡
蘭又黃女士一峯骨氣蓋
橫尚永法卷之骨韻渾
逸青溪雄出華亭而縱
羊橫睨八放誕自寫其
曾次蓋一時物之也
公魯共友屬題

江山臥遊
圖 甲寅夏
五畫于
莆壩
青溪道人

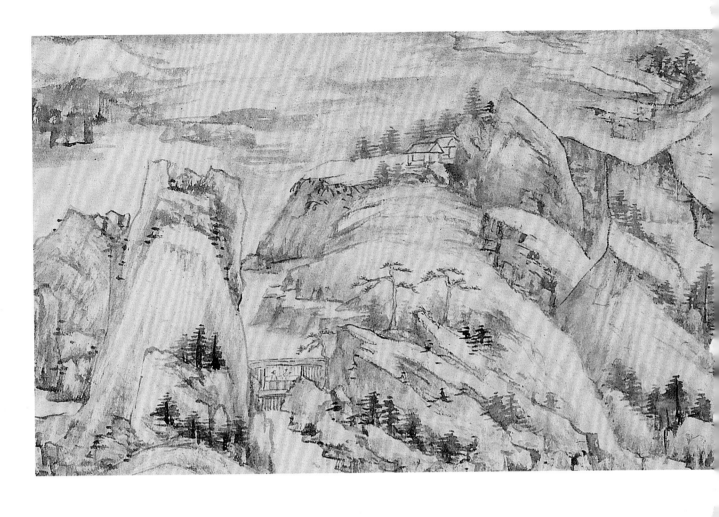

青谿谷人画不落米蒍筆太舍諸搜慳心
宋元諸家自可惜作出之卧游固極変尺
幅長則逾丈皆見晟早日自課之作今世所
傳及見箬蘇者不過十数他用睂記次
第此巻獨不阮以甲寅紀辛則林他圖辨
先不難考見
薛益文午後觀因記宿宋禹尚 一五八日

甲午冬 十月二十七日 〔印〕

青隝所製胁遊圖尺百数十幅余山蔵其第九者
無此淋漓也
偃倧張其日口攫觀 跋宗儁
吳粤張宗儁同觀

乙旦盂阪試燈日江都梁上約觀〔印〕

石渠寶笈卷六貯
乾清宮六
國朝人畫卷上等藉石擈江山卧遊圖一卷上等天一
素箋本墨畫款云青谿道人筆佟有楳聯
印萘昔旬暑江山卧遊圖第一而九十蒲子十
三字上有河海波臣一印本高八寸一分廣九尺
九寸六分捄注巻繪欵甲寅庚子庚子十四年
鑑來記此卷奧可摧而知之
乙丑七久黃池劉之泗謹識 〔印〕

吉貉道人畫世不多觀此巻筆粘墨抄
直入倪黃之室讀 昜耆題誌甫在第一百
九十圖後凡 漁村學人得觀作大太平巻圖
廬之姻船時壬申仲冬阮望 〔印〕

16

程正揆　江山臥遊圖卷

清

紙本　墨筆　縱 27 厘米　橫 277.5 厘米

Dream Journey among Rivers and Mountains
By Cheng Zhengkui, Qing Dynasty
Handscroll, ink on paper
27 × 277.5cm

本幅末款署："江山臥遊圖。甲寅夏至畫於蒲墩。青溪道人揆。"鈐"癸"（朱文）一印。

另本幅鈐鑑藏印多方："劉世珩過眼印"（朱文）、"蘭坡經眼"（白文）、"劉瑞芬召我甫鑑藏記"（白文）、"金博察"（白文）、"第五子劉世珩寶守"（白文）、"第七孫劉之泗永寶藏"（朱文）。

卷末有曾熙、宿宋禹、梁公約、宣哲、張丹斧、張宗儒、劉之泗、"漁村學人"等人題跋。

甲寅為清康熙十三年（1674），程氏時年七十一歲。

此卷構圖緊密，筆墨蒼茫，山石勾皴多帶圭角，略仿倪瓚之"折帶皴"。作者放筆自寫胸次，古木蒼山，孤亭茅舍，給人以荒瑟沉鬱之感。此圖創作時間距作者去世僅兩年，可以說是集程氏畢生繪畫創作經驗之大成者，而圖中描繪的荒寂寥落的景致，也正是畫家晚年被劾去官後蒼涼心境的寫照。

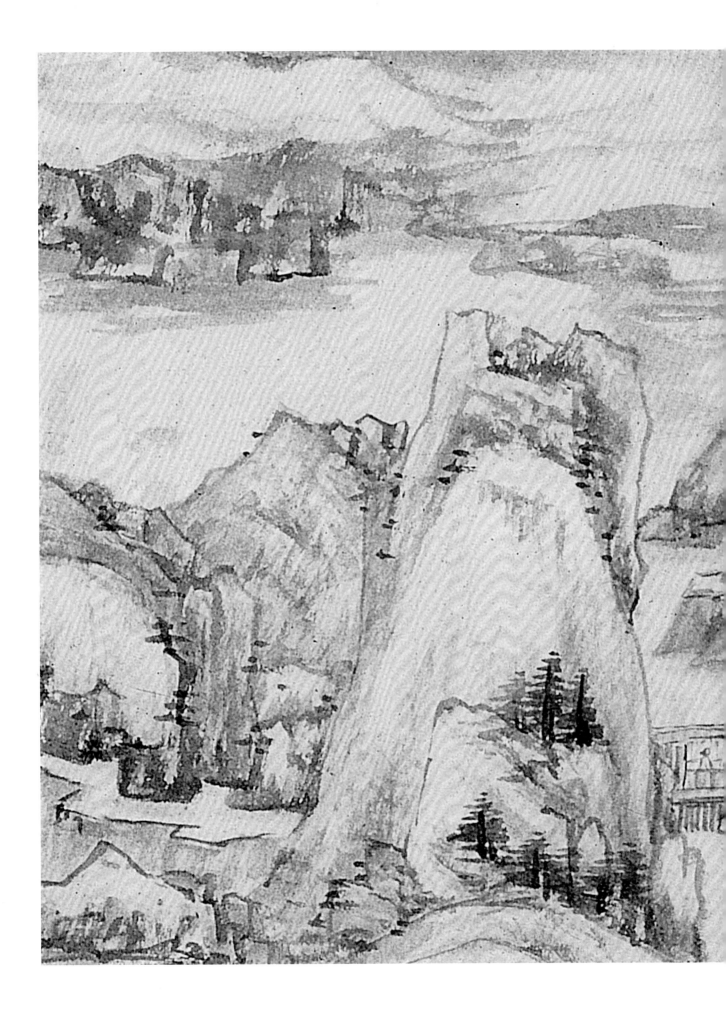

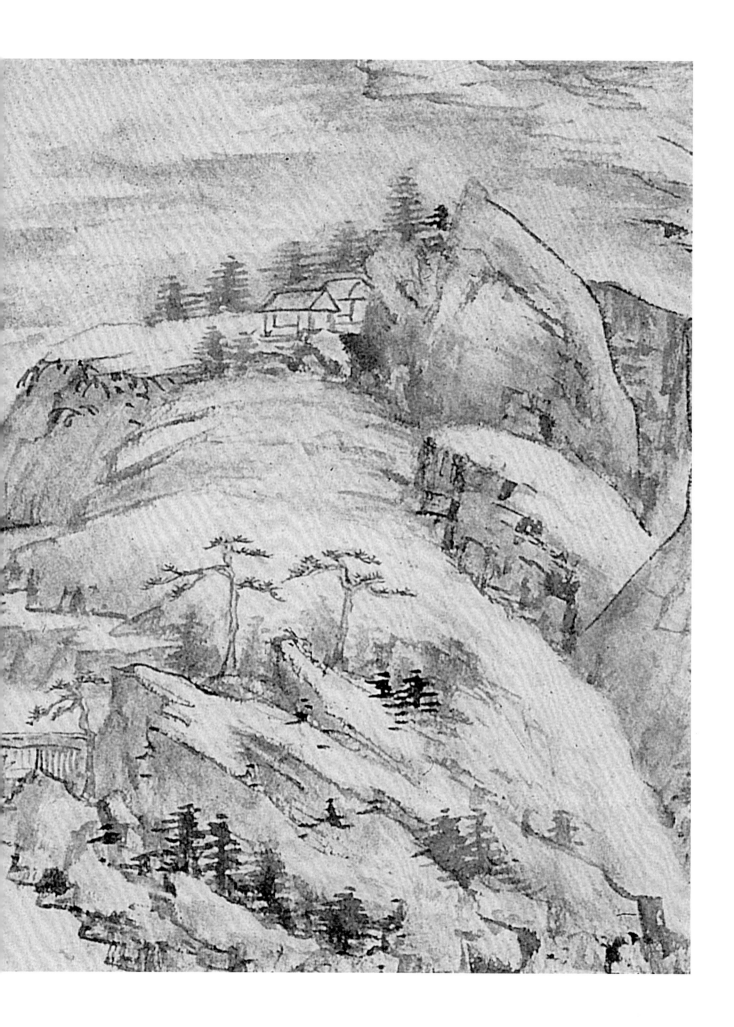

17

程正揆　山水圖軸

清

紙本　設色　縱 142.2 厘米　橫 37.8 厘米

Landscape
By Cheng Zhengkui, Qing Dynasty
Hanging scroll, colour on paper
142.2 × 37.8cm

本幅自題："參差綠影散雲鬟，淡蕩貽情十畝閒。天予山人家快活，柴門風月不須關。乙卯夏畫於武昌焉支山下，並題以柴垣先生博粲。青溪治弟揆。"鈐"青溪"（白文）、"程正揆印"（白文）、"風雨兩山堂"（朱文）。鑑藏印"歲寒堂鑑藏印"一方。

乙卯為清康熙十四年（1675），程正揆時年七十一歲。

畫面山石險峻，空舍茅堂掩映於林木中，構圖齊整嚴謹，開合有度，虛實呼應。筆法穩健，濕筆點苔、枯筆勾皴皆一氣呵成，筆墨飽含清逸蒼潤之意。此圖是畫家"鐵桿銀勾老筆翻，力能從簡意能繁"創作思想的具體體現，也是畫家晚年畫風老到的代表作品。

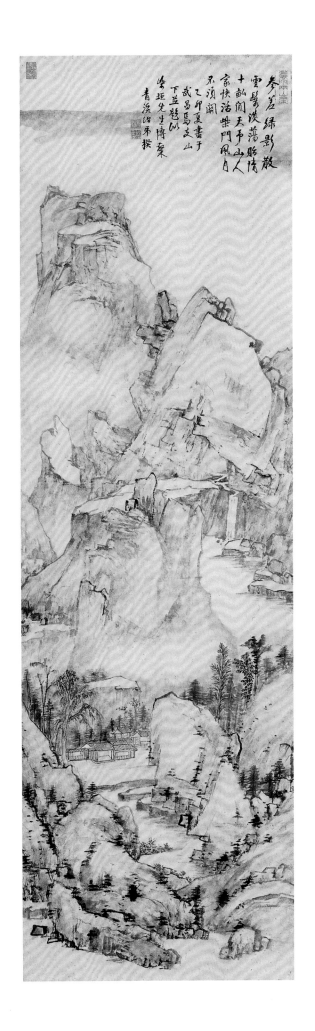

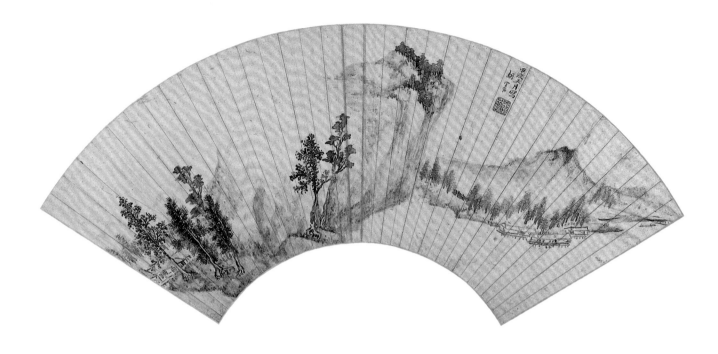

18

胡宗信　山水圖扇

清

金箋　設色　縱 15.4 厘米　橫 46.8 厘米

Landscape
By Hu Zongxin, Ming Dynasty
Fan leaf, colour on gold-flecked paper
15.4 × 46.8cm

本幅款識："甲辰五月寫。胡宗信。"下鈐"胡宗信印"（白
文）。甲辰為清康熙三年 (1664)。

此圖繪村舍林木，亭台臨波，危磯聳立江邊。構圖疏闊，筆
法粗簡，墨色溫潤，意境淡遠。

胡宗信 (十七世紀)，字可復，後以字行。江蘇上元縣人。
其山水秀潤，筆墨近其兄宗仁，追元代黃公望、王蒙畫法。

19

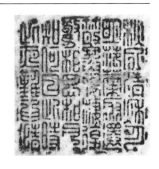

鄒典　金陵勝景圖卷

明

紙本　設色　縱 29.2 厘米　橫 1272.5 厘米

Wonderful Scenery of Jinling
By Zou Dian, Ming Dynasty
Handscroll, colour on paper
29.2 × 1272.5cm

本幅自識："甲戌秋，鄒典寫。"鈐"鄒典"(白文)。另有清內府及私人收藏印多方："乾隆御覽之寶"(朱文)、"石渠寶笈"(朱文)、"御書房鑑藏寶"(朱文)、"嘉慶御覽之寶"(朱文)、"宣統御覽之寶"(朱文)、"羅沁秋月亭"(朱文)、"吉日"(朱文)、"琴川子　石氏世埕"(朱白文)、"懸風"(白文)、"秋風清，秋月明，落葉飛還叢，寒□棲復驚，相思相見知何日，此時此夜難為情"(朱文)。尾紙有魏之璜、葛一龍題跋。

甲戌為明崇禎七年(1634)。

《石渠寶笈初編》、《故宮已佚書畫目》著錄。

此圖描繪金陵附近綿延不斷的羣山，一片蒼翠葱鬱，在卷尾的羣山上露出了秋意，構圖疏朗，用筆工細。山川勾皴染結合，運以鬆秀之綫、細密之皴、青綠之色，生動表現出煙雲流潤的江南景色。全圖清逸雅秀，超凡脫俗。

鄒典 (十七世紀)，字滿字，吳縣 (今江蘇蘇州) 人，家金陵，為"金陵八家"鄒喆之父。貧苦有志節，居東園水濱，友人為築小閣，題曰"節霞"。工山水、花卉，墨蘭、雜花尤精，筆墨高秀，絕去甜俗，有超然塵外之致。

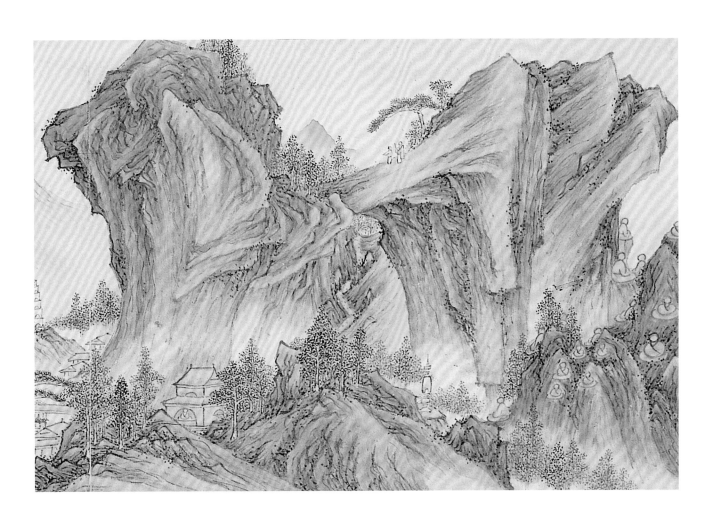

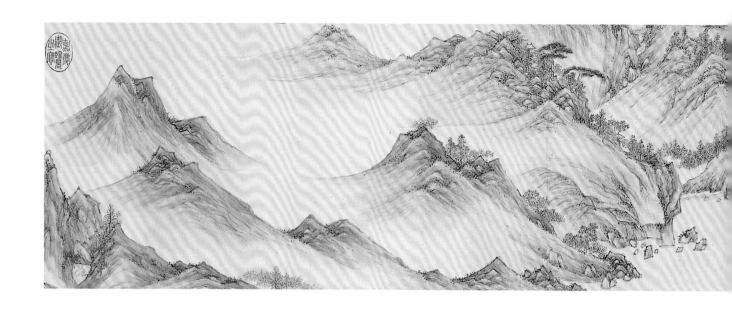

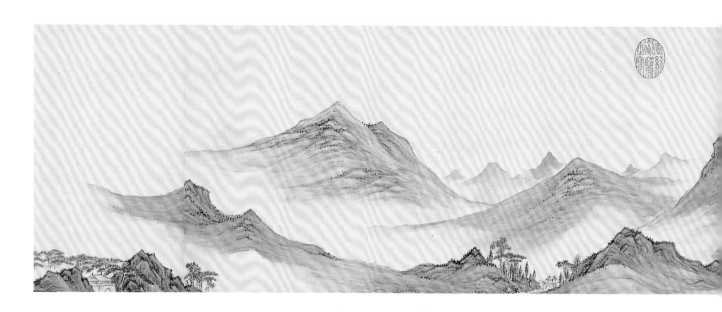

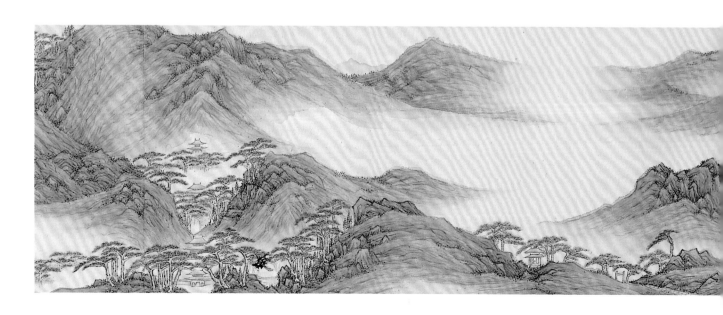

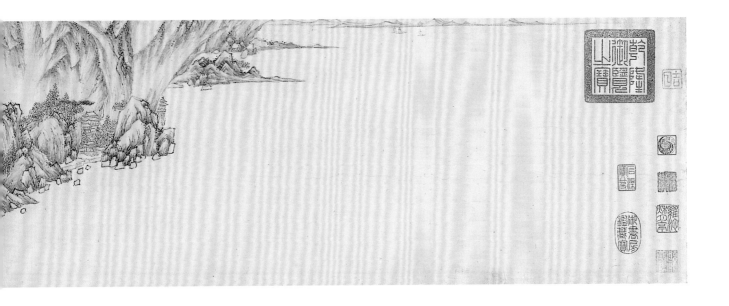

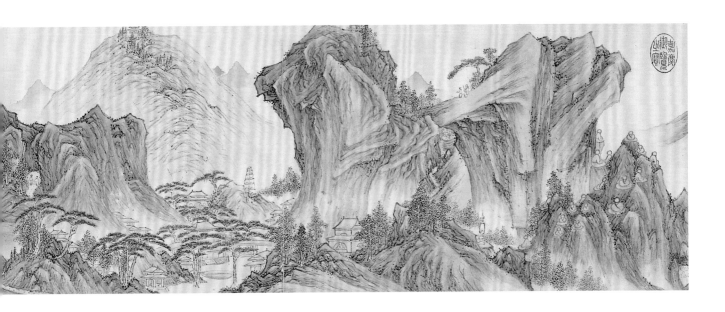

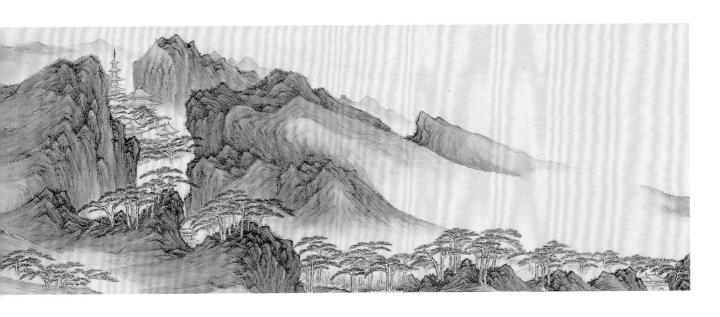

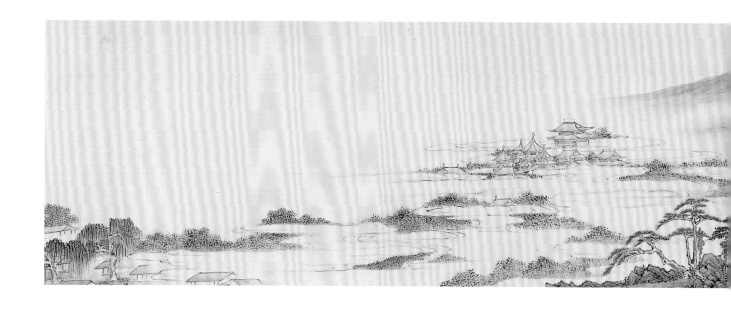

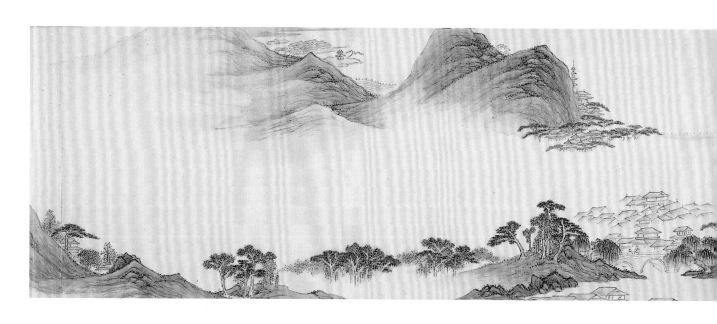

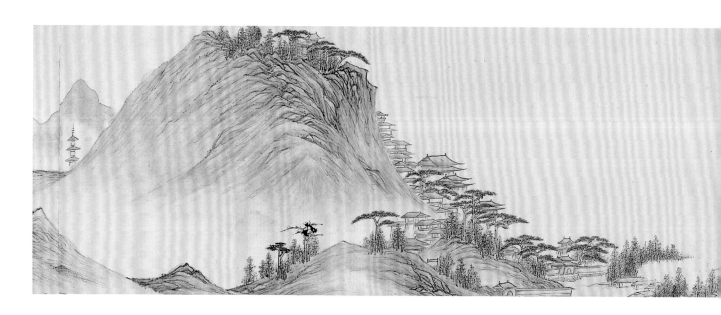

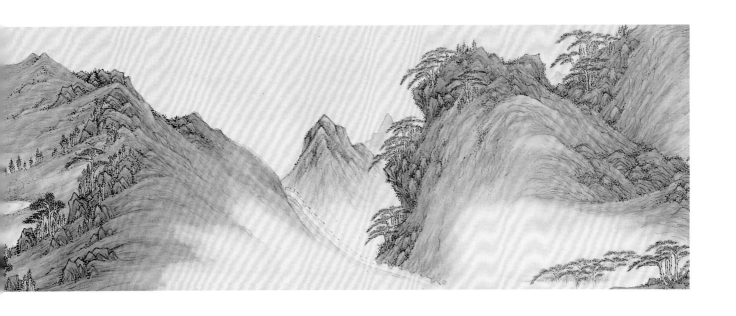

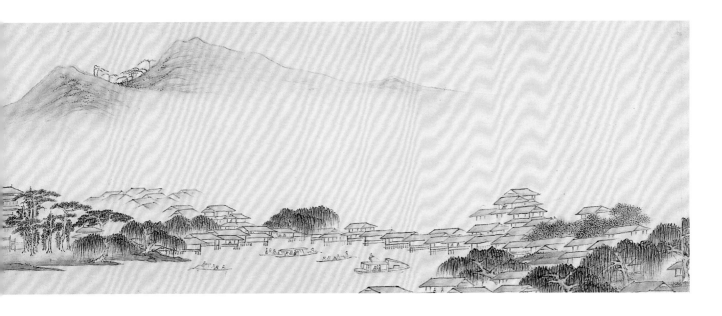

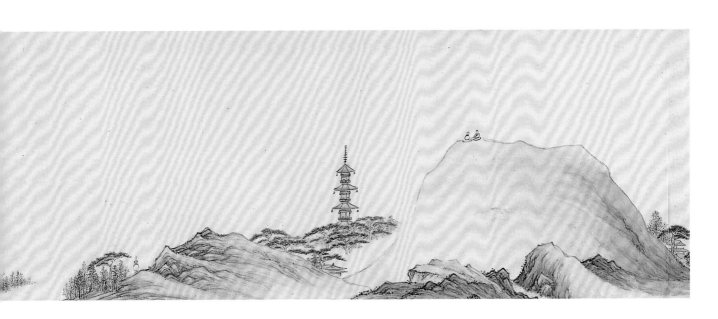

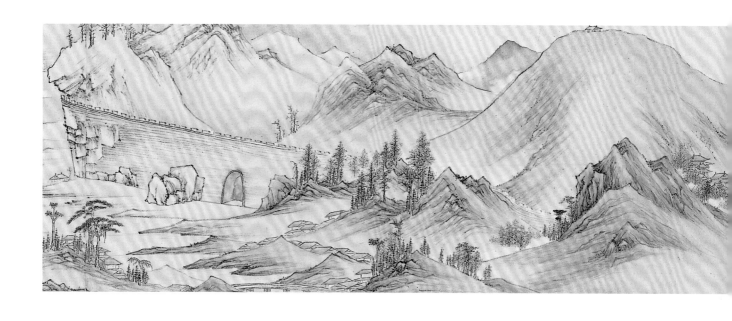

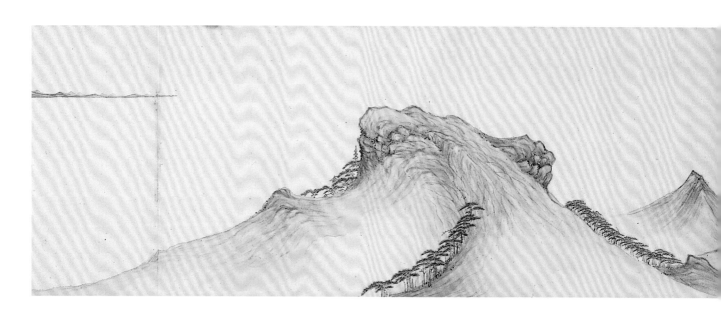

我明自文沈後代代不乏人滿
字突出自建旗鼓余嘗愛其
品高筆貴師法荊開得性靈
勁處宛吾道中白眉也聖一讀
書潭上秋日過之出是卷披閱
宇性靈竟日不能釋手獎
歸案頭累月猶未足也国
索之急偶贅數語于上浹
毋曰佛頭著糞邢姚余
猶韋聖一讀書亦情此
谷出其奇与潭中勝也
崇禎歲庚辰嘉平月書于
南擔下
魏之璜

宋室系緒孫子金陵士孫文
伯仁多歲九孫滿公數請一
覽子永之法為海公大症書
不一示吾歓仰先生筆人皆四己

知多榮報甲辰九月一日
秀甫等熙秀甫書

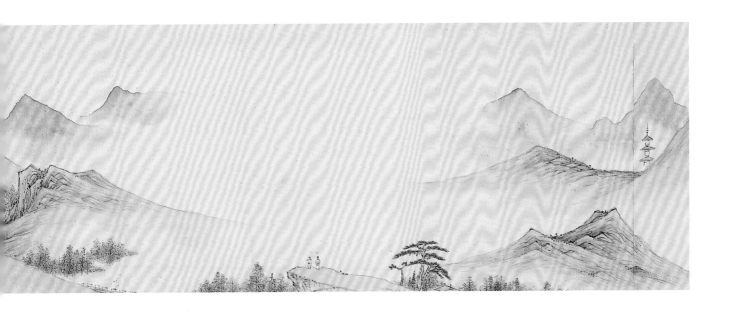

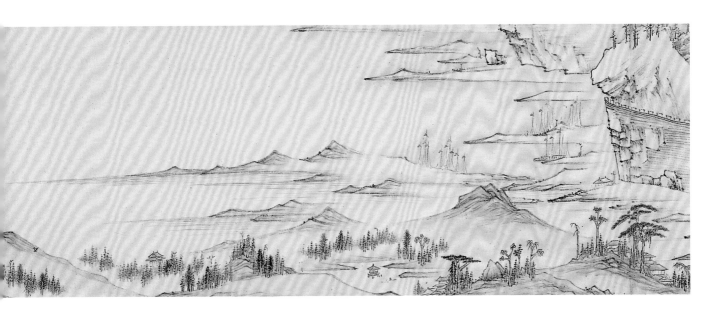

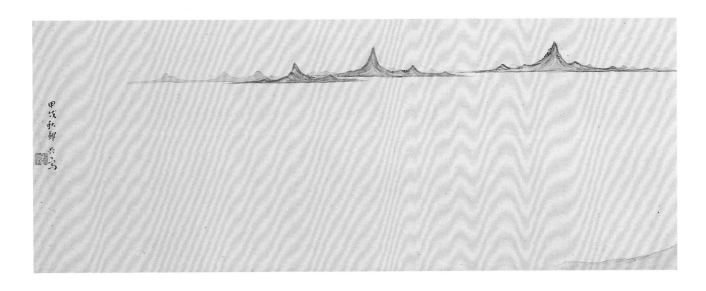

20

張風　山水圖（二頁）

明

每頁縱 16.5 厘米　橫 21.4 厘米

Landscapes（two leaves）
By Zhang Feng, Ming Dynasty
First leaf ink on paper
Second leaf colour on paper
Each leaf: 16.5 × 21.4cm

第一頁：紙本　墨筆

此圖無款。鈐"風"（朱文）。新村民
對題五言詩一首。（見附錄）繪一高
士極目遠眺江中孤帆之景。作者不用
一般山水畫中繁複的皴擦點染和墨分
五彩的表現手段，而意在於用筆，以
流暢疏放的綫條造型。據對題所言：
"⋯⋯大風此幅竟為予是日寫照。公會
道兄拂冊叮題即以奉教。新村民，丁
巳。"可知，此圖為張風於萬曆四十五
年（1617）所作，呈現出其早年畫風。

第二頁：紙本　設色

此圖無款。鈐"風"（朱文）。陳寅對題。
（見附錄）繪一高士袖手於柴門。構圖
簡明。以赭石、墨綠設色的雙木構成
清新雅逸的景致。此幅疏閒淡逸的畫
風，及無款僅鈐"風"印的款印格式，
均與有新村民對題的《山水圖頁》相
同，故推斷此幅當作於明萬曆四十五
年（1617）。

張風（?－1662 年），字大風，號昇州
道士。江蘇上元縣人，自號上元老人。
明崇禎年間諸生，明亡後刻意於畫，
長於山水、人物、花草。與周亮工善。
其畫神韻悠然，無一毫嫵媚習氣。

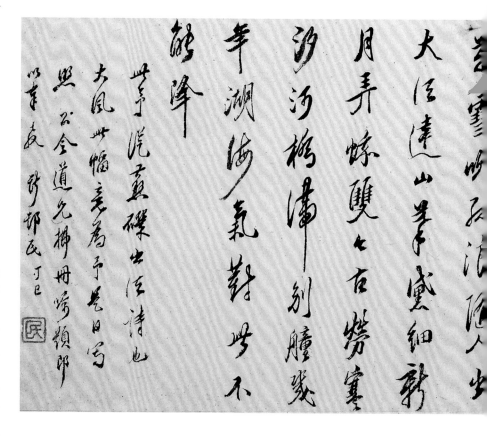

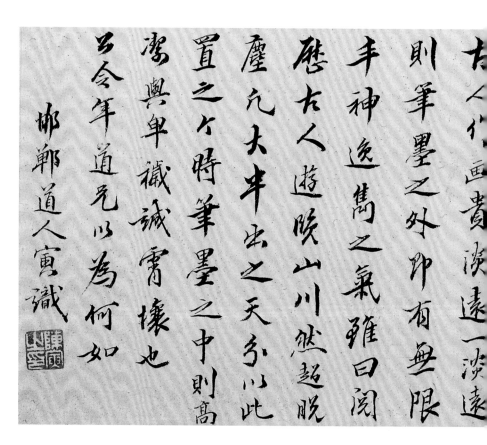

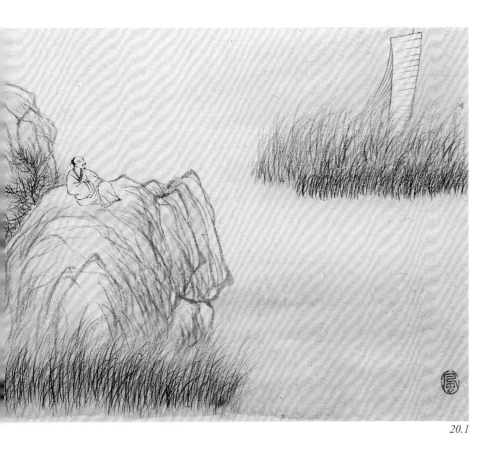

20.1

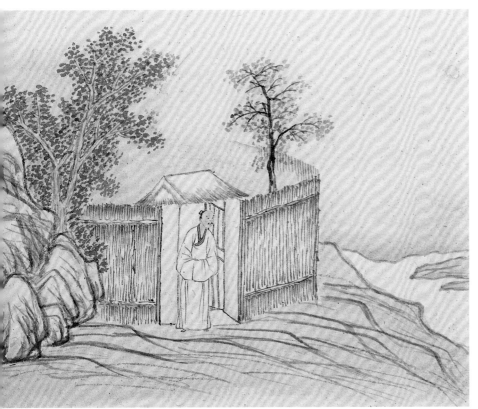

20.2

21

張風　北固煙柳圖軸

清

紙本　墨筆　縱 83.5 厘米　橫 44.5 厘米

Mist-covered Beigu Mountain
By Zhang Feng, Qing Dynasty
Hanging scroll, ink on paper
83.5 × 44.5cm

本幅自題："昨見倪元鎮畫獅子林圖，
謂非王蒙所夢見，世人不無駭異。要
知高人胸次，心無貢高，寧閒下同惡
口，但為現畫史身而說法有不得不然
者耳，非罵人也。即道人今日亦豈不
欲罵時賢耶，又恐向癡人說夢而止。
戊戌三日三月漫墨此紙，並繫小詩一
絕奉贈信之先生：北固山前江水連，
雨餘花鳥弄晴煙。從君柱杖開來往，
何異王維小輞川。上元弟張風頓首。"
鈐"張風"（白文）。另鈐鑑藏印"蒙泉
畫屋書畫審定印"（白文）、"文心審定"
（朱文）、"老樸家藏"（白文）。

戊戌為清順治十五年（1658）。

此圖先以淡墨渲染，濃郁潤澤，再以墨
綫勾勒山石輪廓，而後綫條隨形勾畫，
代替傳統的皴擦筆法。其放縱靈動而
不拘章法的筆墨表現出動靜結合，神
趣天成的韻致。

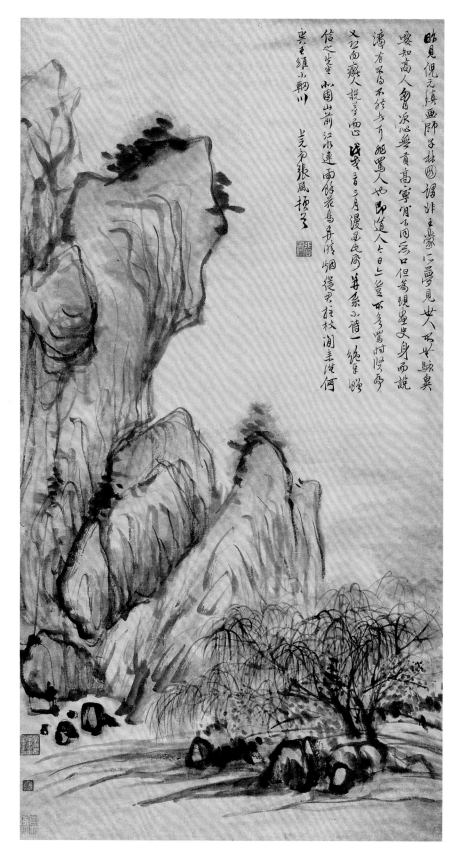

46

22

張風　鍾馗圖軸

清

紙本　墨筆　縱 38.3 厘米　橫 29.5 厘米

A Portrait of Zhong Kui
By Zhang Feng, Qing Dynasty
Hanging scroll, ink on paper
38.3 × 29.5cm

本幅自題：“乙酉歲除，夢作此圖。綠
袍紗帽者，瞋目切齒而言曰：‘是尚能
百本乎？’余疾聲應之曰：‘雖千萬億
可也’。遂驚而寤其意，蓋隱隱若似乎
恨福來遲，吉星高照云爾。己亥臘月
上元張風敬寫第一百二十二本。”鈐
“張風”（白文）。

己亥為清順治十六年（1659），張風逝
世前三年，畫風嚴謹而又洗練，別具
一格。

鍾馗是中國民間廣泛流傳的神話人
物，也是中國繪畫歷久不衰的題材。
本幅是作者創作的第 122 本鍾馗圖。
圖繪鍾馗身着玉帶錦袍、烏皂、幞
巾，手執劍，側轉身，炯炯目光遙視飛來
的蝙蝠，恰如其分地表現出人物“恨蝠
（福）來遲”的內在神韻。

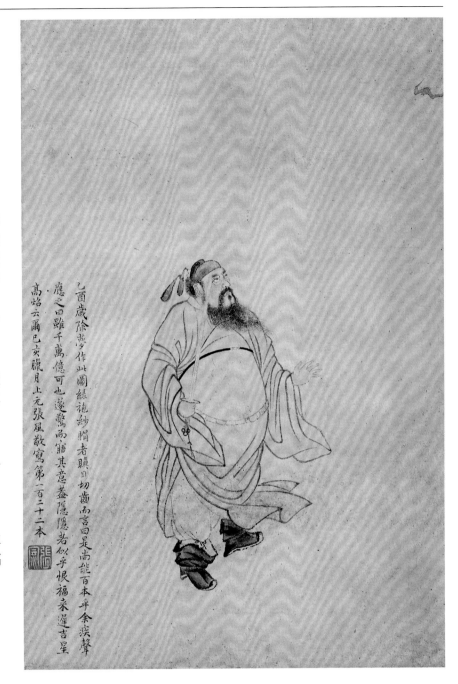

23

張風　淵明嗅菊圖軸

清

紙本　墨筆　縱 34 厘米　橫 27.5 厘米

**Tao Yuanming Smelling at the
Chrysanthemum**
By Zhang Feng, Qing Dynasty
Hanging scroll, ink on paper
34 × 27.5cm

本幅自題："採得黃花嗅，唯聞晚節香。
須令千載後，相慕有陶張。上元老人
寫淵明小炤。庚子。"鈐"張大風"（白
文）。鑑藏印有"大千好夢"、"世綱審
定"等五方。

庚子為清順治十七年（1660）。張風逝
世前兩年。

圖繪陶淵明嗅菊故事。筆墨簡括，勁
挺縱逸，成功地表現了人物"嗅"的
動感及專注的神情。張庚《國朝畫徵
錄》認為張風的畫是"無師承，以己意
為之，頗有自得之樂，筆墨中之散仙
也"。本幅為張風人物畫代表作。

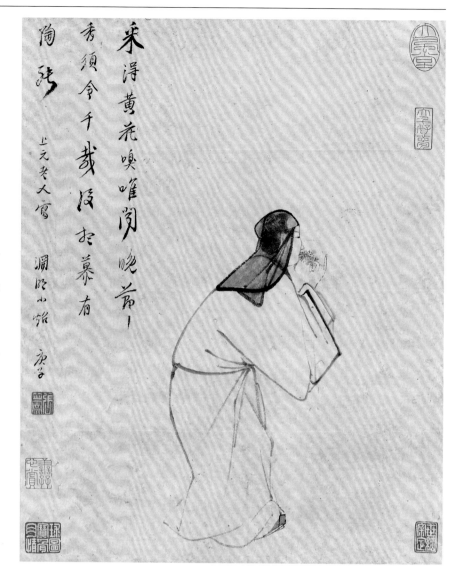

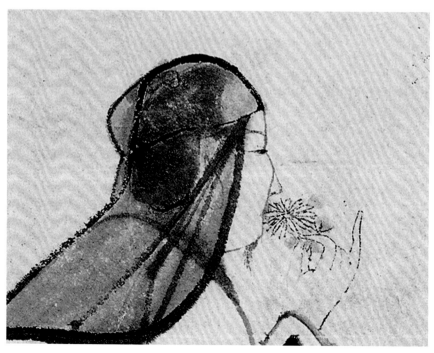

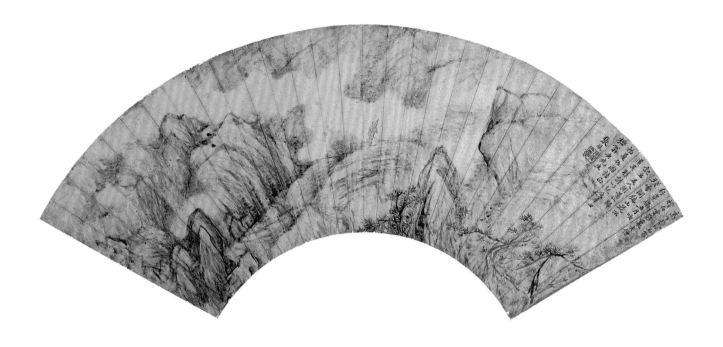

24

張風　黃山詩意圖扇

清

金箋　設色　縱 16 厘米　橫 51.2 厘米

Illustration in the Spirit of an Ode to Huangshan Mountain
By Zhang Feng, Qing Dynasty
Fan leaf, colour on gold-flecked paper
16 × 51.2cm

本幅自題：“高下龍松石筍撐，白雲影裏老僧行。薰風五月
吹殘雪，開遍山花不記名。友人遊黃山歸，道其勝，詩以記
之。辛丑初夏作圖清正。櫟翁老先生。張風。”鈐“張大風”
（朱文）。

辛丑為清順治十八年（1661），張風逝世前一年。

圖繪一高士柱杖獨行於煙籠霧繞的羣峯間。筆法粗健率意，
水墨、淡色相間，為張風晚年蒼勁之作。

25

王逢元　山水圖頁

明

絹本　設色　縱 30.3 厘米　橫 60.6 厘米

Landscape
By Wang Fengyuan, Ming Dynasty
Leaf, colour on silk
30.3 × 60.6cm

本幅款識："健菴王逢元寫。"鈐"健"、"菴"聯珠印。

圖中山體絕少勾勒，更少皴擦，皆以花青調墨暈染而成，畫
面山際煙雲繚繞，縹緲虛幻。而近樹的畫法則取自元人，
筆致精巧。全圖虛實結合，形成了蕭散秀逸的藝術境界。

王逢元，字子新，號吉山。江蘇上元縣人。山水師趙孟頫，
筆力疏秀，書法師鍾繇、羲獻父子。與其父俱擅書，故人
以"大令"呼之。

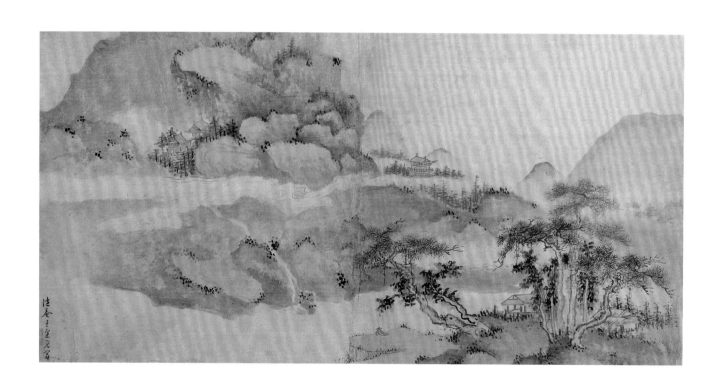

26

魏之克　山水圖卷

明

紙本　設色　縱 27.6 厘米　橫 1148 厘米

Landscape
By Wei Zhike, Ming Dynasty
Handscroll, colour on paper
27.6 × 1148cm

引首隸書 "幽意飄揚"。款署："廣陵禹之鼎寫。" 鈐 "慎齋禹之鼎印"（朱白文）、"廣陵濤上漁人"（朱文）及引首章 "梅田竹屋"（朱文）。

本幅末作者款署："泰昌紀元中秋，鉅鹿魏克寫。" 下鈐 "魏之克"（朱白文）、"禾叔"（白文）。

此圖作於明泰昌元年（1620）。

此圖結構嚴謹，鋪陳有序，舒展自如，用筆柔潤流暢。圖中煙雲變幻，景致迷離，正當得 "幽意飄揚" 四字。全圖設色清淡，中間一段突以水墨出之，增添了通篇的筆墨趣味。

魏之克（十六世紀末——十七世紀初），後名克，字和叔。上元（今南京）人。善山水花卉，筆法秀美，姿顏軟媚，寫水仙絕妙古今。與兄考叔賣畫為食，每月並畫大士像施諸寺院。

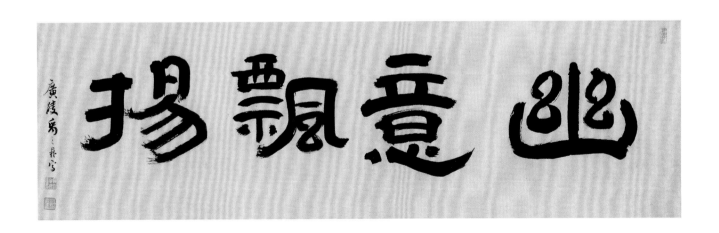

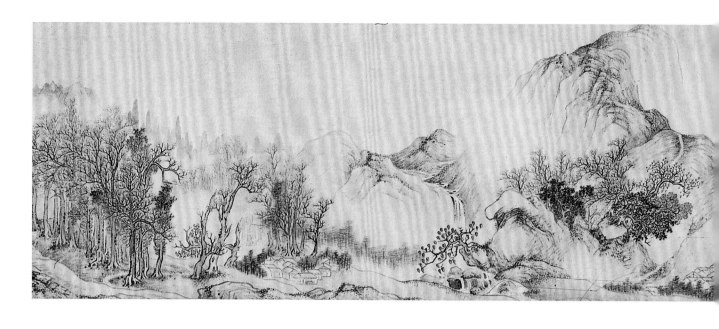

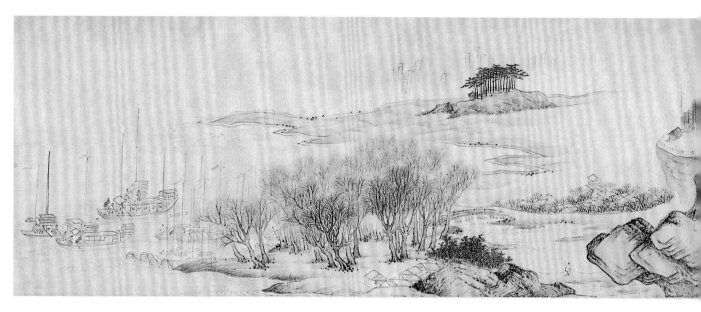

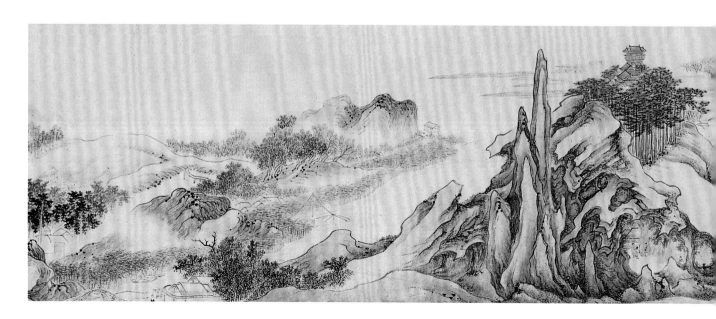

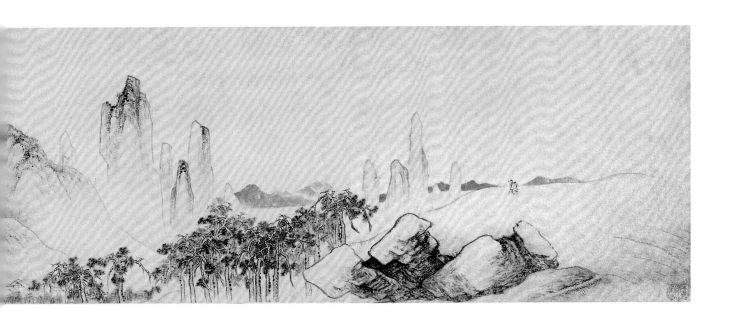

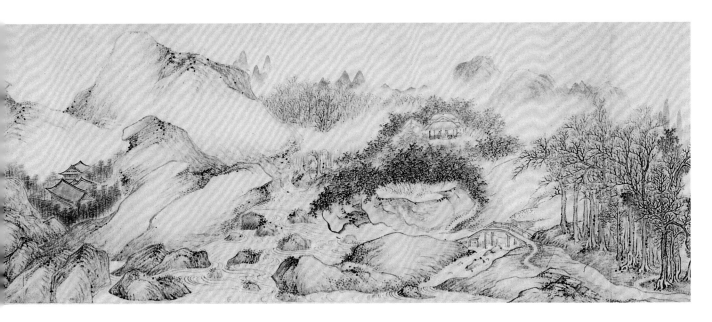

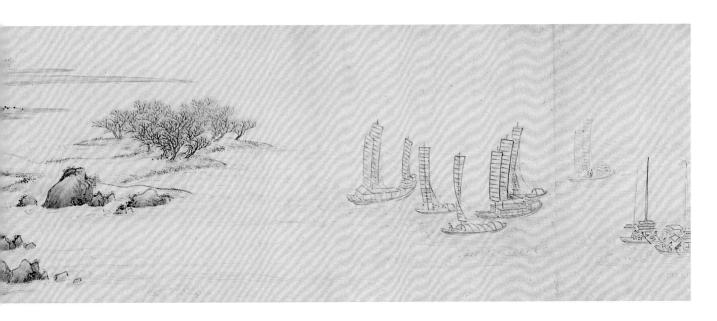

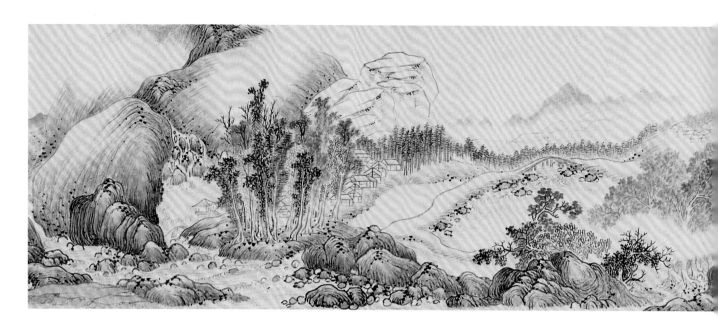

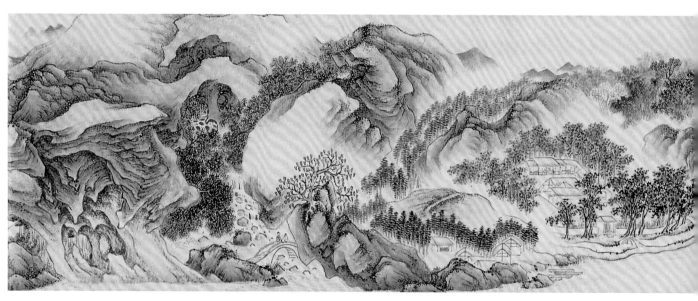

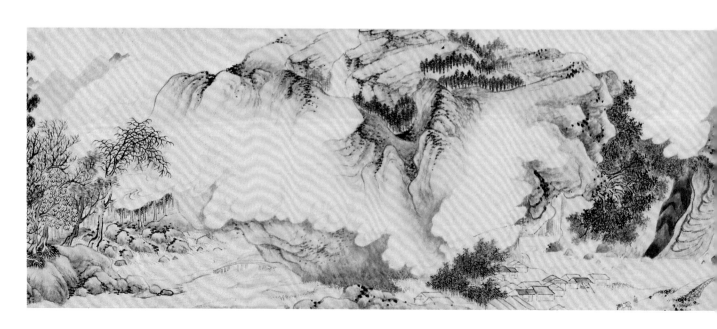

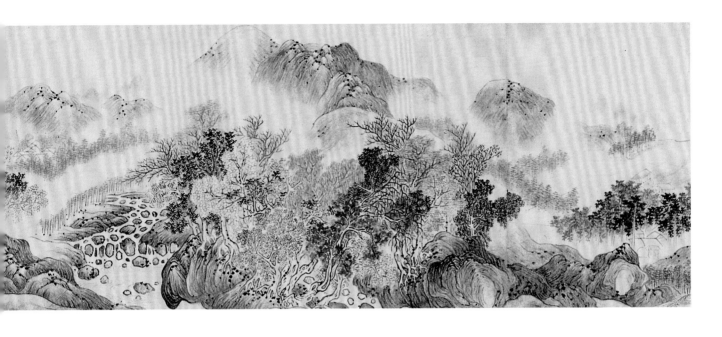

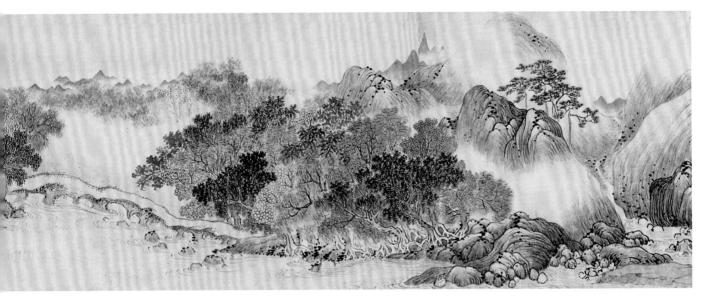

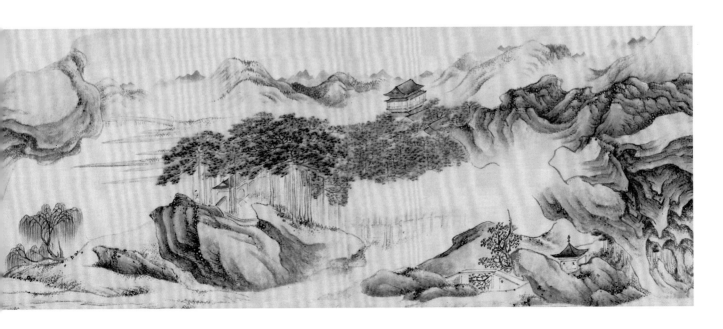

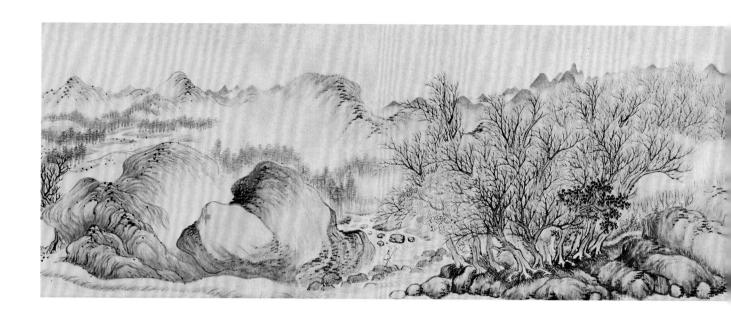

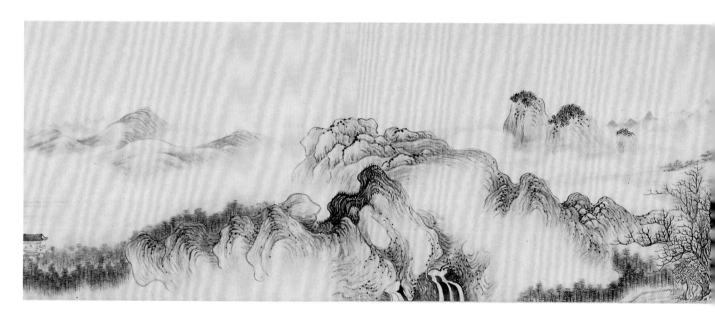

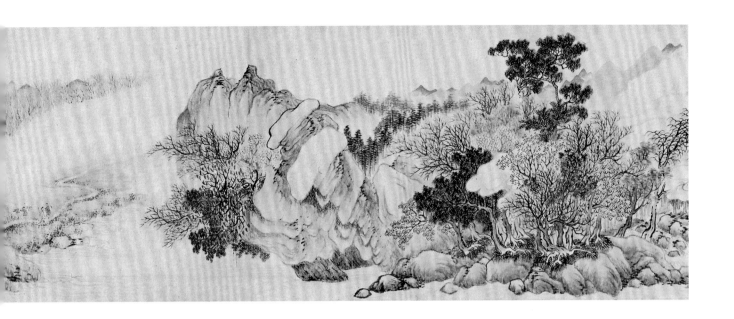

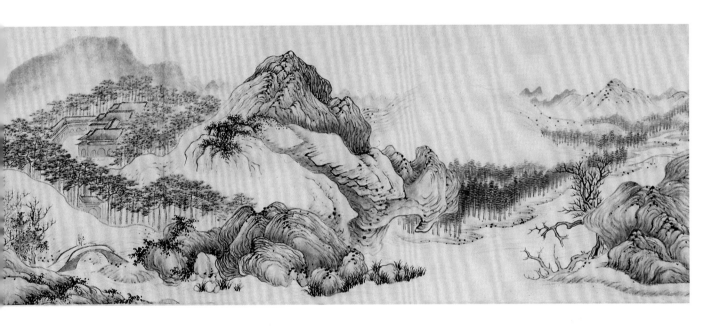

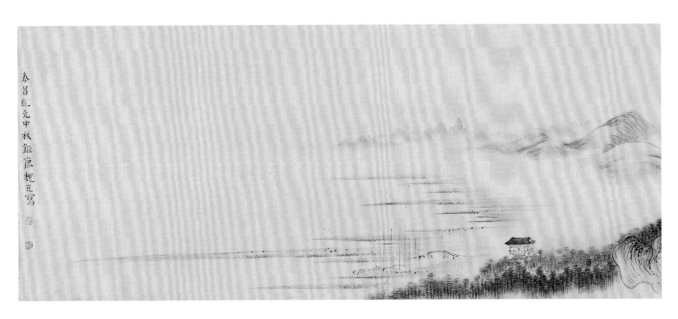

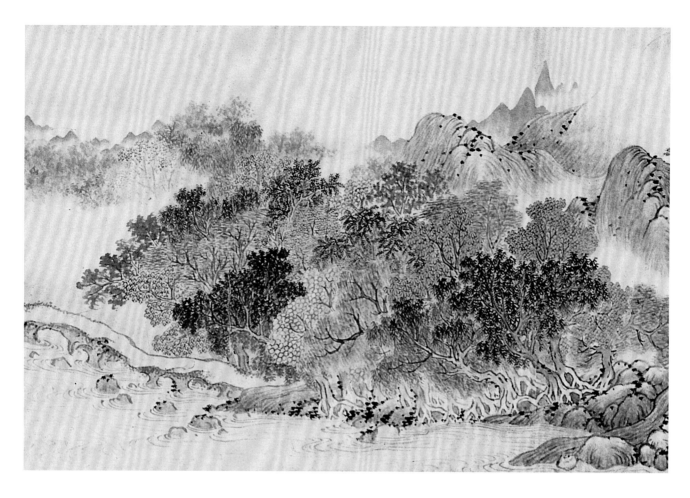

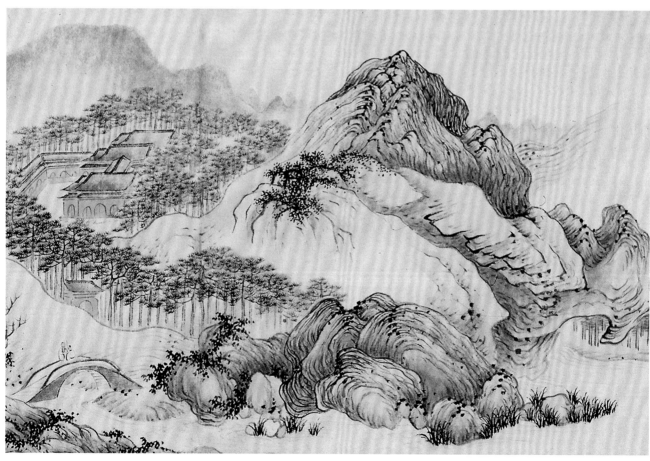

27

魏之璜　山水圖卷

明

紙本　設色　縱 31.7 厘米　橫 213 厘米

Landscape
By Wei Zhihuang, Ming Dynasty
Hanclscroll, colour on paper
31.7 × 213cm

本幅自識：“萬曆歲乙卯春初，魏之璜寫。”下鈐“魏之璜
印”（朱文）、“考叔”（白文）。另本幅及隔水有收藏印多方：
“穀忱珍藏”（白文）、“永安沈氏藏書畫印”（朱文）、“崔穀
忱秘笈書畫印”（朱文）、“穀忱四十以後所得”（朱文）。

乙卯為明萬曆四十三年（1615），作者時年四十八歲。

此圖描繪江南夏景，筆法細膩。山石皴染並施，近樹多空
勾夾葉。遠方洲渚迂迴，山間樓台雜錯，薄霧輕嵐。山光
水色，一派清幽淡然的清曠意境。

魏之璜（1568—? 年），字考叔。江蘇上元縣人。長於山水，
不襲粉本，出以己意，極變化之能事。晚年喜用濃墨禿筆，
意境蒼老，然風韻稍遜。兼擅淡墨花卉，清雅雋逸。書法
宗《黃庭經》，結構縝密，筆法流暢。

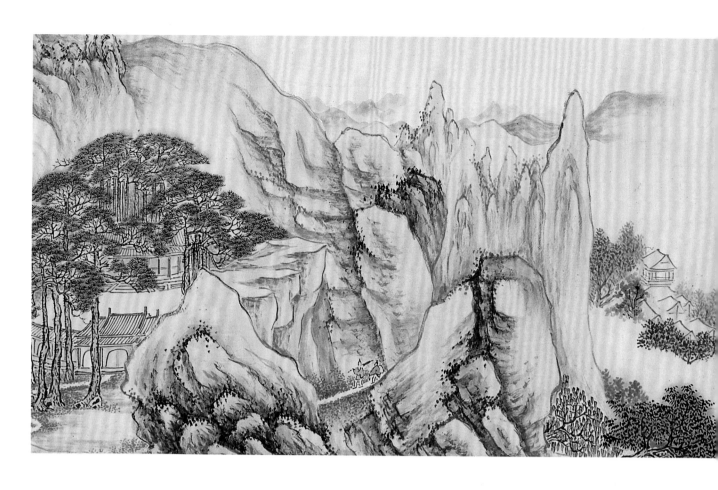

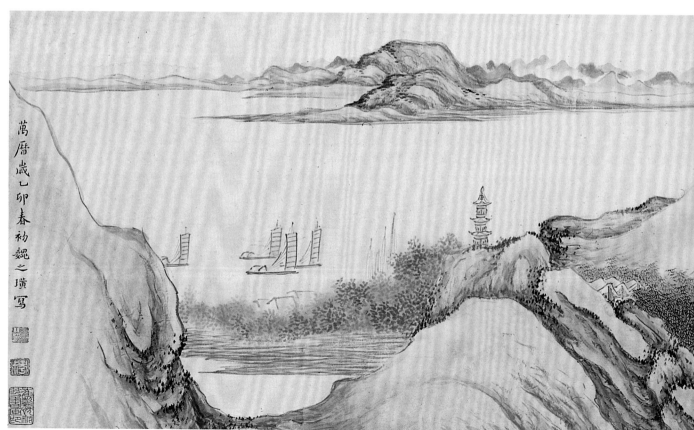

萬曆歲乙卯春初魏之璜寫

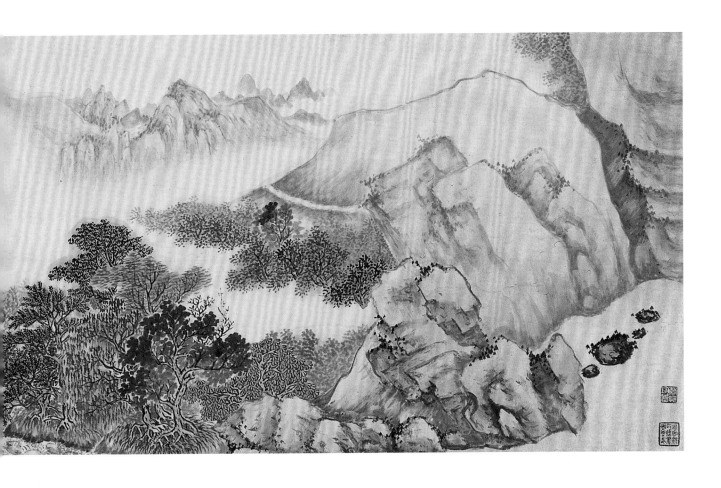

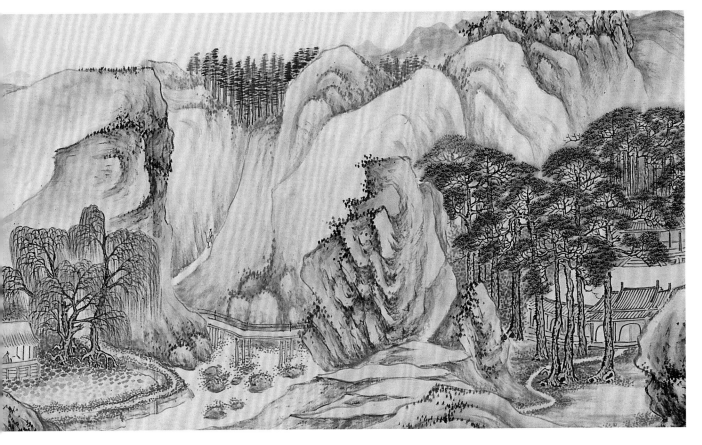

28

胡玉昆　象外神流圖冊

明

紙本　墨筆兼設色　每開縱 12.7 厘米　橫 13.8 厘米

Landscape

By Hu Yukun, Ming Dynasty
Album of 21 leaves, ink and colour on paper
Each leaf: 12.7 × 13.8cm

第一開印文殘；第二開鈐"胡玉昆印"（白文）；第三、四、五開皆鈐"元潤"（朱文）；第六開作者自題："此幀寫於□谿風止、寒蟾西上時光也。"鈐"胡玉昆印"（白文）、"芝士清玩"（朱文）；第七開印文殘；第八開作者自題："研山石，此石得之京師廟市，層巒疊嶂，岩嶠如繡，余愛其如太行之在大陸傍也，攜之山齋，清夜嘗生光怪，世稱尤物。玉昆識。"鈐"胡玉昆"（白文）、"元潤"（朱文），"結金石緣"（白文）；第九開印文殘；第十開鈐"元潤"（朱文）；第十一開自題："穆陵道上遙望齊州九點青"，"齊魯青未了，得返此境指顧，真真令人神阻。"鈐"元潤"（朱文）、"胡玉昆印"（白文）；第十二開鈐"玉昆"（朱文）；第十三開鈐"元潤"（朱文）；第十四開題"□□閣"，鈐"元潤"（朱文）；第十五開鈐"元潤"（朱文）；第十六開題："天平積翠圖，導江岷。"鈐"芝士清玩"（朱文）；第十七開題："從太行山望月泌黃河三水交流之圖。"鈐"束堂"（白文）；第十八開題"雨花台"；第十九開題："仙霞嶺望江郎山圖，嵩仲岷。"鈐"□□"（朱文）；第二十開題："龍洞入角，朱岷圖。"鈐"霖澤鑑藏"（朱文）；第二十一開題："江南門戶圖，東西梁山一段，朱岷。"鈐"束堂"（白文）。

第一開　畫小樓在樹林間，山上有瀑布流下，畫葉用焦墨點。

第二開　淡墨皴出一座高崗，其上有松林，房屋數間。

第三開　枯木寒林，中有屋舍三間，背景染以淡墨。

第四開　溪水自亂石間流過，林屋密集，構圖偏上。

第五開　一屋建於孤塊大石間，四周有樹。

第六開　板橋枯木，一人在橋上獨行。

第七開　畫松石。

第八開　畫石一堆。

第九開　設色，近景為幾棵樹，後有石壁棧道。

第十開　設色，仿米筆意，橫點排列，小橋流水。

第十一開　景色開闊，平緩。遠山施以淡青色。

第十二開　設色，雜樹茂密，暮色沉沉，一人獨自扣門。

第十三開　設色，一人獨坐竹林中。

第十四開　設色，一樓閣高出林之上，一人憑窗遠望。

第十五開　設色，一婦人攜一幼兒，旁有茅亭大樹。

第十六開　青綠山岩，兩抬小轎在山間行走。

第十七開　秋景，一人騎驢。

第十八開　一人與僮僕立於高崗上。

第十九開　無邊一抹紅霞，雲霧繚繞。

第二十開　一人涉水，山石方硬。

第二十一開　墨筆，江上帆影。

胡玉昆此套冊頁原應有二十六開，有六開散失，由朱岷補畫。現存共二十一開。胡玉昆善用綫條，或長短錯落，或婉轉綿長，輕靈躍動，變化間極富韻律。在描繪不同景物時相應運用不同的筆法，有的加以濃墨點染，有的略施清雅淡色，寫意自然。相形之下，朱岷補畫的六開筆墨略顯拘謹，構圖筆法變化不大。

胡玉昆，明末清初，初名三，字元潤，一字褐公，為宗智之子。上元（今南京）人。工畫山水，有家法，兼擅花卉蘭竹。與周亮工、方以智、李日華友善。

朱岷，字嵩仲、導江、客亭，江蘇武進人，擅長隸書、山水。

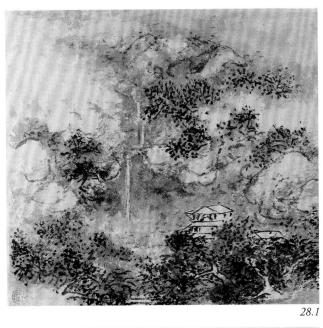

28.1

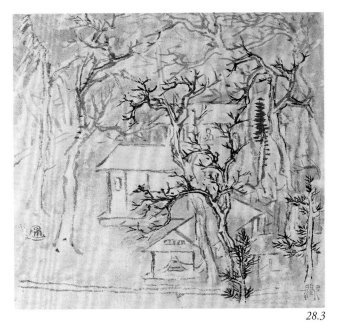

28.3

28.2a

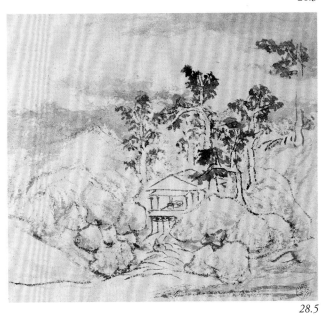

28.5

石屋高寄山巓樵迳斜

穿雲裏放歌却怨松風

謖
上喚人睡美

逞庵嘉平廿五日題

28.2b

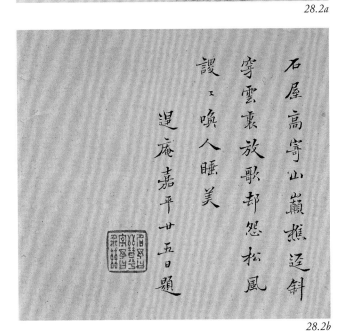

此幀寫於沈石田居止爽塏西上村也

28.6

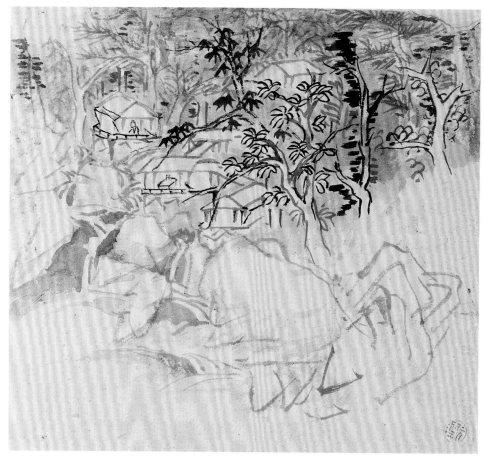

28.4

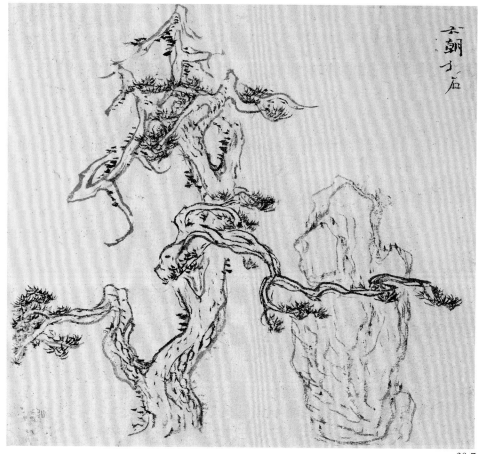

28.7

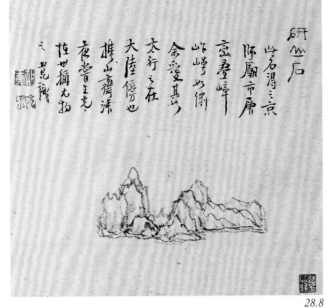

研山后
此名得之京
師廟市肆
意疊峰
岵嶁屾削
余愛其山
太行之在
大佳信乎也
樵山喬清
夜曾主先
携世挿元和
三荒識

28.8

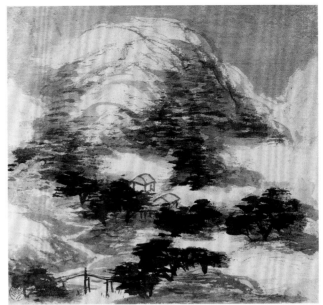

28.10a

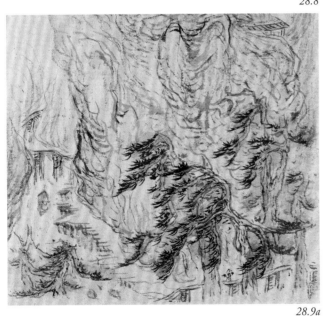

28.9a

萬株紅樹一谿深日暮聯
為漁父吟世事茫茫何夏
料白雲滿處寄鄉心
戲集盧綸杜甫韋應物
許渾句未知意趣有合
否嘉平廿四日大雪

28.10b

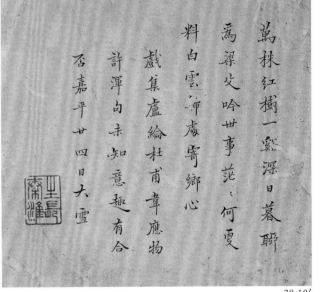

犖崖紅棧礬參差小
蓋初程景最奇誰向
毫端收拾得李將軍
畫少陵詩
陸放翁襄舊詩也與
峽若有合為膳錄一過
庚戌除夜漏下三十刻

28.9b

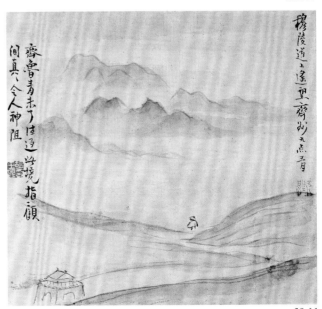

穆陵道上遠望齊州九點青
齊魯青未了佳遠望境指顧
間真令人神阻

28.11

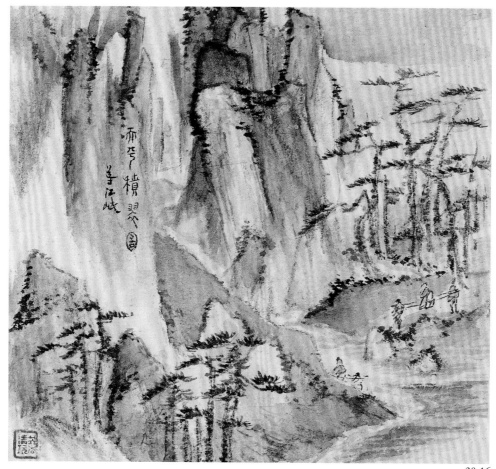

28.16

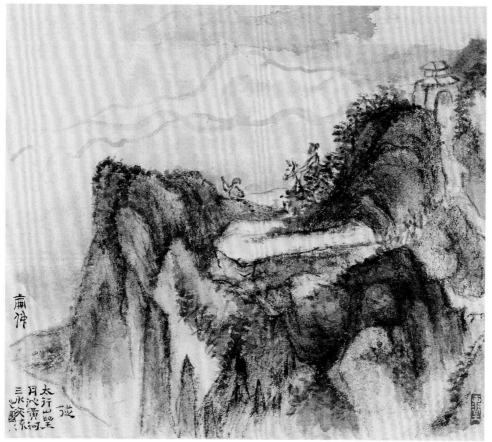

28.17

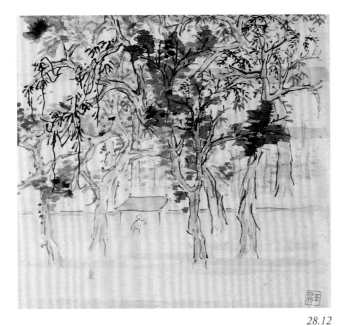

28.12

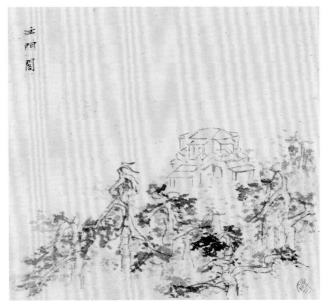

王門閣

28.14a

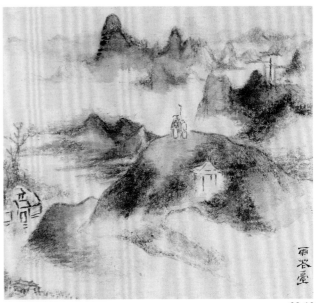

28.13a

春風吹暖入園林一片雲生
又坐陰晴得梅花三日住誰
云造物本無心
擬撥殘書出郭行浮雲忽
已敗春晴窮篁今雨無車馬臥
聽深況滅殼殼
上元後連日小雨坐寒書此

28.14b

獨坐幽篁裏彈琴復長
嘯深林人不知明月來相
照此右丞詩中畫也元潤
下何嘗無此二十字耶吾
與元潤俱遊心輞川矣

28.13b

28.18

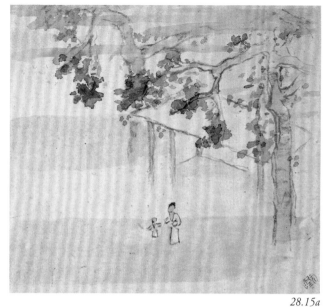

28.15a

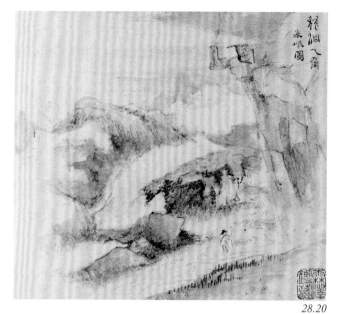

28.20

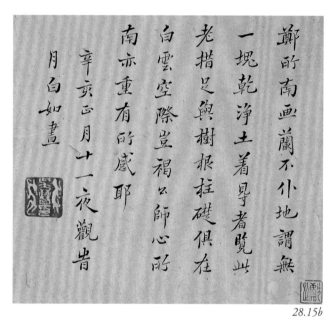

鄭所南畫蘭不著地謂無
一塊乾淨土著身者覽此
老楮足與樹根拄礎俱在
白雲空際豈禑公師心耶
南亦重有所感耶
辛亥正月十一夜觀竟
月白如晝

28.15b

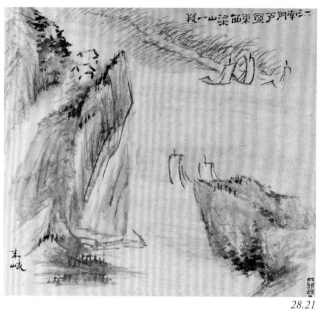

28.21

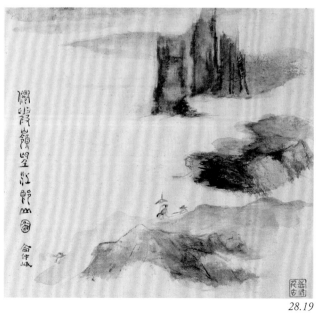

28.19

68

29

七處　山水圖卷

明

紙本　墨筆　縱 28 厘米　橫 267 厘米

Landscape
By Qi Chu, Ming Dynasty
Handscroll, ink on paper
28 × 267cm

引首黃賓虹題："七處上人墨妙。堯峯樓藏。賓虹。"鈐"賓虹八十以後作"（朱文）及引首章"癸未年八十"（朱文）。

本幅款識"乙未清和朱睿瞥"，鈐"朱睿瞥"（白文）。

本幅及裱邊有收藏印多方："堯峯樓劉氏元農珍藏書畫印"（朱文）、"劉元農"（朱文）、"元農得意"（朱文）、"清淨論迦館"（白文）、"堯峯樓"（朱文）。

乙未為清順治十二年（1655）。

全圖筆墨溫潤，起首一段山巒蜿蜒，以細長的披麻皴出之，山頂磯頭眾多，構圖頗類清初王鑑。後一段用筆卻突轉方硬，借鑑了弘仁等新安畫家的筆法，但較少荒寒之氣。此圖表現出作者秀潤清遠的藝術風貌，同時兼融當時畫壇兩大流派的風格、技法，反映了作者兼收並蓄的創作思想。

七處，僧。俗姓朱，名睿瞥，字翰之。金陵（今江蘇南京）人。明宗室。明亡後削髮為僧，性清遠，迥無俗塵。所作山水亦疏放逸俗。

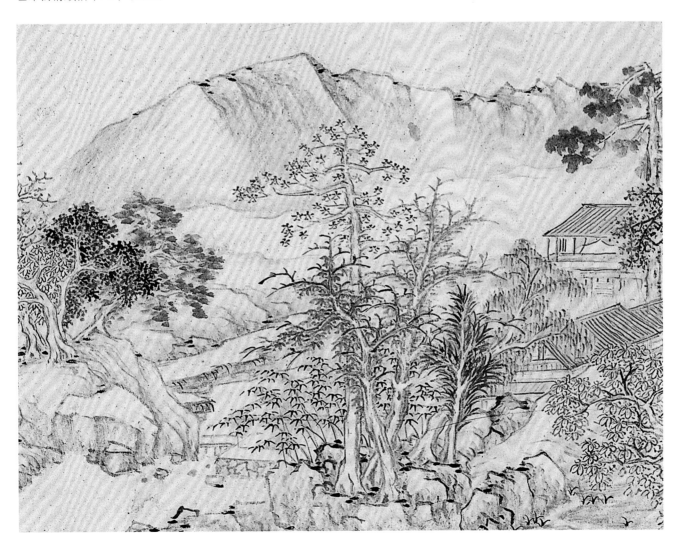

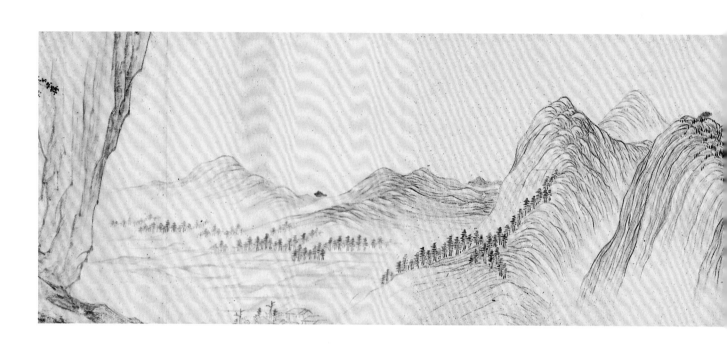

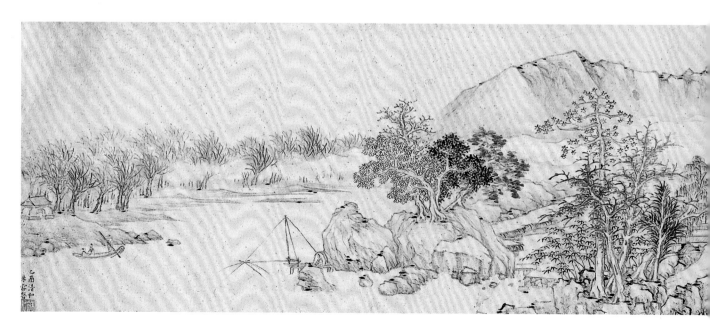

七霞上人墨妙　堯峰樓戲　賓虹

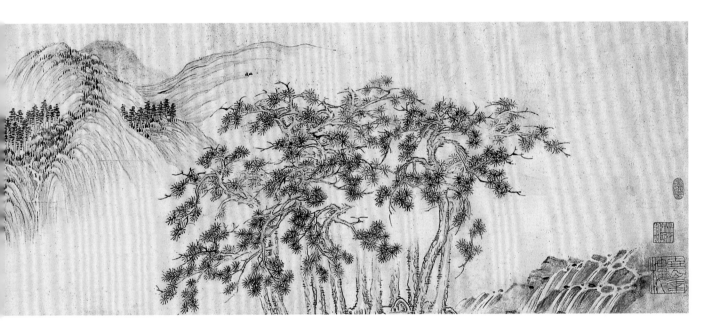

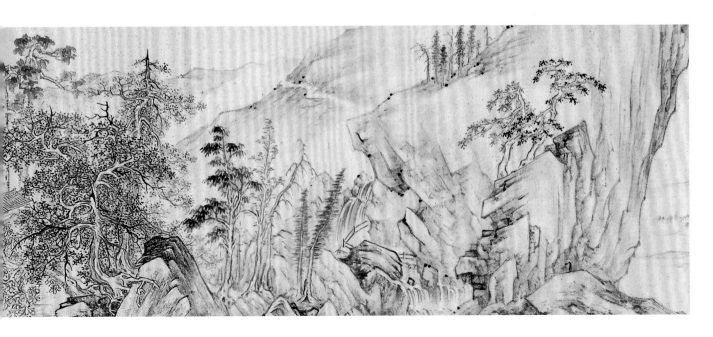

71

30

施霖　山水圖軸
明

紙本　墨筆　縱 71.3 厘米　橫 28.9 厘米

Landscape
By Shi Lin, Qing Dynasty
Hanging scroll, ink on paper
71.3 × 28.9cm

本幅無款印，僅馬士英一題，云："雨
咸臨余此畫，如虎頭（顧愷之）寫真，
蓋頰三毛，神明更旺。須放此人出一
頭地，不敢強項，謂床頭捉刀人有英
雄氣也。一笑。丁丑七月廿八日。士
英觀題。"鈐"伊□之印"（白文）、"馬
士英印"（白文）。另收藏印二："泰州
宮氏珍藏"（朱文）、"宮子行同弟玉父
寶之"（朱文）。

丁丑為明崇禎十年（1637）。

此圖以元代王蒙、黃公望為宗，多用
乾筆，細筆短皴，筆致細勁鬆秀，意境
蕭散清逸，有元人韻致。

施霖，字雨若，一作雨咸。江寧人。
善畫山水，師法元人，景色閒靜，史稱
逸品。

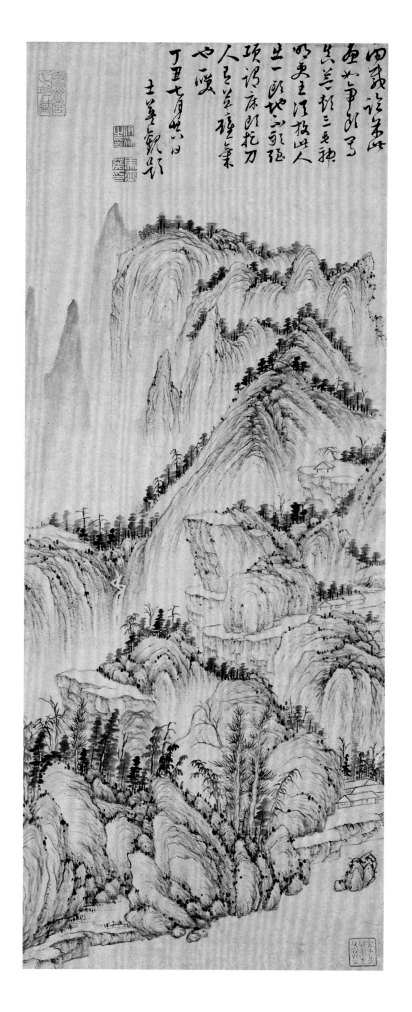

31

方亨咸　岩壑幽棲圖軸

清

紙本　墨筆　縱 74.3 厘米　橫 92 厘米

Hermitage amidst Peaks and Ravines
By Fang Hengxian, Qing Dynasty
Hanging scroll, ink on paper
74.3 × 92cm

本幅自識："順治十五年夏六月畫呈劉
老年伯大人敎，龍眠年姪方亨咸。"鈐
"龐古"（白文）、"臣咸"（朱白文）、"字
吉偶"（白文）。

清順治十五年為公元 1658 年。

此圖仿黃公望簡潔空靈的筆意，構圖
亦從黃公望景繁筆簡之樣式化出。畫
幅正中層巒疊嶂，山石縱橫交錯。筆
墨沉穩洗練，具文人畫蕭疏簡遠的意
境而又不失雄渾氣勢。

方亨咸，字吉偶，號邵村，小字姐哥。
安徽桐城籍，世居金陵。順治丁亥
（1647 年）進士，官御史。山水仿元代
黃公望筆意。

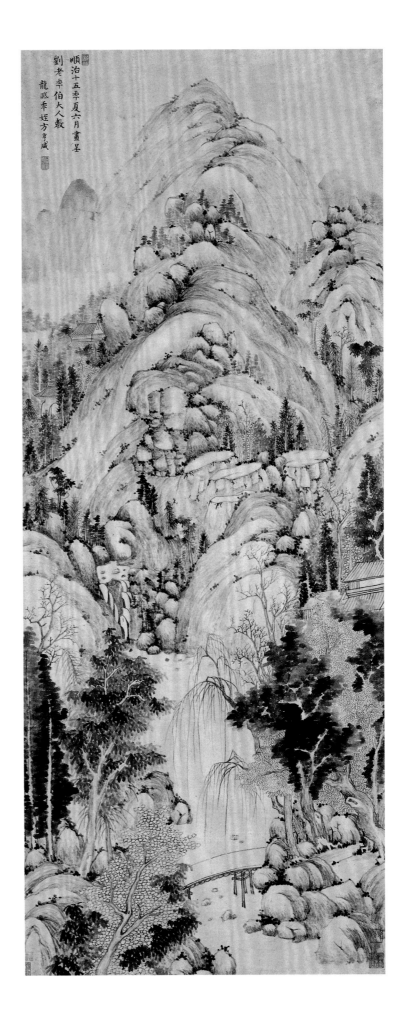

32

方亨咸　如山如松圖軸

清

絹本　設色　縱 163.6 厘米　橫 49.9 厘米

Mountains and Pines

By Fang Hengxian, Qing Dynasty

Hanging scroll, colour on silk

163.6 × 49.9cm

本幅自識："臨池之餘，僮子請為其舅
祖金玉衡作畫以壽，云其六十七十皆
有余畫為壽，今八十矣，敬乞繪事，
因作如山如松圖以祝之。邨村居士
咸。"鈐"長樂無息"(朱文)、"方亨
咸印"(朱文)、"江左邨村"(白文)

本幅構圖取高遠之景，豁朗疏秀，局
部緊湊嚴密。筆墨凝重蒼潤，仿黃公
望淺絳設色，反映出方氏個人的典型
風格。

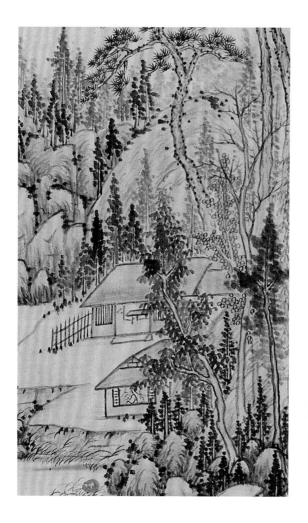

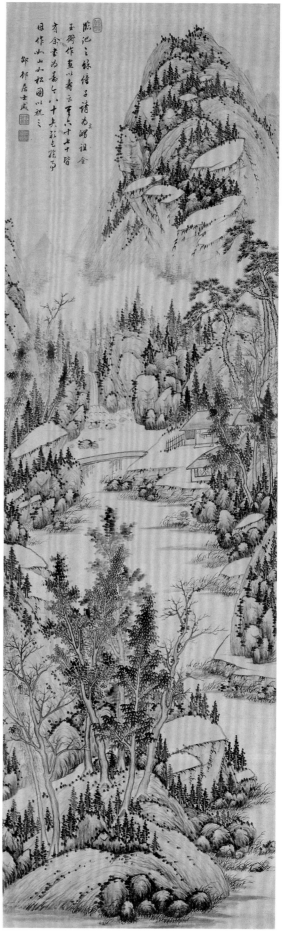

33

方亨咸　汴宮怪石圖軸

清

紙本　墨筆　縱 29.6 厘米　橫 41.7 厘米

Strange Stones of the Palace City in Bianliang

By Fang Hengxian, Qing Dynasty

Hanging scroll, ink on paper

29.6 × 41.7cm

本幅自 ："汴故宮後山怪石林立，是艮嶽舊物，石各有品題，猶是宋徽宗手書勒者，予時念之。今又為雪樵道人拈出。予曾有詩曰：行人指點長生字，往事淒涼花石綱。二併正於道人，亨咸。"鈐"邰村作畫"（朱文）。

詩塘有劉鑰題。鈐"一片冰心"（白文）、"竹口"（朱文）。

圖中畫二石，左一玲瓏剔透，形狀怪異，旁題"棲鸞"；右一方硬堅實，沉穩厚重，旁題"獨冠"。上刻宋徽宗題字。從題句得知此二石乃北宋汴梁宮城舊物，石文俱在，而世事變遷，畫家圖繪以抒懷古之情，顯然是有所寄託，即抒寫故國之思，對北宋故物的追憶，實際上是對前朝明王朝的思念。

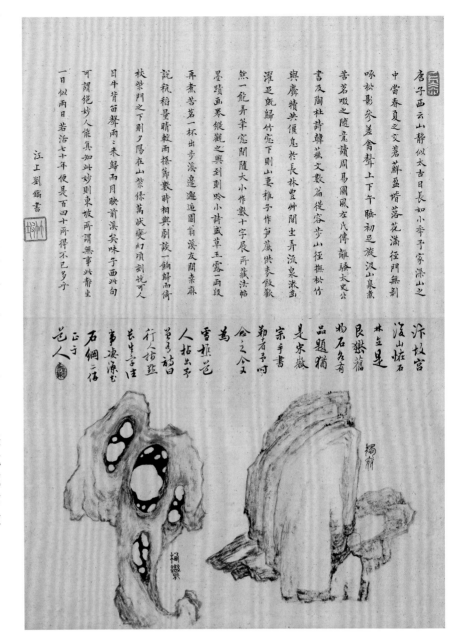

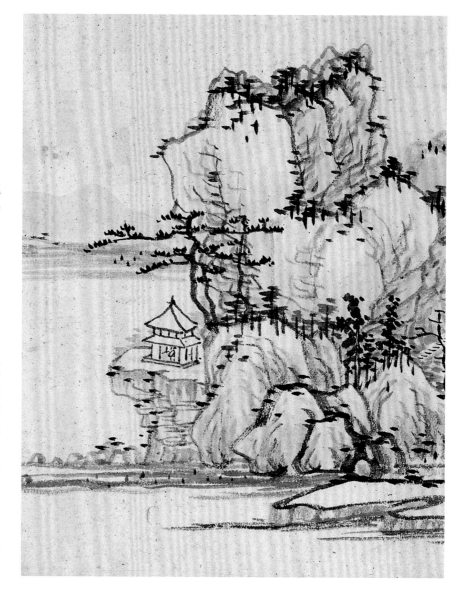

34

盛丹　江亭秋色圖卷

明

紙本　墨筆　縱 23.7 厘米　橫 57 厘米

A Vast Expanse of Misty in Autumn
By Sheng Dan, Ming Dynasty
Handscroll, ink on paper
23.7 × 57cm

本幅款識："丙申冬日呵凍為崑生社兄寫黃子久江亭秋色，石城盛丹。"鈐"盛丹"（白文）、"伯含"（白文）。

尾紙有劉宇京、王一揆、王民、黃申等人題跋。

丙申為明萬曆二十四年（1596）。

此圖畫法師黃公望。畫面右側構圖充實，水墨勾畫峯巒岡阜，臨江聳立，左側則大面積留白，間或以淡墨暈染遠山，再加孤帆遠影，翩躚而至，形成煙波浩渺、水天一色的優美境界。全圖筆墨疏簡蒼秀，頗得黃公望《富春山居圖》卷之神韻。

盛丹（生卒年不詳），字伯含，江寧（今南京）人。胤昌子。山水法黃公望，亦善花卉、蘭竹。

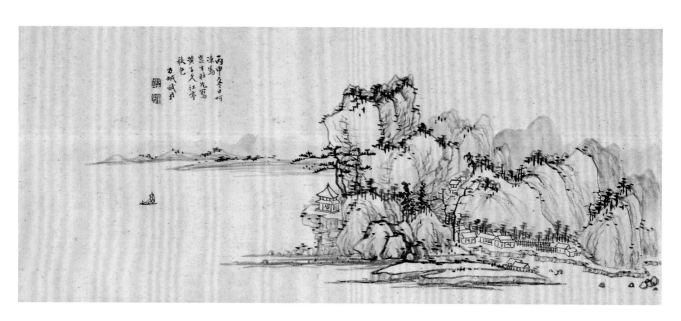

35

盛琳　山水圖冊
明
紙本　設色　每開縱 24.4 厘米　橫 17.6 厘米

Landscape
By Sheng Lin, Ming Dynasty
Album leaves, colour on paper
Each leaf: 24.4 × 17.6cm

引首題："研北蓬瀛。百子農阮大鍼為梅翁使君詞壇題。"
鈐 "阮大鍼印"（白文）。

各開均鈐 "盛琳之印"（白文）。末開款署："崇禎甲戌七月，
石城盛琳寫。"

明崇禎甲戌即明崇禎七年（1634）。

此冊筆墨以元人為宗，主要師法倪瓚、王蒙、黃公望，並
參以黃氏的淺絳設色法，多用枯筆、乾皴。用筆或細緻繁
密，或鬆秀簡逸，整體氣韻輕淡蕭散，達到了筆精意遠的藝
術效果。

盛琳（生卒年不詳），江寧（今南京）人，胤昌子，丹弟，畫
傳家學，得黃公望法，極為楊文聰所推崇。惜早歿。

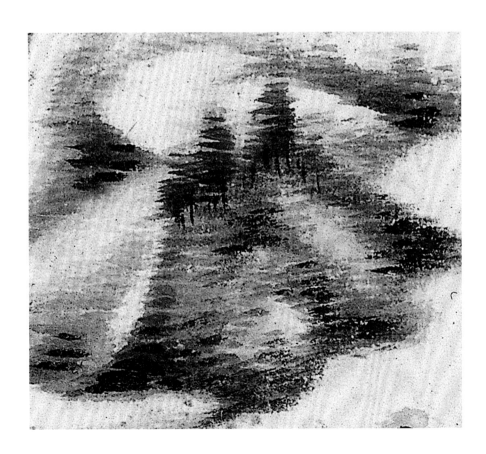

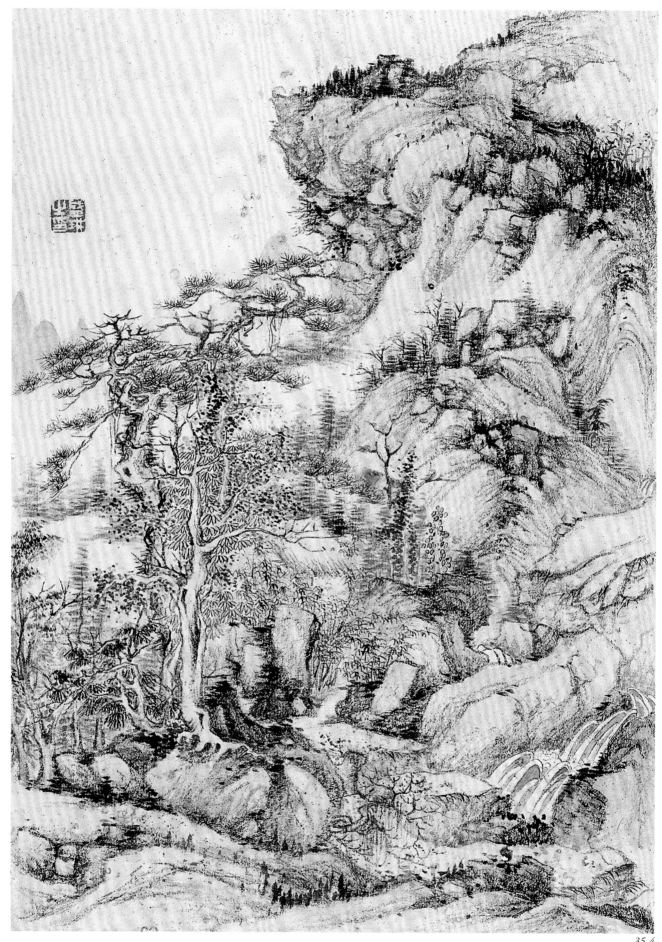

35.4

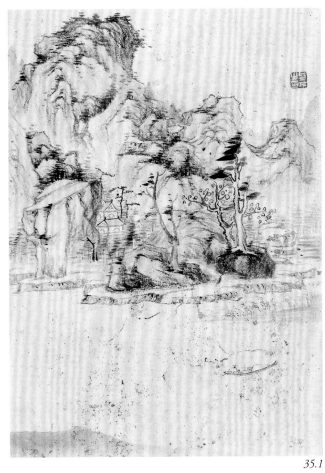

35.1

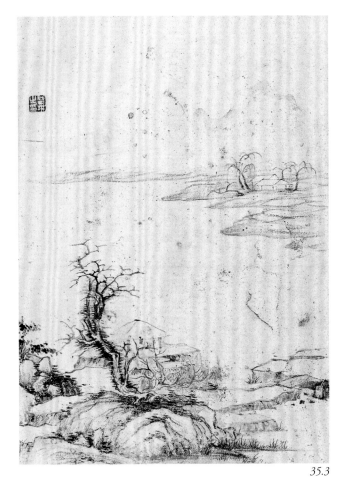

35.3

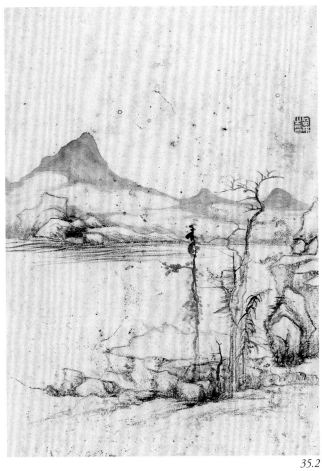

35.2

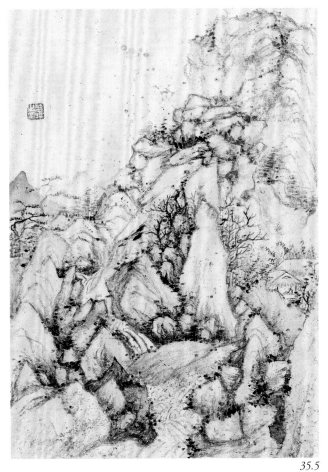

35.5

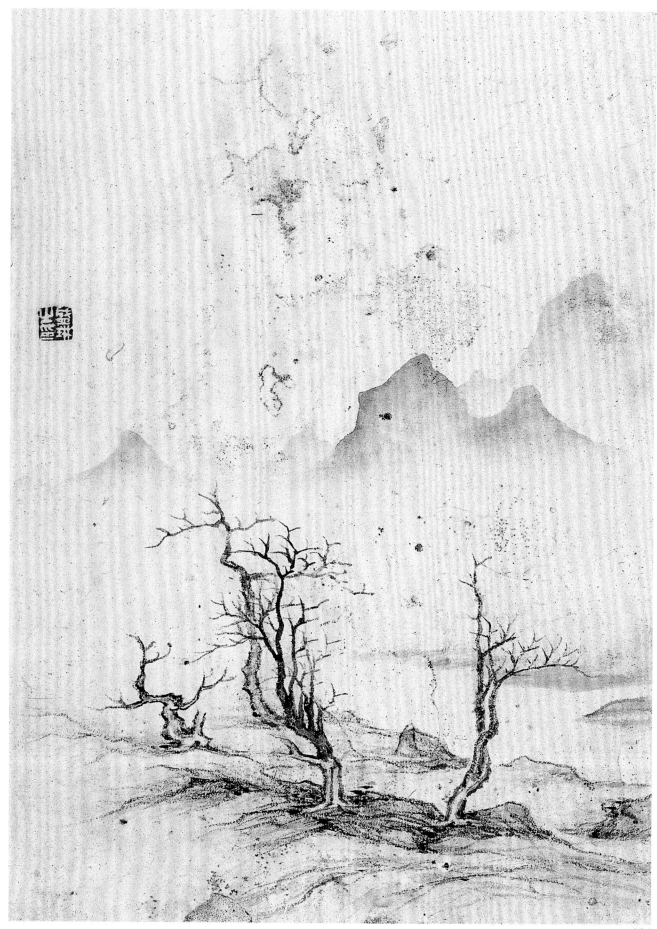

35.9

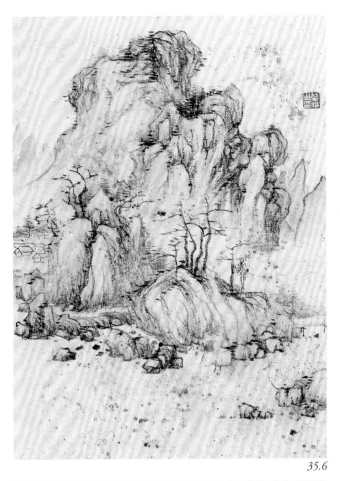

35.6

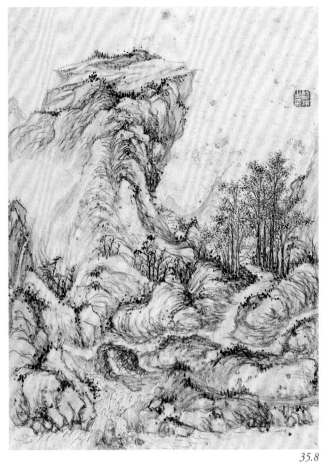

35.8

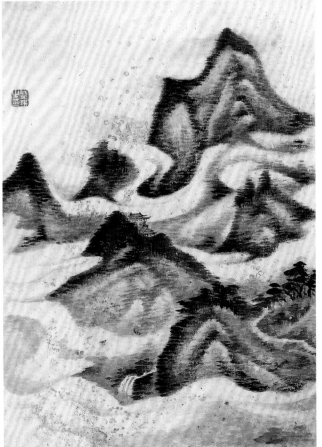

35.7

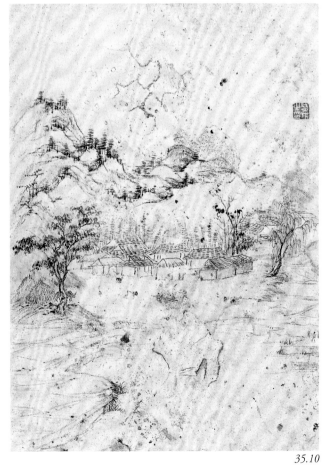

35.10

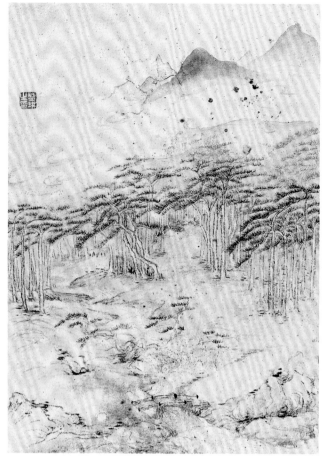

35.11

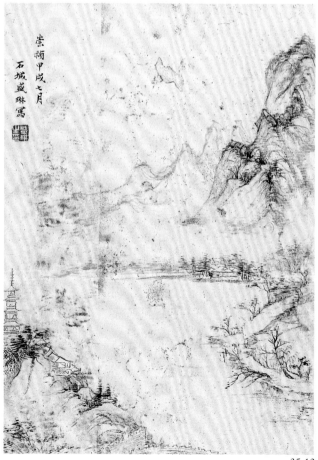

35.12

36

翁陵　梅花書屋圖卷

清

紙本　設色　縱 23.7 厘米　橫 284 厘米

A Study among Plum Blossoms
By Weng Ling, Qing Dynasty
Handscroll, ink and colour on paper
23.7 × 28 4cm

本幅自識："己丑十月寫於香茅精舍，建安翁陵。"鈐"壽如氏"（白文）、"翁陵"（白文）。另有鑑藏印多方，有"翰墨軒芝道人供養"（朱文）、"存耕堂珍藏印"（朱文）、騎縫聯珠朱文印"夢"、"唐畏"、"壯陶閣"（朱文）、"壺中墨緣"（朱文）、"睫菴鑑賞"（朱文）、"伯謙寶此過於明珠駿馬"（朱文）、"戴培之家珍藏"（朱文），以及一方圖形印章。跋尾中有紀映鍾作梅花詩和陳震生作梅花歌。

己丑為清順治六年 (1649)。

此卷構圖平穩，山石用墨較淡，略加披麻皴和荷葉皴。遠山全以花青色渲染，所畫梅樹枝繁花密，攢點自然而有度，清新淡雅，出塵脫俗。本幅中"壯陶閣"一印為清末收藏家裴景福所有，《壯陶閣書畫錄》著錄。

翁陵，字壽如，號磊石山樵。建寧（今福建建寧）人，晚居金陵。畫山水人物，初多滯氣，後習程正揆、萬壽祺，風格亦變，畫法漸趨熟練。亦善書法、篆刻。

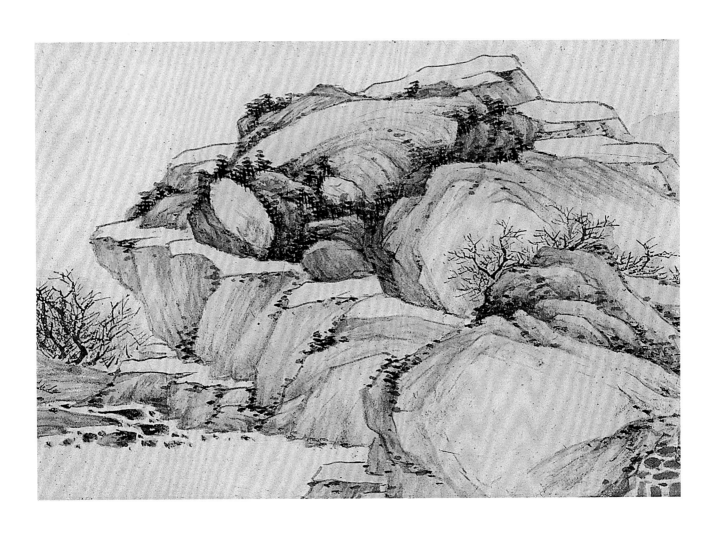

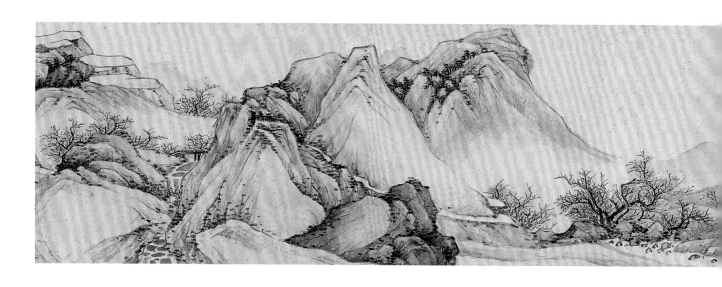

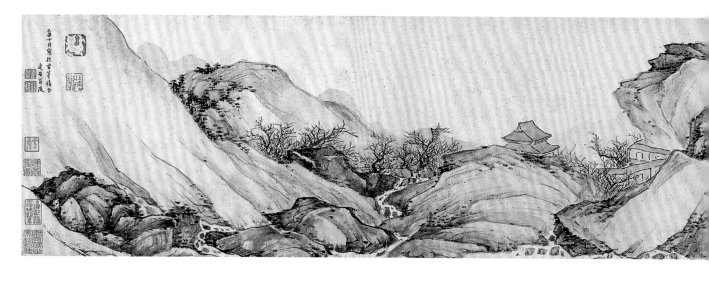

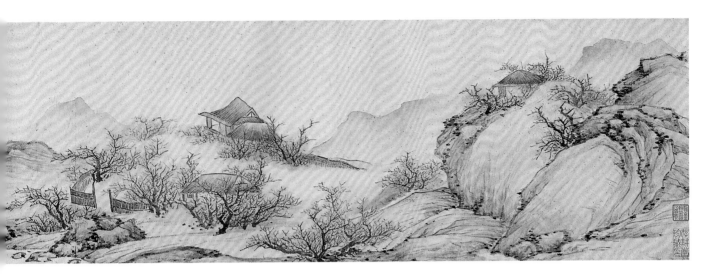

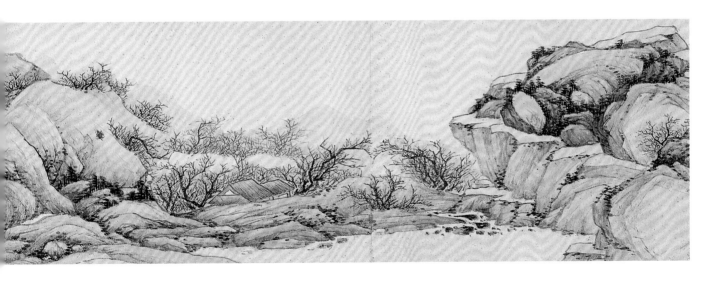

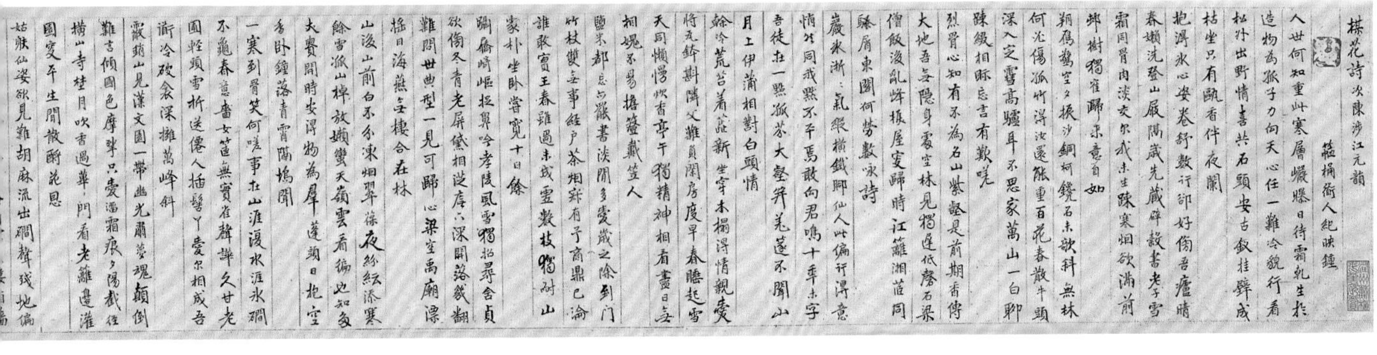

梅花詩次陳涉江元韻

臨摘衡人紀诛錘

入世何如重此寒屠蟾蟀曰待霜乳生枝
造物為狐子刀向天心住一難令骏行看
松升出野情書共石頭安古叙排彝成
枯堂只有眠看什夜闌
艷濱汍心安卷舒數行卻好衡吾盧晴
邨樹稽雜晴床意自如
朔屬鶯雲文振沙胡桐鏡重百花春散午頭
何光傷孤竹潯池邊限重百花春散午頭
深入芝雪高疃耳不思家萬山一白聊
陳緻相昧忘言有歉堯
大地吾雲隱身屈空林見楯蓮低磨石采
烈贸心知有不為石山紫靄是前期看待
僧飯後亂蚌攝屋宴關晴江雕湘莊同
脈屑東圍何莴歉家詩
嚴柔淅心氣歉橫鐵卿仙人此偏行得意
情外同戏默不平馬歉向君鳴十年未字
持気欹荆隔文難員潤房度早春豔起雪
天同橢慒州省亭午獨精神相看畫日安
邨尾都忌凸藏書波閒多慶載之徐到門
竹牀雙平事雜停茶相鮮有予商鼎巳論
誰歉窗王春雞過末或靈數枝腌耐山
豪朴生野嘗寬十日徐
彌僑崎嶇捉算冷孝陵風雲猶抬尋舍頁
欲傷久看光屏密相设虔六深闆路戚期
難閒世典型梁堂禹廟源
橋曰海燕空棲合在林
山溪山前白子子凍姻翠徐 夜紗紅添墨
餘曹派山椰谈蟪豈天嶺青看徧此如多
大賓閒明安得物為犀蓬輛曰抱空
不龜春遑室女莒無賓宿精人插礬予变尔相成吾
園蛙風色盛僖斷呼事插礬予变尔相成吾
横山寺桂曰吹青遍華一門看老羅逶灌
圜愛平生閒被酬花思
散鶴仙見漢文圓一帶曲光蕭蕋征住
銜冷硬衾深鐵鵀顔俐
姑肤仙婆狀見胡麻流出佩聲戕地
難言倾圓色弊�ト箕羅霜痕夕陽戴倒

37

翁陵　四季山色圖冊

清

紙本　設色　每開縱 15 厘米　橫 19.8 厘米

Mountain Scenes in Four Seasons
By Weng Ling, Qing Dynasty
Album leaves, colour on paper
Each leaf: 15 × 19.8cm

第一開鈐"翁陵之印"（白文）；第二開鈐"雨生"（白文）；
第三開鈐"翁陵"（朱文）；第四開鈐"壽如氏"（白文）、"翁
陵"（白文）；第五開鈐"翁陵之印"（朱文）、"栴孫所藏"（朱
文）；第六開鈐"翁陵之印"（朱文）；第七開鈐"翁陵"（朱
文）；第八開鈐"翁陵"（白文）。

此本冊頁題為"四季山色"，作者運用不同的色調區別四季。
描繪春夏之景多施青綠，點苔渲染較重。畫冬日雪景則
以淡墨渲染背景，再在景物周圍留白。全冊筆墨清潤，構
圖簡潔，色調變化在青綠和淡赭間，四季分明而不失諧調
統一。

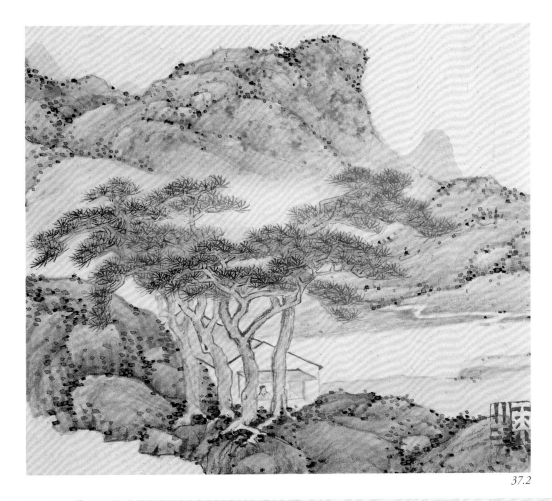

37.2

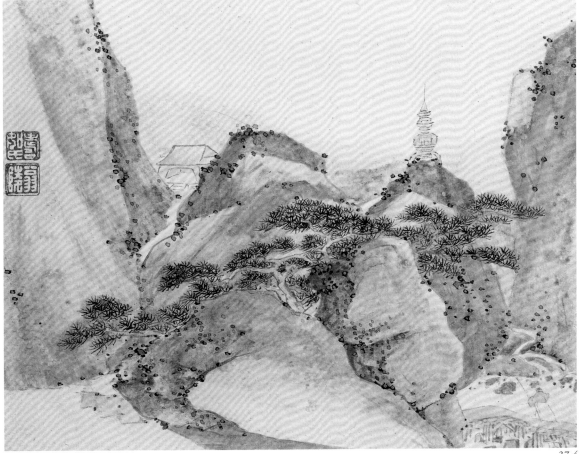

37.4

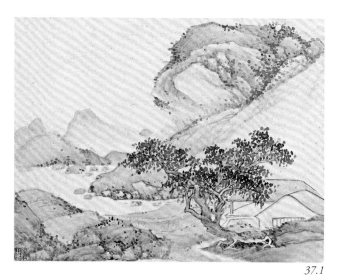

37.1

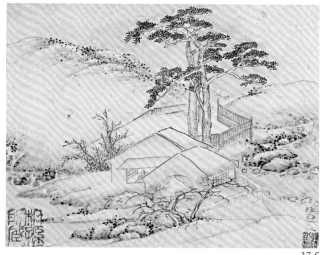

37.5

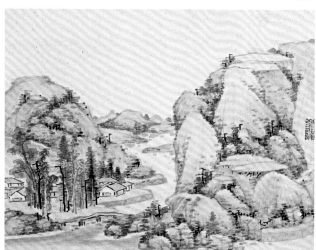

37.3

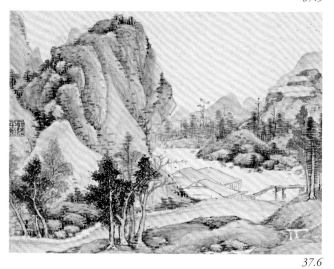

37.6

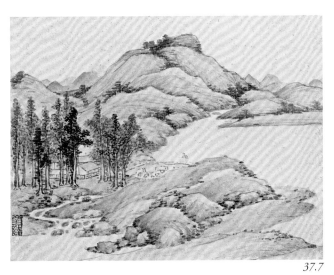

37.7

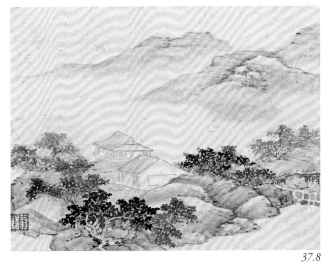

37.8

翁壽如學墨誠不每觀余生來
六僅此度拜觀一為紙本榜額
現藏蒲王雅審一為絹本乃嚴
肆所售未及議價所以捷足
攫玄斯冊眈絕額伯收藏蓋
察跋語雲為珍品壬午五月
十三日清月汪澄渟觀於何仰公
居士合重會中

38

呂潛　山水圖軸

清

紙本　墨筆　縱 205 厘米　橫 71.5 厘米

Landscape
By Lu Qian, Qing Dynasty
Hanging scroll, ink on paper
205 × 71.5cm

本幅自題五絕一首："疏樹染霜紅，蕭蕭萬竹裏。閒心寄嶺雲，生事觀秋水。"署款"遂寧呂潛。"鈐"呂潛"（白文）、"半隱"（朱文）。

裱邊有題："呂半隱山水真跡。同治甲子得於桂林。息柯藏。"下鈐"楊翰私印"（白文）。

此畫構圖簡括，"S"形江水自然隔斷遠、中、近景，秋木寒舍，景色清曠。遠山用長披麻皴，層層皴擦，造成一種灰白格調，用墨較重，頗近龔賢"白龔"風格。

呂潛，字孔昭，號半隱，晚號石山農。四川遂寧人，曾居江蘇泰州。生卒年不詳。崇禎十六年（1643）進士，明亡後不仕，以詩畫自遣。善書工畫花卉，用筆放縱，神氣清朗，山水別具風格，具"逸品"山水簡逸之致，也有人稱其為龔賢之師，因山水清疏者兩人頗近似。

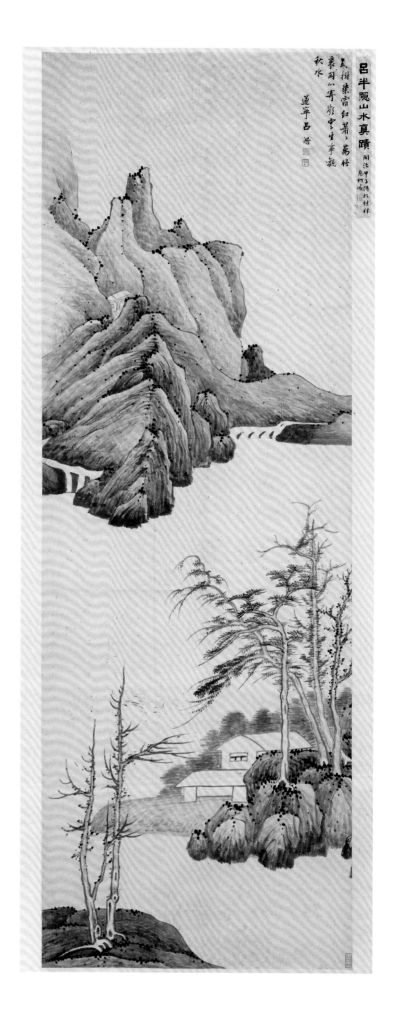

39

呂潛　板橋草堂圖軸

清

紙本　墨筆　縱 85 厘米　橫 41.4 厘米

A Plank Bridge and a Thatched Cottage

By Lu Qian, Qing Dynasty

Hanging scroll, ink on paper

85 × 41.4cm

本幅自題七言絕句："板橋低庋兩山根，山入斜陽秋有痕。林下草堂遙見處，陶家曾不設籬門。"下鈐 "半隱"（朱文）。

上詩堂有高翔題："橋頭淺水漱蘆根，雲得天空月隨痕。更有一番堪畫處，秋來紅葉打柴門。"署："西唐山中人高翔。乙未冬十月望後次韻。題於煮家窩。"鈐 "高翔小印"（白文）。

畫板橋臨溪，疏林茅舍，小徑籬牆，與詩意呼應，相得益彰。用乾筆皴擦，略以淡墨暈染的風格近似龔賢之 "白龔" 畫法。

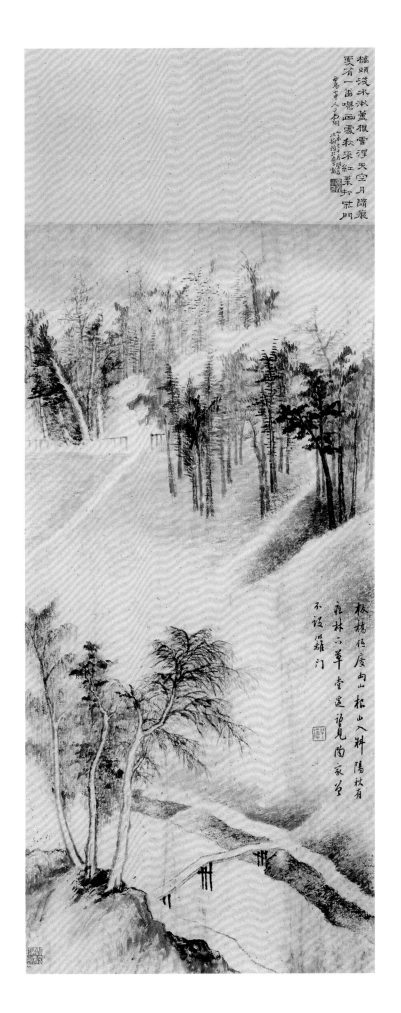

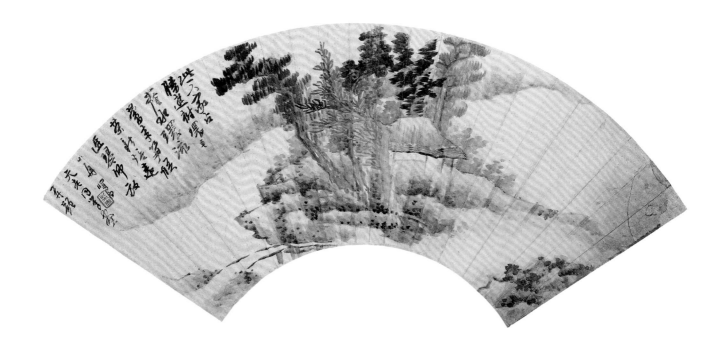

40

龔賢　山水圖扇

清

紙本　墨筆　縱 22.7 厘米　橫 63.1 厘米

Landscape
By Gong Xian, Qing Dynasty
Fan leaf, ink on paper
22.7 × 63.1cm

本幅自題：“此一人家佔勝遊，樹環垂蔭水環流。鶯來筍候茶新焙，遠迓琴師放小舟。賢為天老同學畫並題。”鈐“柴丈”（朱文）。

龔賢的畫與當時以“四王”為代表的摹古畫風有所不同，他主張在“心窮萬物之源，目盡山川之勢”、師法造化的基礎上，再借鑑古人筆意，故其畫既有傳統筆法又有新意。此圖以蒼勁沉厚的筆墨，成功地表現了清新潤澤的江南景色。

龔賢（1618—1689 年），又名豈賢，字半千，又字野遺，號柴丈人、半畝。江蘇昆山人，流寓金陵清涼山。工詩文，善行草，自謂所作山水，前無古人，後無來者。他專擅山水畫，善用積墨法，墨氣沉厚，筆法古拙，手法有“白龔”、“黑龔（墨龔）”兩種，被清代畫學家張庚在《國朝畫徵錄》一書中推為“金陵八家”之首。

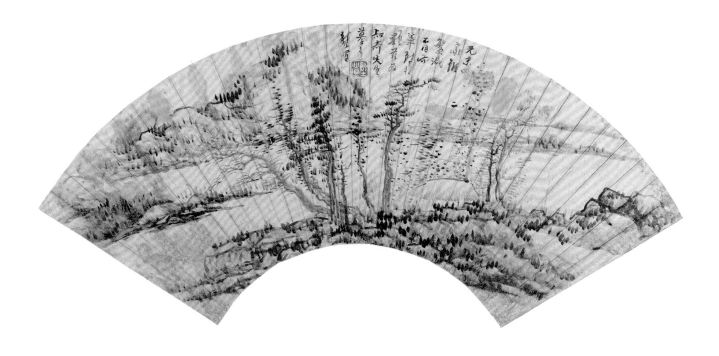

41

龔賢　山水圖扇

清

紙本　墨筆　縱 16.7 厘米　橫 51 厘米

Landscape
By Gong Xian, Qing Dynasty
Fan leaf, ink on paper
16.7 × 51cm

本幅自題："元末四家雖繁減不同，而筆致相類。茲為叔奇
先生摹之。龔賢。"鈐"野遺"（白文）。

此作品畫疏林淺灘，平湖遠山。樹法倪瓚，山石筆法學黃
公望長披麻皴，苔點自吳鎮變來。整幅隨意生動，疏朗可
愛，正如其課徒畫稿中所題："此謂倪、黃合作，用倪之減，
黃之枯，要倪中帶黃，黃中有倪，筆始老始秀，墨始厚始
潤。"此扇正反映了其對元四家老（黃公望）、秀（倪瓚）、
厚（王蒙）、潤（吳鎮）等筆墨趣味的追求。

42

龔賢　自藏山水圖軸

清

紙本　墨筆　縱 102.5 厘米　橫 51 厘米

Landscape for Private Collection
By Gong Xian, Qing Dynasty
Hanging scroll, ink on paper
102.5 × 51cm

本幅署款"丙申春仲龔賢自藏畫"，鈐"臣賢"（朱白文）、"半千"（朱白文）。

丙申為清順治十三年（1656），龔賢時年三十九歲。

上方又有行書長題："畫以氣韻為上，筆墨次之，丘壑又次之。筆墨相得則氣韻生，筆墨無通則丘壑其奈何？今人捨筆墨而事丘壑，吾即見其千岩競秀萬壑爭流之中，墨如槁灰，筆如敗絮，甚無謂也。今日人事稍暇，偶滌佳硯，出我藏毫故楮，並有天都友人所贈珍墨，覺心目俱開，門外又無客至，隨意作此，然後知此道甚不易易也。夫筆墨不具與心不清、境不靜，皆未可從事。心閒境適，筆墨具，猶能可以濟事，其先蓋有未易語人者耶！筆有筆法，墨有墨氣，一筆得則俱得，一筆不是則滿紙皆敗絮，譬若釋兮漢宗。然吾願同學者各須三十年涉獵。野遺又紀。"鈐"賢"（朱文）。

收藏印二方："芷畡審定"（朱文）、"清羊鏡軒收藏"（朱文）。

此畫山巒起伏，林壑幽深，山石以長綫條勾勒為主，明顯受到弘仁的影響。美國奈爾遜博物館藏龔賢山水冊跋中稱"師漸江"，漸江乃弘仁之字，龔賢早期繪畫曾得益於弘仁，也是十分自然的事情，只是把方折用筆變化為圓轉而富於韌性。在泉口和山體凹凸交界處略加皴擦暈染，使整個畫面呈柔和明朗的灰白格調，給人渾穆清幽之感。長題中關於氣韻、筆墨和丘壑的論述，反映出這一時期他對筆墨的重視遠在丘壑之上，在藝術實踐中，也自覺追求。

此畫體現了龔賢"白龔"的典型面貌和藝術成就，是其早期的繪畫代表作。題"自藏畫"，足見是其得意之品。

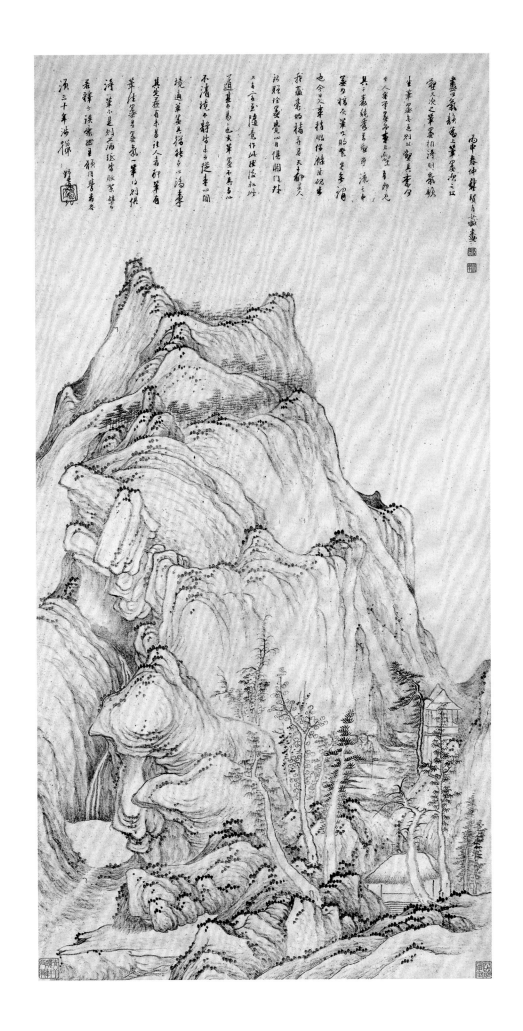

畫以氣韻為上筆墨次之江
貫又次之筆墨相浮則氣敗
生筆巧墨妄選則以望真李今
古人筆墨妄迴筆墨丘壑望真李今
其十無繞委羣墨事流是中
墨少楊兒筆之暗案皇羣相
也今只畢楊臨陷游游祝羣
我藏郭幼楠羣居天平都靈
認野沙墨覺四日俱開門坊
子未意氣隨意作仙授陷和師
荷羣其而易也亥筆墨不其名也
不清境下静坐字子從羣心間
境遇筆墨氏楷枝苛為羣
其先羣百年易法人善那羣府
華往墨星羣一筆馬列供
浮羣筆不是刺花備紙筆坡第
若羣子謨宗密呈顧陷弊者名
流三十年海禪

丙申春仲雜頗自珍藏畫

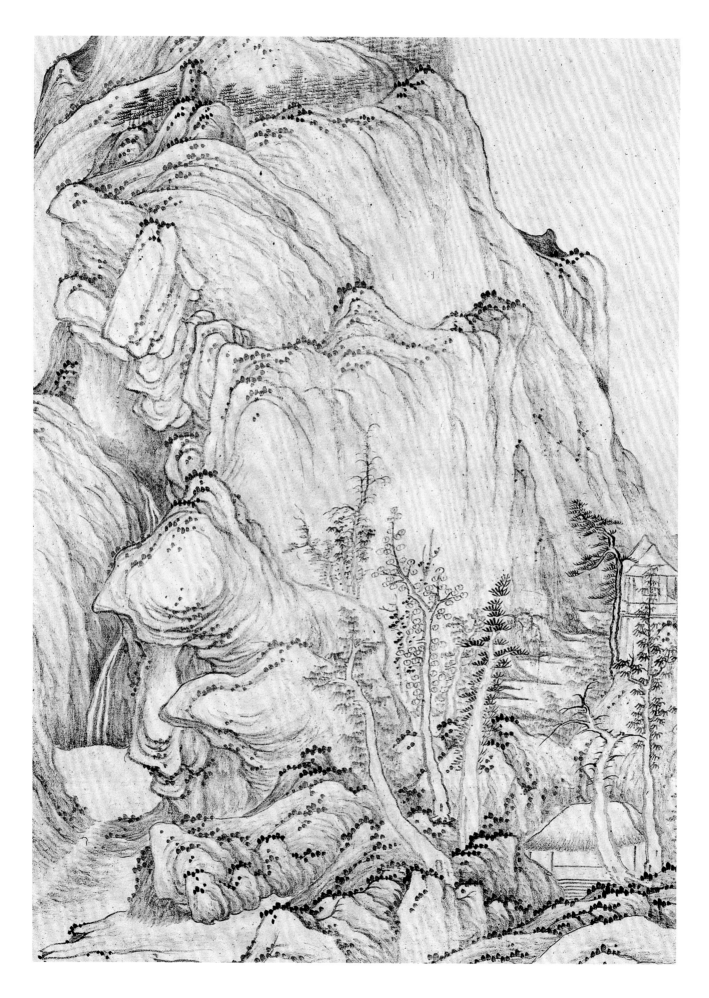

43

襲賢　山水圖軸

清

絹本　墨筆　縱 188.5 厘米　橫 46 厘米

Landscape
By Gong Xian, Qing Dynasty
Hanging scroll, ink on paper
188.5 × 46cm

本幅自題七絕："白玉為牆紫玉台，飄
丹飛翠曰天來。那能借爾桓伊笛，吹
徹羣仙洞府開。"款署"石城襲賢"，
鈐"半千父"（白文）、"臣賢"（朱白文）。

是圖描繪天來台實景，構圖平實，台
在視點中心，被蒼翠的茂林環抱，突
出了主題。煙雲繚繞其間，以示其高。
山石用斜點皴出，略近元人，樹木畫
法源出董其昌。

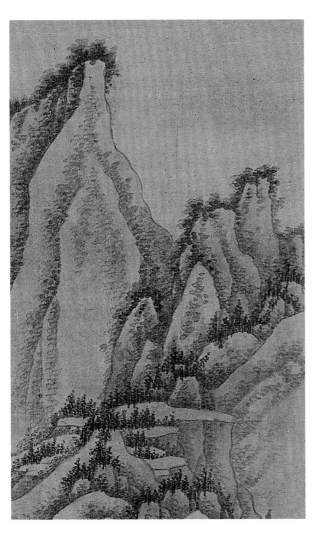

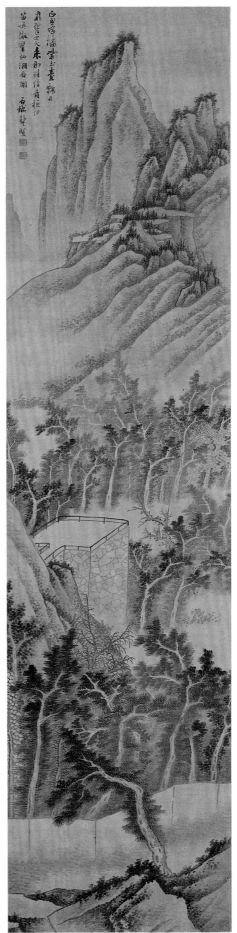

44

龔賢　山水圖軸

清

綾本　墨筆　縱 58 厘米　橫 52.7 厘米

Landscape
By Gong Xian, Qing Dynasty
Hanging scroll, ink on paper
58 × 52.7cm

本幅自題五言古詩一首："漁鄉水有餘，樵家山不少。誰結此空亭，荒橡截青篠。飲溪到野麋，落葉驚飛鳥。樵叟與漁童，時來酌清醥。醉罷或欹眠，輕風吹語笑。日上人不知，沙頭仍迆照。"署款："畫並題為鍾翁先生鑑。龔賢。"鈐"龔賢"（朱文）、"野遺"（白文）。

龔賢山水畫綾本極少，此畫構圖疏朗，筆墨鬆動，章法意趣得於倪瓚，是"墨龔"、"白龔"之外的另一種面貌。

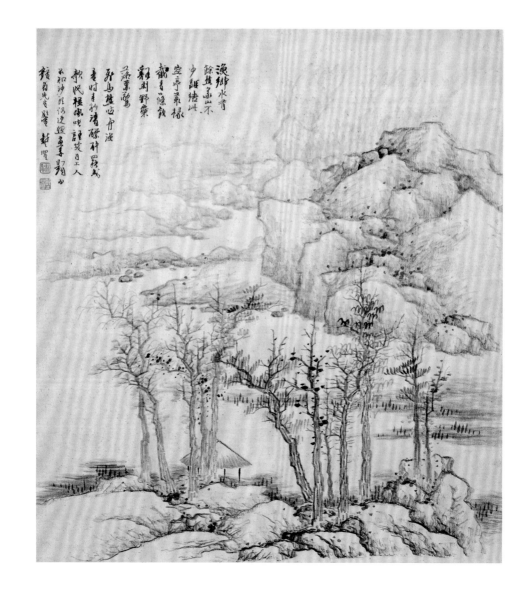

45

龔賢山水圖軸

清

紙本　墨筆　縱 50.5 厘米　橫 29.6 厘米

Landscape
By Gong Xian, Qing Dynasty
Hanging scroll, ink on paper
50.5 × 29.6cm

本幅款識："畫寄良哉先生。半畝龔
賢。"鈐"龔賢"（朱文）。

裱邊鈐收藏印"開江孫汝為藏之印"
（朱文）。

畫山坳中茅舍兩間，構圖簡括，景色簡
練，然用筆較繁複，樹石勾皴點染兼
用，乃求真實地表現出前後層次或凹
凸質感。此圖與常見的"黑龔"不同。
用墨雖淳厚，但皴擦遍數不多，筆觸
清晰，是龔賢山水中以筆見勝的作品。

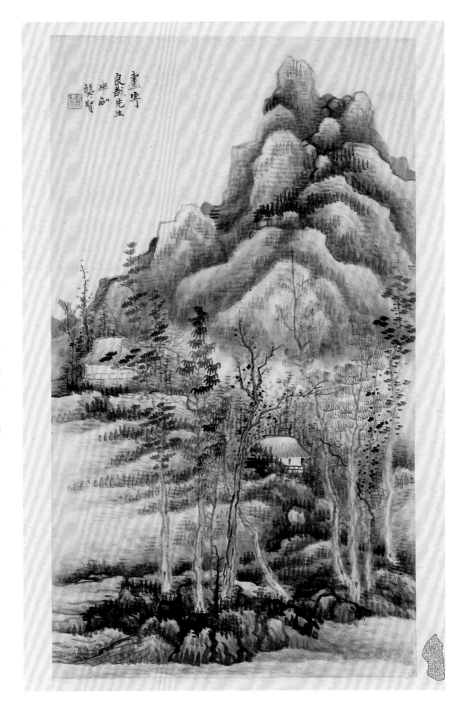

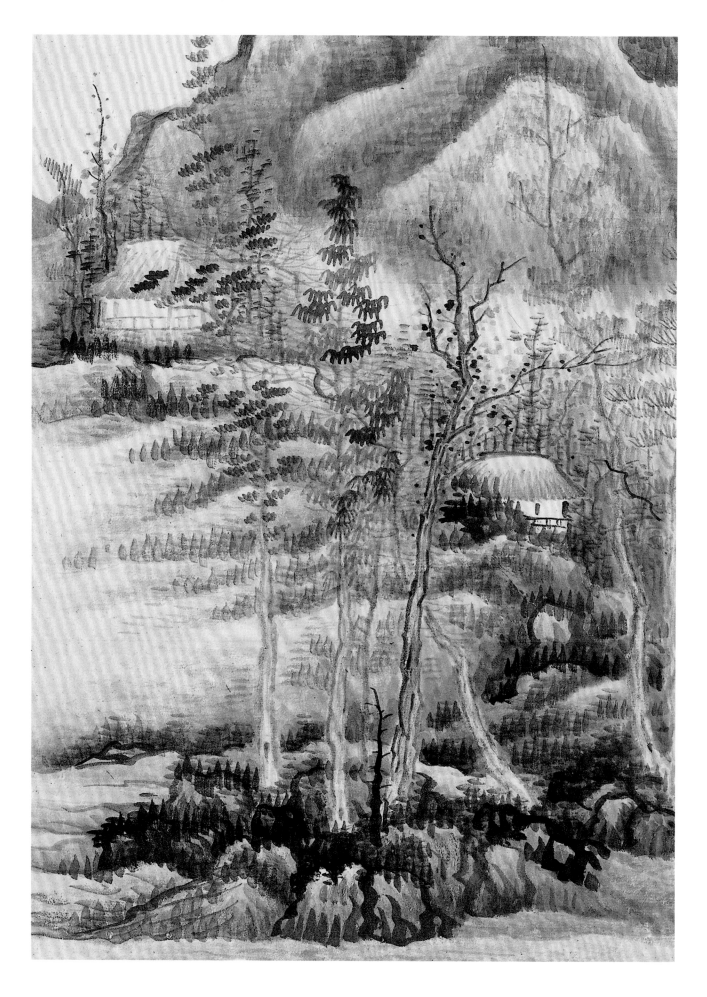

46

龔賢　臨董北苑山水圖軸

清

絹本　墨筆　縱 164.3 厘米　橫 97 厘米

Landscape in the Manner of Dong Yuan
By Gong Xian, Qing Dynasty
Hanging scroll, ink on silk
164.3 × 97cm

本幅自題七言絕句："潭水空明浸碧
天，白鷗飛起劃蒼煙。橫琴展卷千林
上，盡日樓頭唯悄然。"署款："對
臨董北苑真跡，復綴以詩。野遺生龔
賢。"鈐"龔賢"（白文）、"半千"（朱
文）。

右裱邊徐宗浩題跋："張浦山云半千畫
筆得北苑法，沉雄深厚。此幀正是臨
北苑真跡者。展現累日，信浦山語之
不虛也。寶叔先生幸寶藏之。辛巳六
月石雪居士徐宗浩識。"鈐"宗浩長壽"
（白文）、"石雪居士"（朱文）。

收藏印記："石雪鑑定"（朱文）、"太如
孫氏家藏"（朱文）、"衡陽道孫□□珍
藏印"（白文）、"梁晉卿存古"（白文）
四方。

龔賢於山水，最推崇董源，稱其為"山
水家鼻祖"。此圖山勢平緩，構圖簡略
而筆墨繁複，山水樹木多用橫點堆疊，
意趣得自北苑。

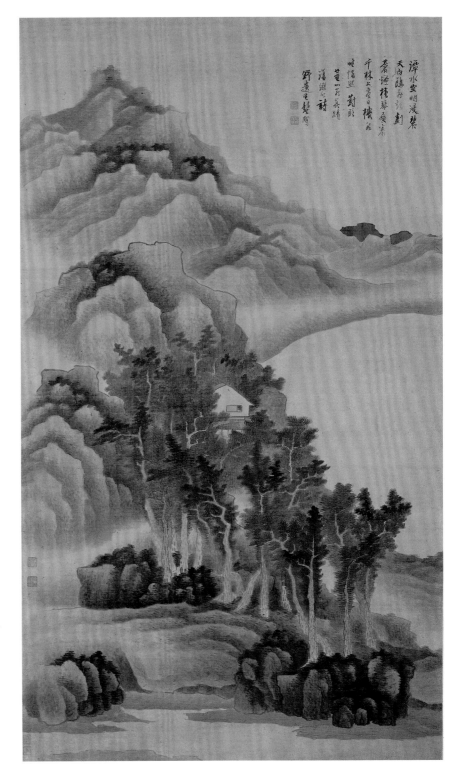

47

龔賢　山水圖軸

清

絹本　墨筆　縱 164.1 厘米　橫 50.8 厘米

Landscape
By Gong Xian, Qing Dynasty
Hanging scroll, ink on paper
164.1 × 50.8cm

本幅自題七絕一首："晴雲濕翠兩相
鮮，秋葉春花景倍妍。此地居然錦秀
谷，儘多樓上著書年。"署款"半畝龔
賢畫並題。"鈐"龔賢印"(朱白文)、
"半千"(朱文)。

兩段式構圖略近倪瓚，但用筆佈局稍
嫌細碎，欠厚重，與其常見的淳厚闊
潤筆墨不同。

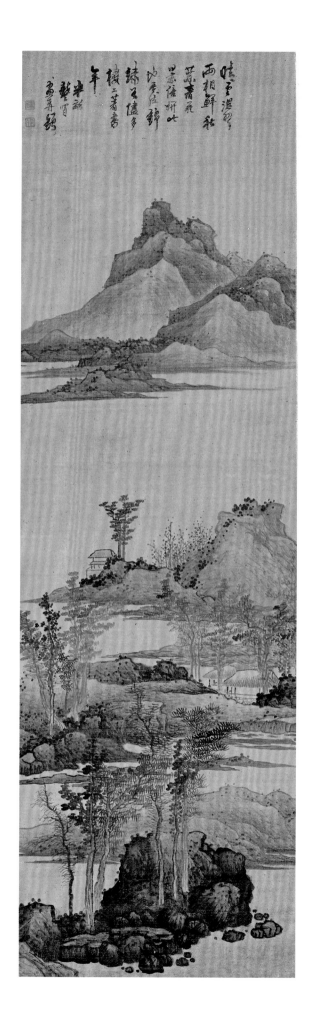

48

龔賢　隔溪山色圖軸

清

紙本　墨筆　縱 162.8 厘米　橫 71.3 厘米

Mountains beyond a River
By Gong Xian, Qing Dynasty
Hanging scroll, ink on paper
162.8 × 71.3cm

本幅自題："小結書齋古岸傍，隔溪山
色對斜陽。年來不酌陶潛酒，淨几深
宵焚䴔香。野遺龔賢畫。" 鈐 "龔賢"
（朱文）、"鍾山野老"（白文）。左下鈐
收藏印 "虛齋墨緣"（朱文）一方。

此圖近景是幾株參差錯落的古木，與
隔岸山峯對峙，突出了主題，並起到
均衡畫面的作用。結構簡括。山石多
用解索皴、披麻皴，苔點用禿筆蘸不
同墨色多次點染而成，富於層次感。
風格略近董源、吳鎮，而又融入自身
的筆墨技法。

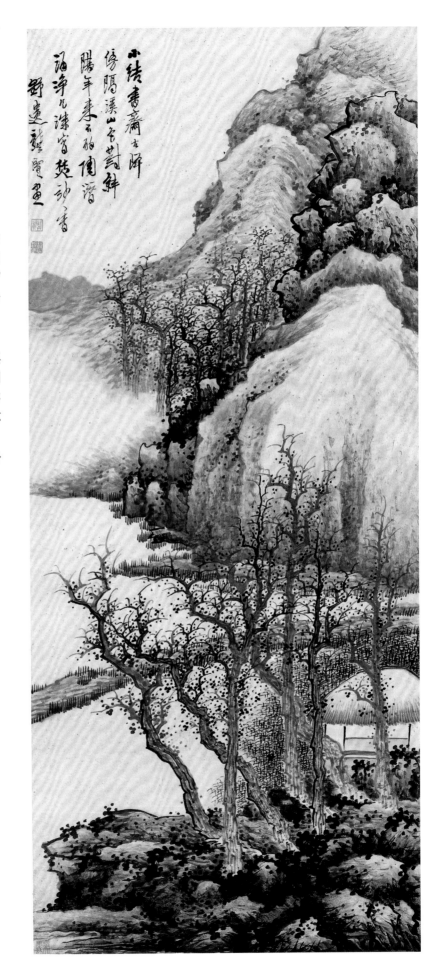

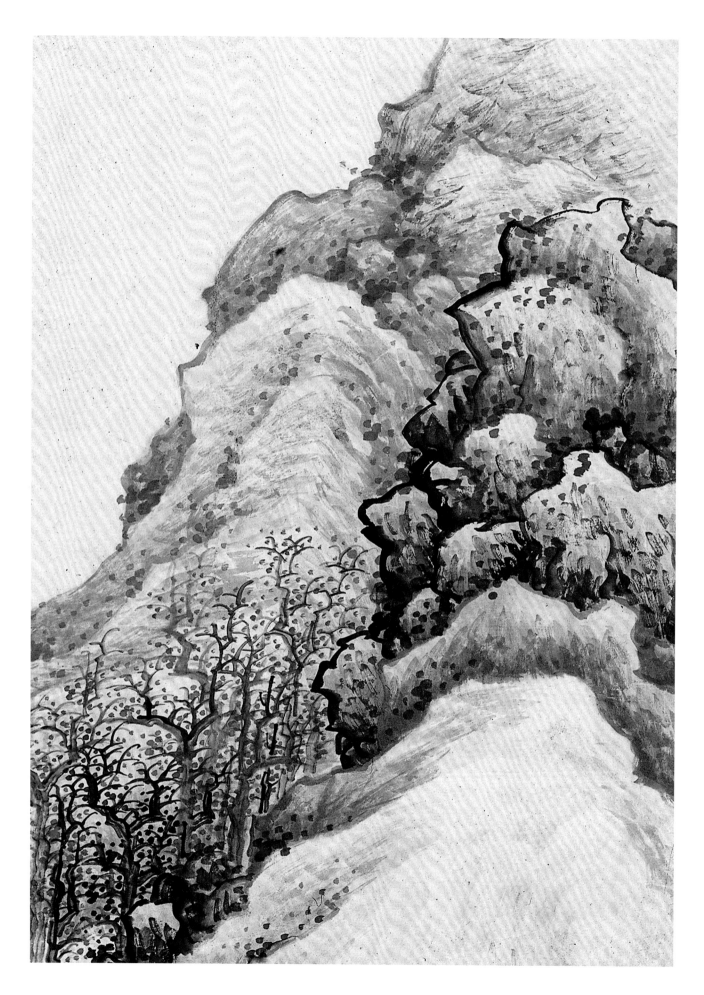

49

龔賢　山水圖軸
清
絹本　墨筆　縱 157.5 厘米　橫 50.5 厘米

Landscape
By Gong Xian, Qing Dyansty
Hanging scroll, ink on paper
157.5 × 50.5cm

本幅自題七絕一首："路邊野館最清
幽，黃葉蒼苔映晚秋。几榻寂然堪暫
憩，採芝人憶幾番遊。"署款"半畝居
人龔賢畫並題。己酉重陽後二日。"鈐
"賢"（白文）、"半山散人"（朱文）。

己酉為清康熙八年（1669），龔賢時年
五十二歲。

此圖遠山壁立，中為雲樹，近畫長松
林立，草堂兩間。山用長綫勾勒輪廓，
用短綫和墨點皴畫，樹用橫點。整幅
畫氣韻蒼鬱，是龔氏成熟期風貌。

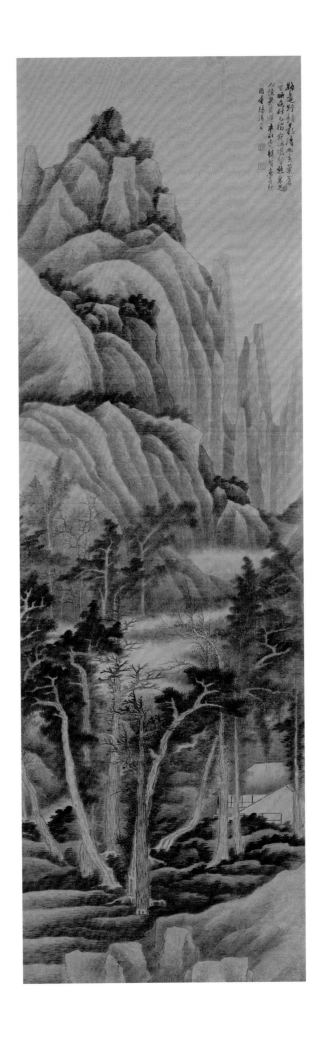

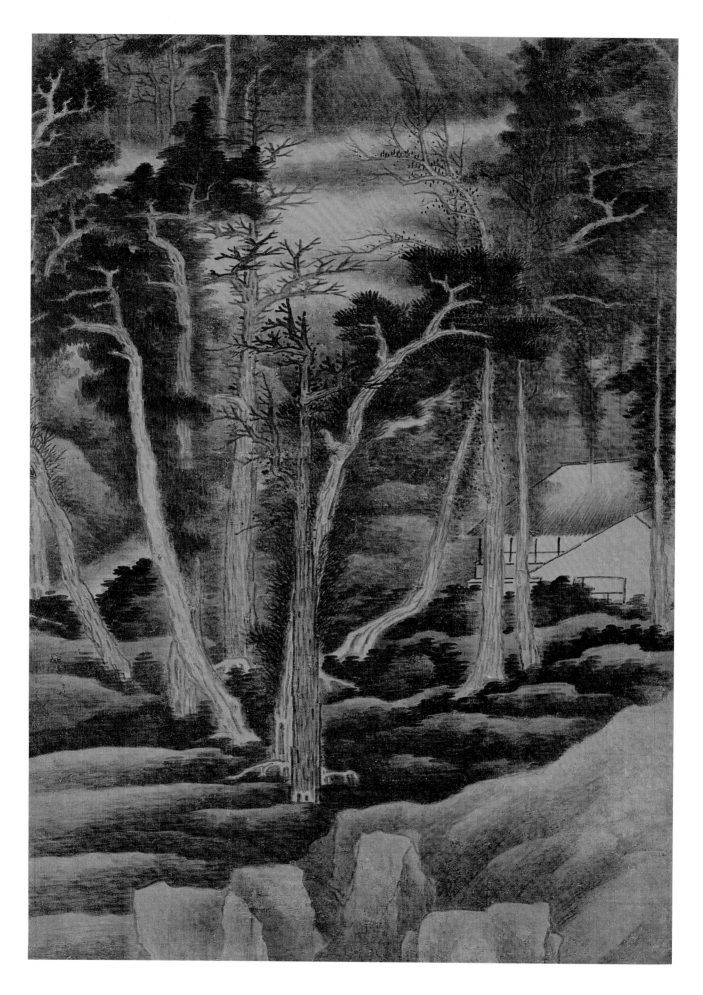

50

龔賢　為錫翁作山水圖屏軸

清

絹本　墨筆　每軸縱 278.3 厘米　橫 79.4 厘米

Landscape Dedicated to Xi Weng
By Gong Xian, Qing Dynasty
A set of 3 vertical hung scrolls, ink on silk
Each scroll 278.3 × 79.4cm

本幅自識："甲寅冬為錫翁先生。半畝龔賢。"鈐"龔賢"（朱文）、"鍾山野老"（白文）。

甲寅為清康熙十三年（1674），龔賢時年五十七歲。

此為三屏立軸組畫，畫面氣勢磅礴，雄偉壯觀，堪稱宏幅巨製。龔賢論畫曾説："筆法要古，筆氣要厚，丘壑要穩，氣韻要渾。"此圖正是體現這一畫論的典型之作。

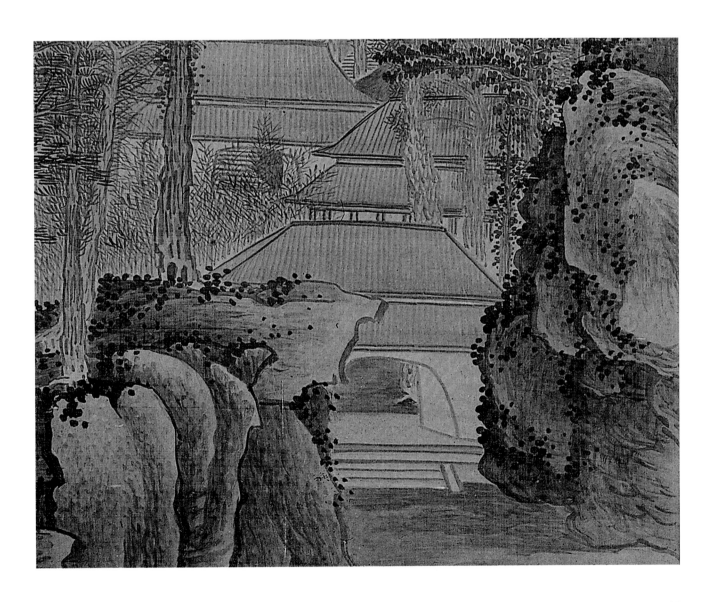

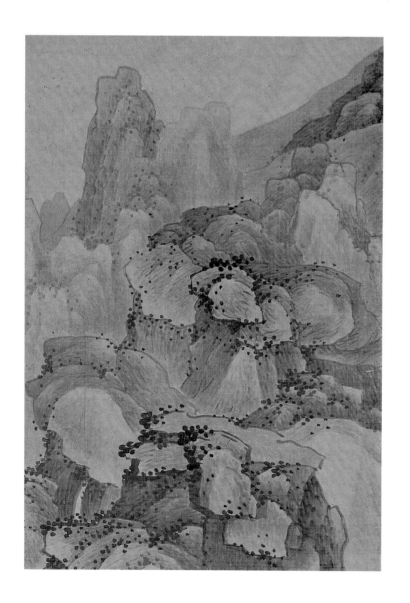

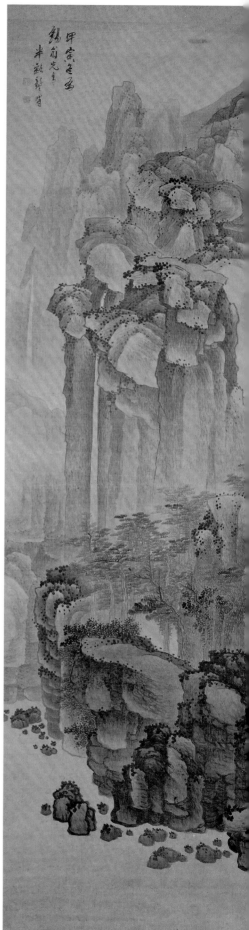

50

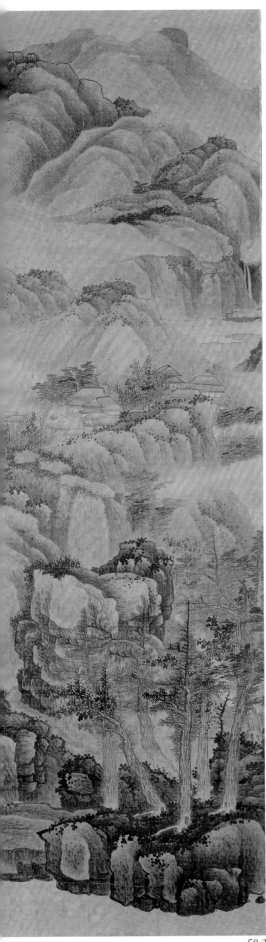

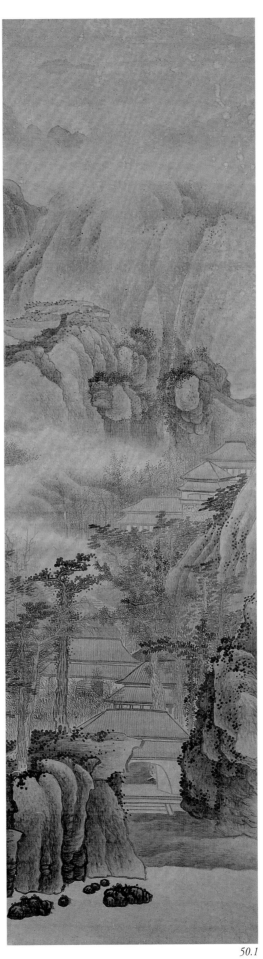

50.2

50.1

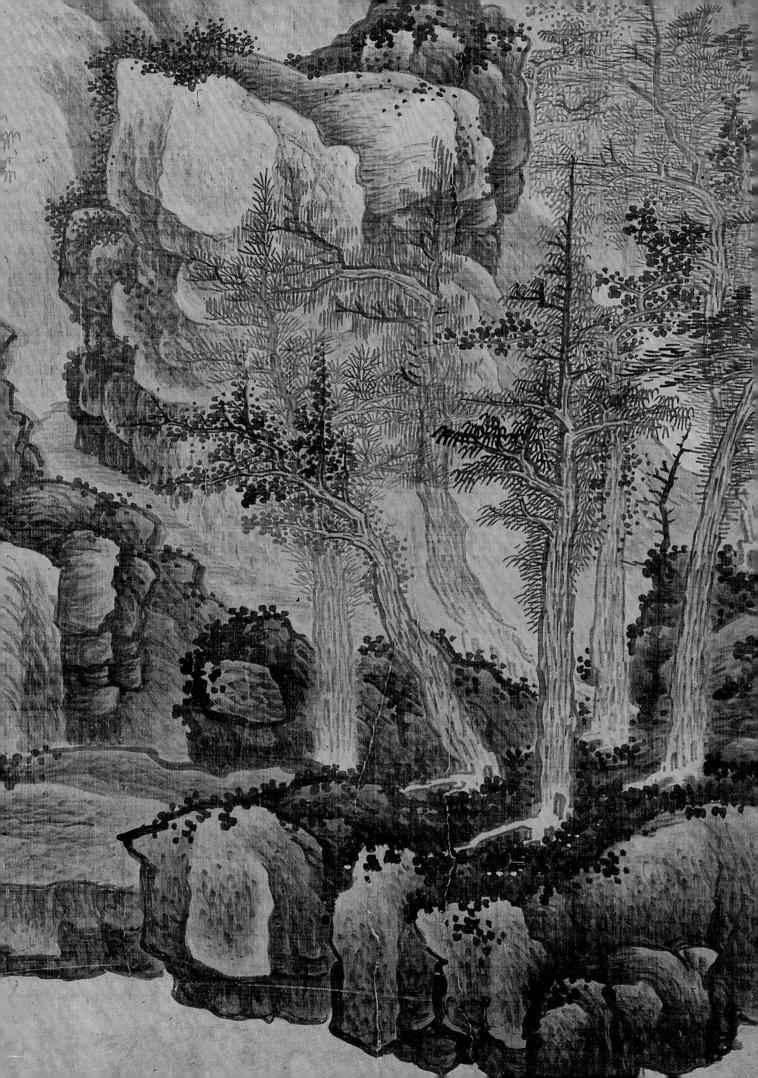

51

龔賢　山水圖冊

清

紙本　墨筆　每開縱 22.2 厘米　橫 33.2 厘米

Landscape
By Gong Xian, Qing Dynasty
Album of 20 leaves, ink on paper
Each leaf: 22.2 × 33.2cm

此冊共二十開，末開款署："乙卯中秋半畝龔賢畫計二十帧。"鈐"龔賢"（朱文）。

乙卯為清康熙十四年 (1675)，龔賢時年五十八歲。

冊後有自題七言古詩一首："周君愛我久彌深，使我悠悠感在心。和就藥丸親手授，去來千里涉江潯。當年亦有安期子，道是神仙載書史。不合交遊秦始皇，何如爾我皆貧士。月照龍江君乍歸，蘆花如雪片帆飛。贈君圖畫推篷看，取笑青山牛渚磯。奉供燕及周先生一笑，同學小弟龔賢。"鈐"龔賢"（朱文）。

收藏印記有："龐萊臣珍賞印"（朱文）、"虛齋鑑藏"（朱文）、"吳平齋秘篋印"（朱文）、"靜寄東軒"（朱文）、"虛齋審定"（朱文）、"白門李氏珍藏"（朱文）、"聽楓山館"（白文）、"有餘閒室寶藏"（朱文）、"吳雲私印"（白文）、"夫頤以文墨自慰"（白文）、"平齋鑑賞"（白文）、"虛齋審定"（白文）、"第一江山作郡來"（白文）、"守拙"（朱文）、"吳平齋審定真跡"（白文）、"兩罍軒鑑藏"（白文）等多方。

各開分別畫：秋江茅亭、林蔭孤舫、枯木流泉、林岡寒秋、雲山叢樹、疏柳平丘、林木山門、寒林雪霽、夏木江村、策杖尋幽、水村煙雨、山巒雲樹、山石疏木、堤壩茅屋、巨石寒林、臨溪村落、台閣林澗、水岸叢林、湖山茅舍、水柳寒漁。

其中部分有題款及印章，包括：第一開自題："月白風清不紀年，黃茅燕子大湖邊。家家釀酒人人釣，生小何曾用一錢。"鈐"臣賢"（白文）。第十開題："入山唯恐不深，誰聞空谷之足音。自題。"鈐"半千"（朱文）。中間有豆大一小人，為龔賢山水畫中僅見人物。第十三開自題："世無文衡山真跡，余所見者如此，因摹之。"鈐"賢"（白文）。第十六開題："臨大米。賢。"鈐"野遺"（白文）。第二十開自題："百里平湖盡淺沙，千行水柳似蓬麻。天寒漁子愁冰凍，個個拋船有酒家。"雖未畫人物，卻充滿了人情。

此冊或仿文徵明、沈周，或臨米芾，或學元四家，或自出蹊徑，筆墨精妙，極盡變化之能，並呈現出多種風格面貌，有的畫頁屬典型"黑龔"，用墨深厚，層次分明；有的接近於"白龔"，多用筆勾皴，少水墨積染；有的介乎於兩者之間，勾皴簡練，墨染亦淡，可稱"灰龔"；有一頁畫平沙層林，意境空遠，尤為新奇，堪稱龔賢代表作品。

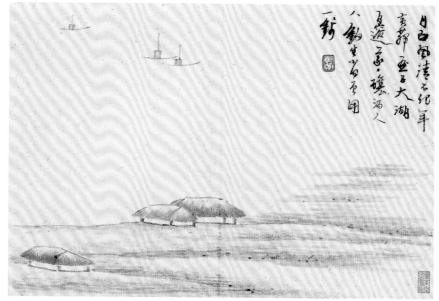

51.1

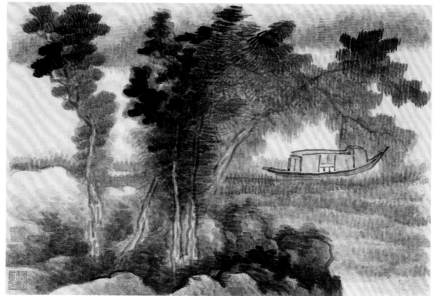

51.2

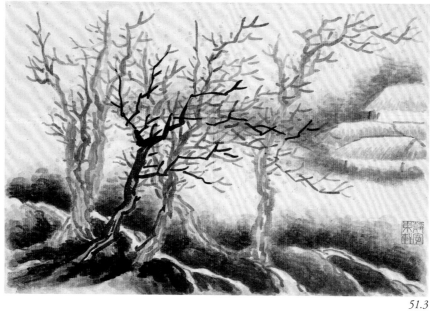

51.3

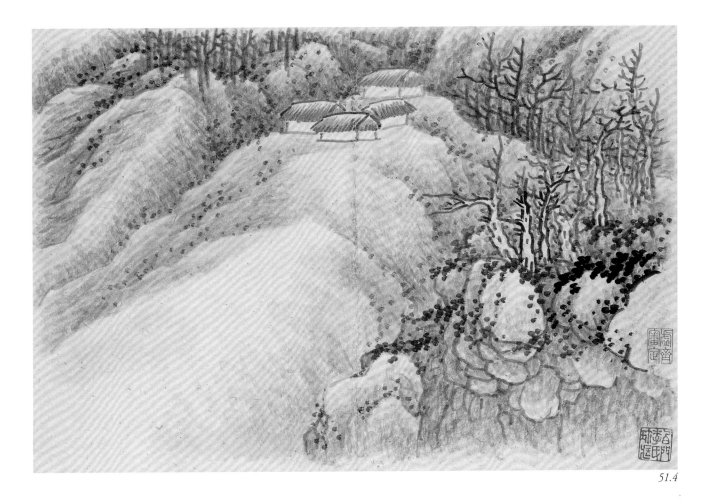

51.4

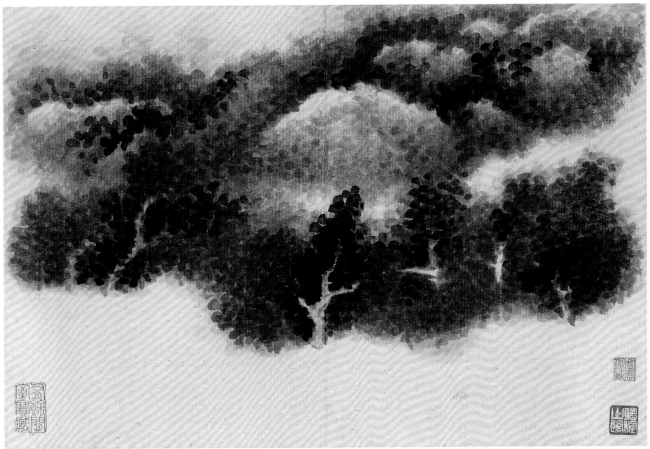

51.5

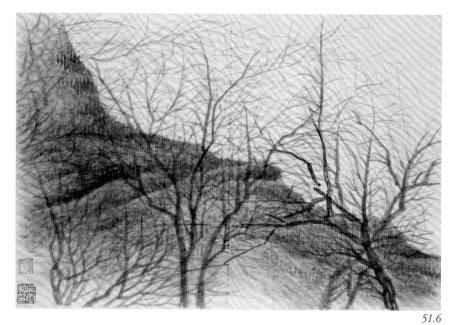

51.6

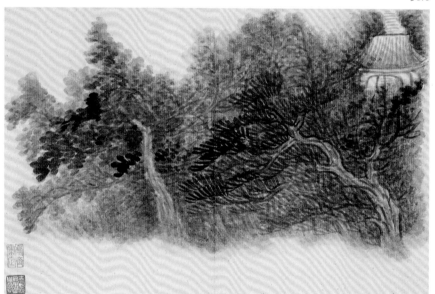

51.7

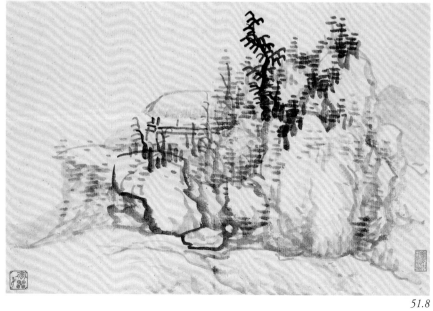

51.8

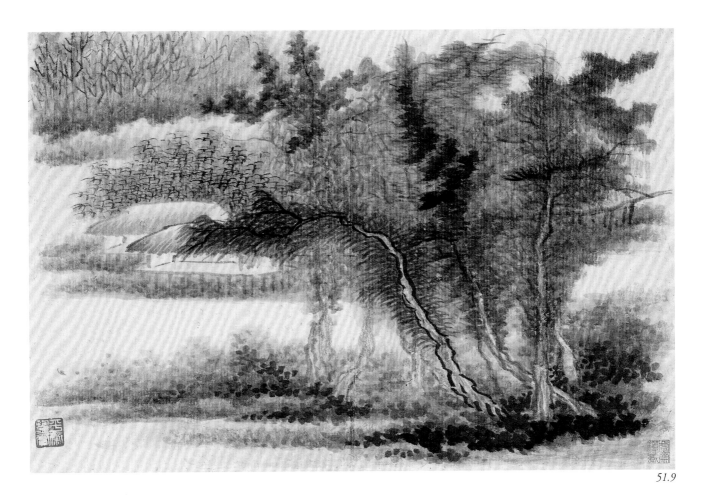

51.9

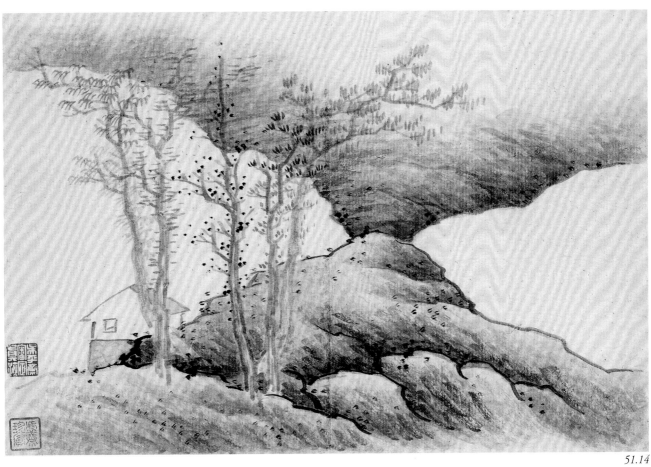

51.14

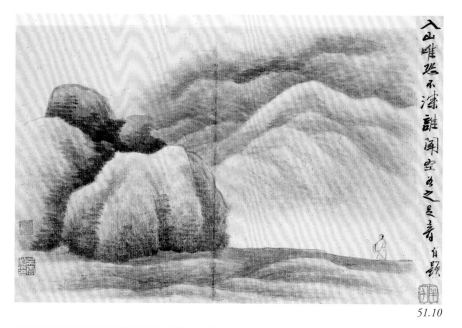

入山唯恐不深誰開空谷之足音自題

51.10

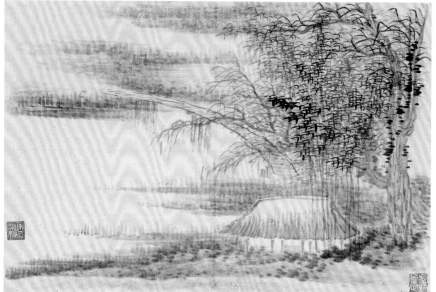

51.11

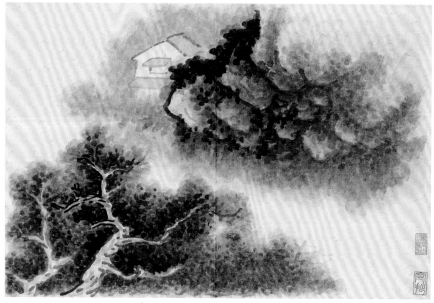

51.12

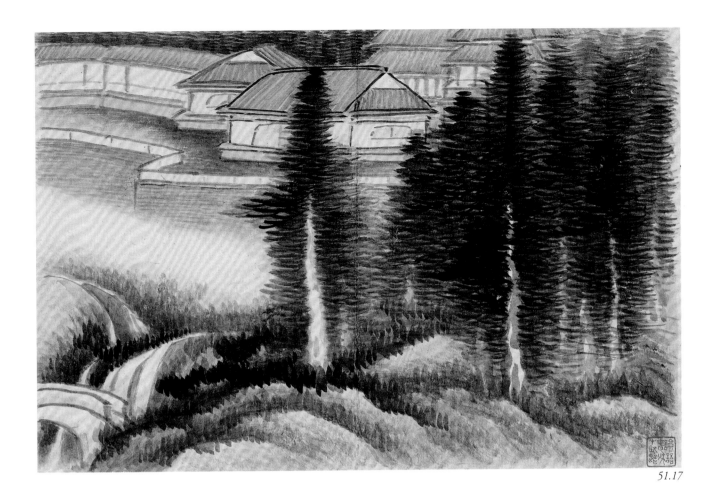

51.17

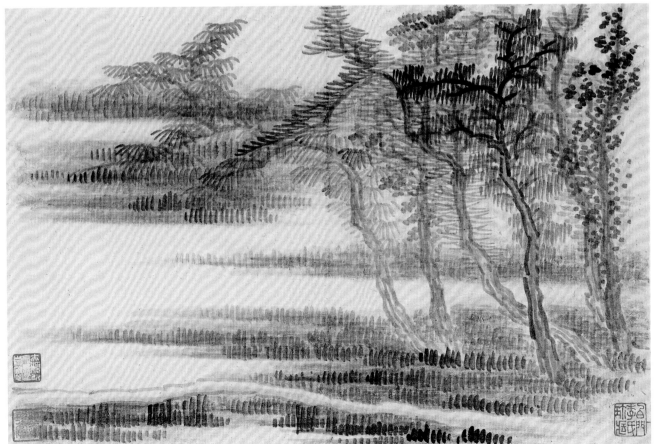

51.18

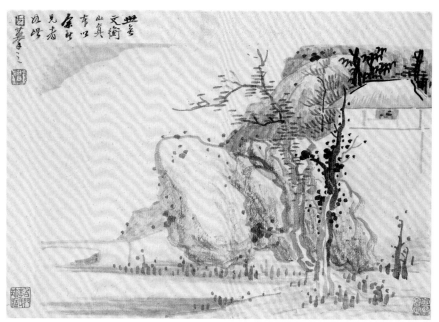

51.13

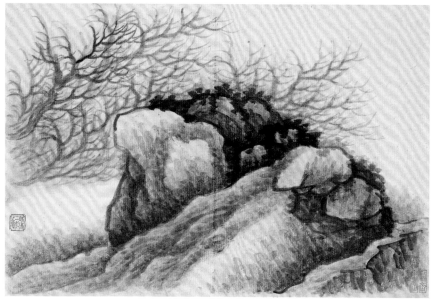

51.15

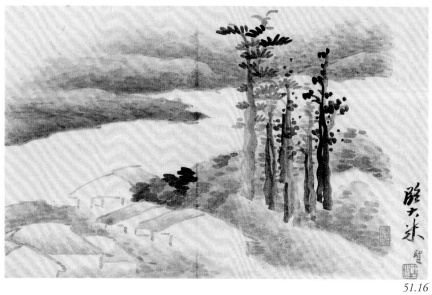

51.16

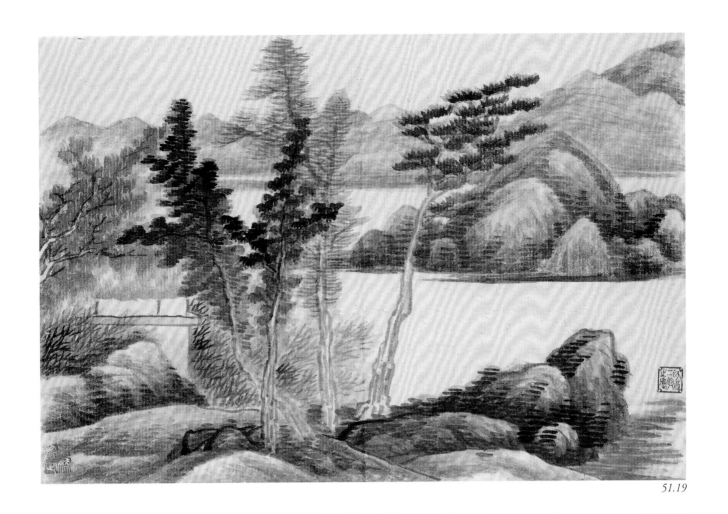

51.19

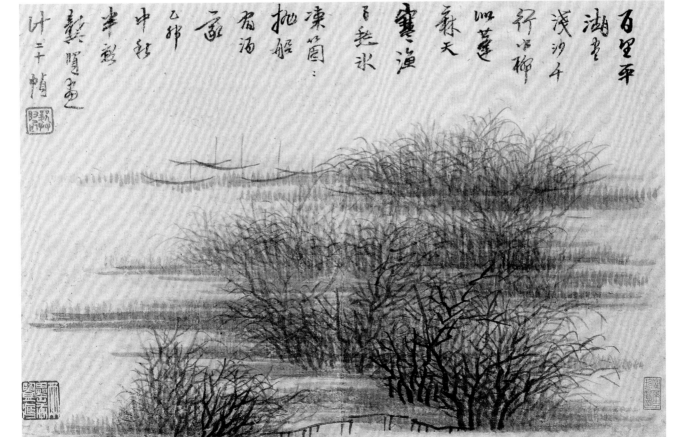

百里平
湖書
淺沙千
行止柳
似蓮
蘇天
襲漁
目燃水
凍蘭
抛船
眉酒
乙邦
中秋
半鶴
龔賢畫
廿二幀

51.20

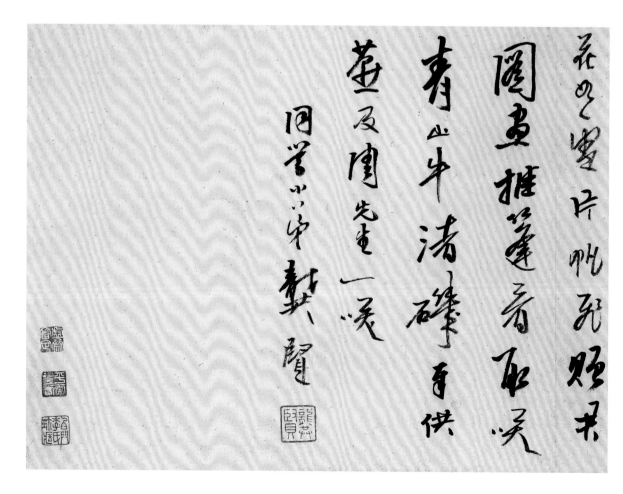

庚春書我久殊隸使

家隱　盛立心和新藥

九親手授主來千里

游江濤為年不昌安期

子道先神仙藏書

史不合交游亥始色

因日眉我皆負士目

迎新江君自傷蘆

花之畫片帆飛照來

圖畫推篷香不飽

青山半滴礰手供

董及圍先生一嘆

因答以此中藝賢

52

龔賢　溪山無盡圖卷

清

紙本　墨筆　縱 27.7 厘米　橫 726.7 厘米

Streams and Mountains without End
By Gong Xian, Qing Dynasty
Handscroll, ink on paper
27.7 × 726.7cm

本幅署款："江東龔賢畫。"鈐"龔賢"（朱文）、"野遺"（白文）。

收藏印"曾藏吳興沈翔雲家"（白文）、"吳興沈翔雲鑑藏書畫印"（白文）、"吳興沈翔雲審定"（朱文）。

後幅自題："庚申春，余偶得宋庫紙一幅，欲製卷，畏其難於收放，欲製冊，不能使水遠山長。因命工裝潢之，用冊式而畫如卷，前後計十二幀，每幀各具一起止，觀畢伸之，合十二幀而具一起止，謂之折卷也可，謂之通冊也可。然中間構思位置要無背於理，必首尾相顧而疏密得宜。覺寫寬平易而高深難，非遍遊五嶽、行萬里路者，不知山有本支而水有源本也。

是年以二月濡筆，或十日一山，五日一石，閒則拈弄，遇事而輟。風雨晦冥，門無剝啄，漸次增加，盛暑祁寒又且高閣，誰來逼迫，任改歲時，逮今壬戌長至而始成，命之曰：溪山無盡圖。憶余十三便能畫，垂五十年而力硯田，朝耕暮獲僅足糊口，可謂拙矣。然薦紳先生不以余之拙而高車駟馬親造蓽門，豈果以枯毫殘瀋有貴於人間耶？

頃挾此冊遊廣陵，先掛船迎鑾鎮。於友人座上，值許葵庵司馬邀余舊館下榻授餐。因探余笥中之秘，余出此奉敦。葵庵曰：'詎有見米顛袖中石而不擾之去者乎？請月給米五石酒五斛以終其身何如？'余愧嶺上白雲堪自怡悅，何令謬加讚賞，遂有所要而與之。尤囑葵庵幸為藏拙，勿使人笑君寶燕石而美青芹也。半畝龔賢記。"

鈐"龔賢之印"（白文）、"半千"（朱文）。

此卷的繪製手法較特殊，是"用冊式而畫如卷"，前後共十二幅，每幅各具起止，既可獨立欣賞，又能伸展成卷，景物相互貫連，融成一體，構圖繁複無盡，場景宏大，十二幅冊頁連結得完美自然，天衣無縫。樹石用筆蒼勁，山巒用墨沉厚，層次豐富，墨韻蒼茫秀深，造型雄厚敦實，卷尾的細瀑明亮地提醒了畫面。是典型的"黑龔"風格，堪稱是龔賢山水長卷的精品，為中國繪畫史所重視。該卷始畫於康熙十九年（1680），兩年後方完成，時年已六十五歲，可見畫家之精心。

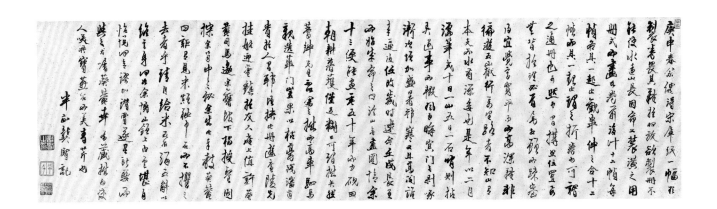

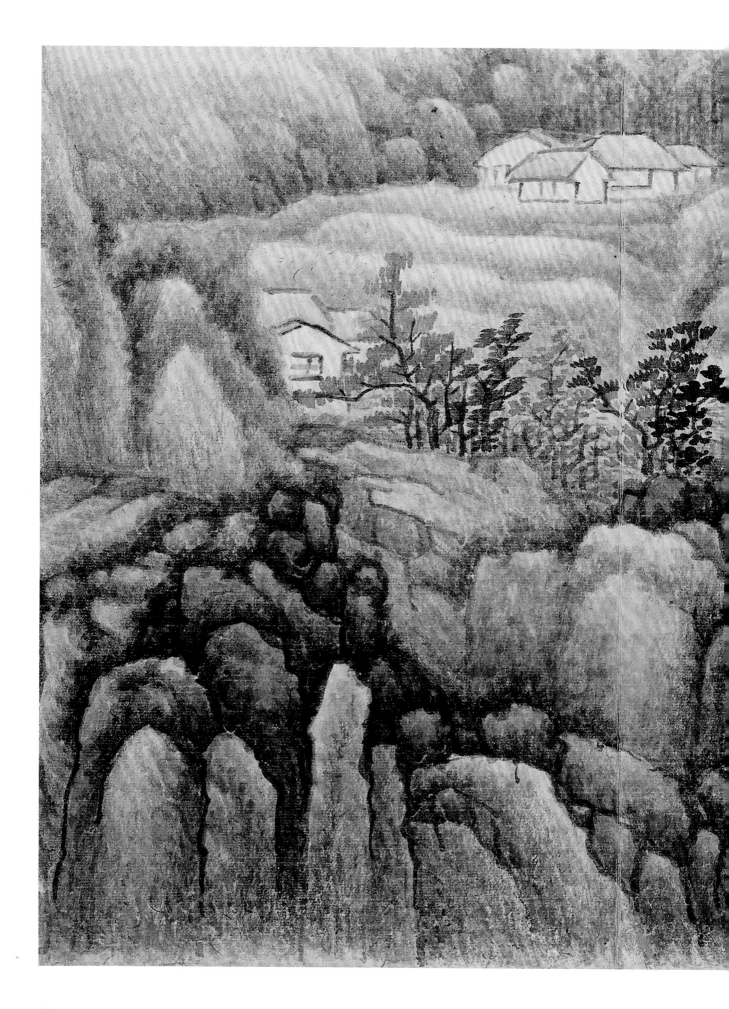

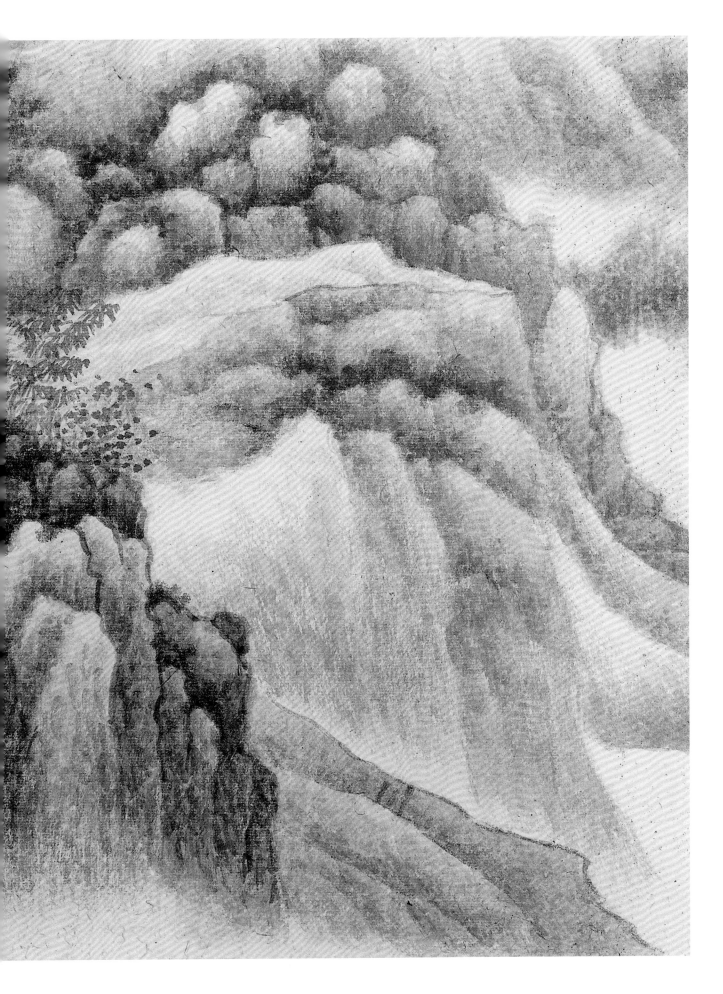

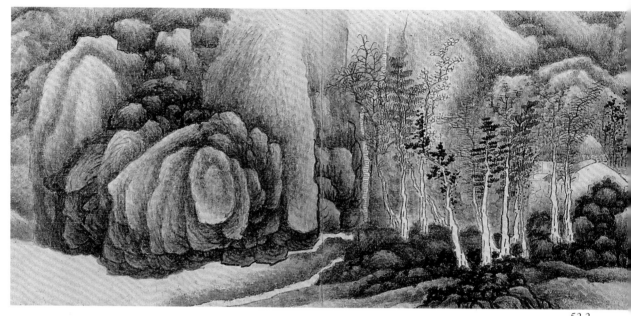

52.2

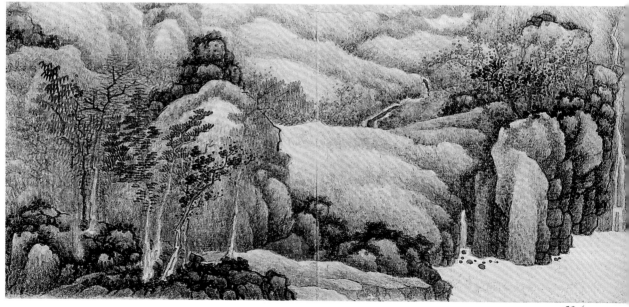

52.4

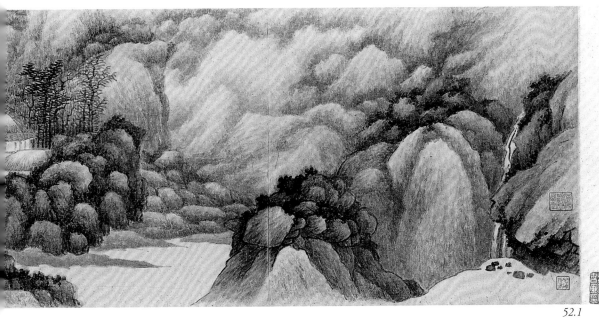

52.1

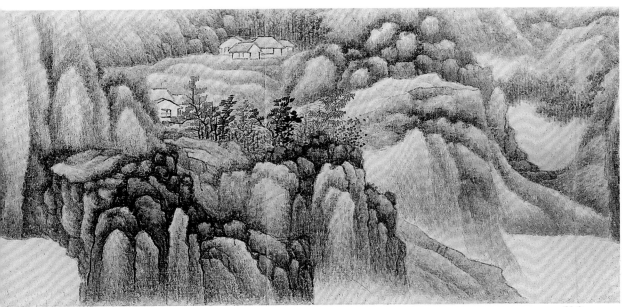

52.3

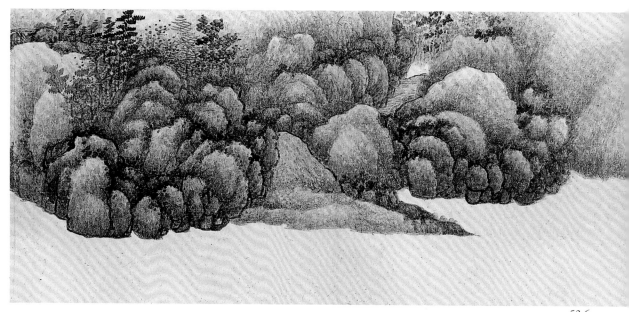

52.6

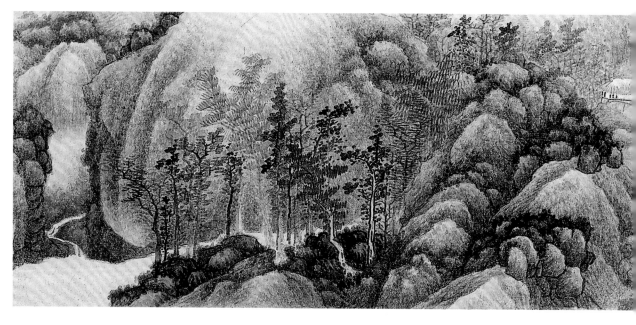

52.8

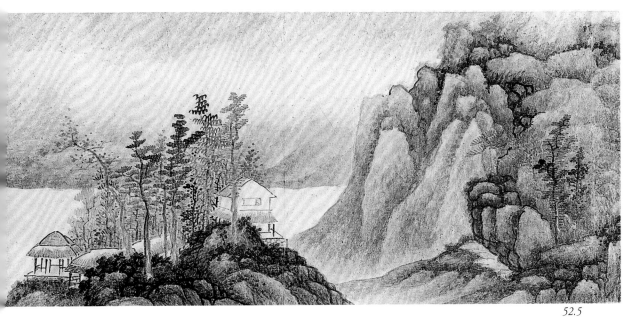

52.5

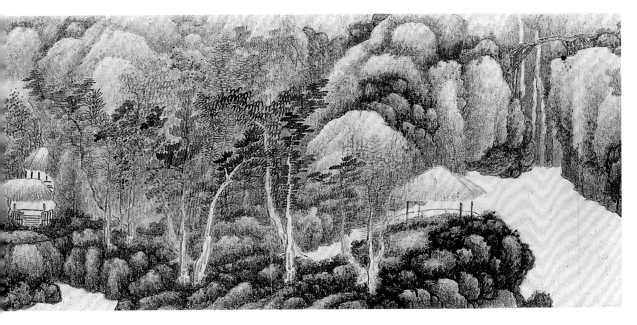

52.7

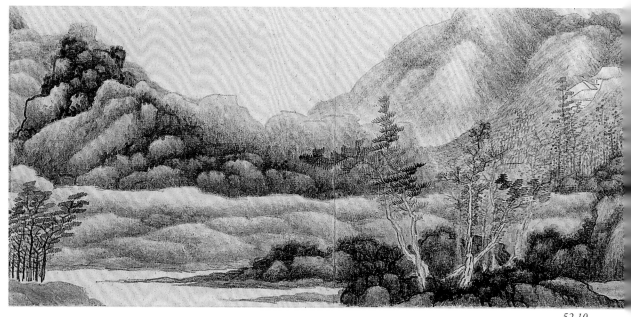

52.10

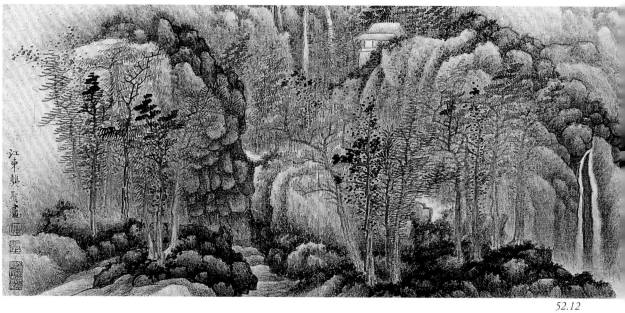

52.12

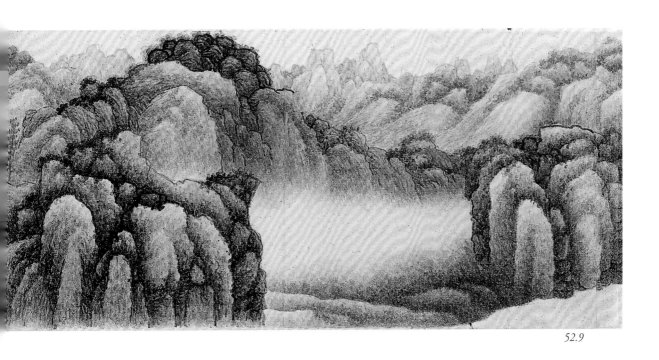

52.9

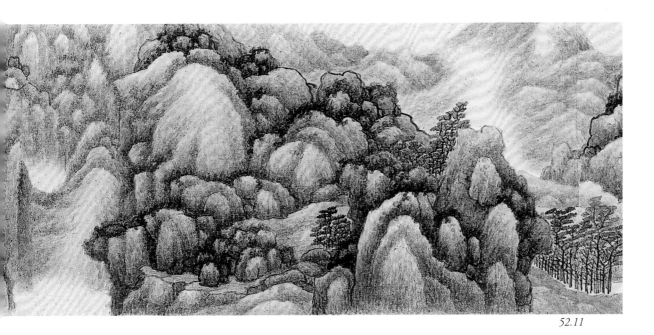

52.11

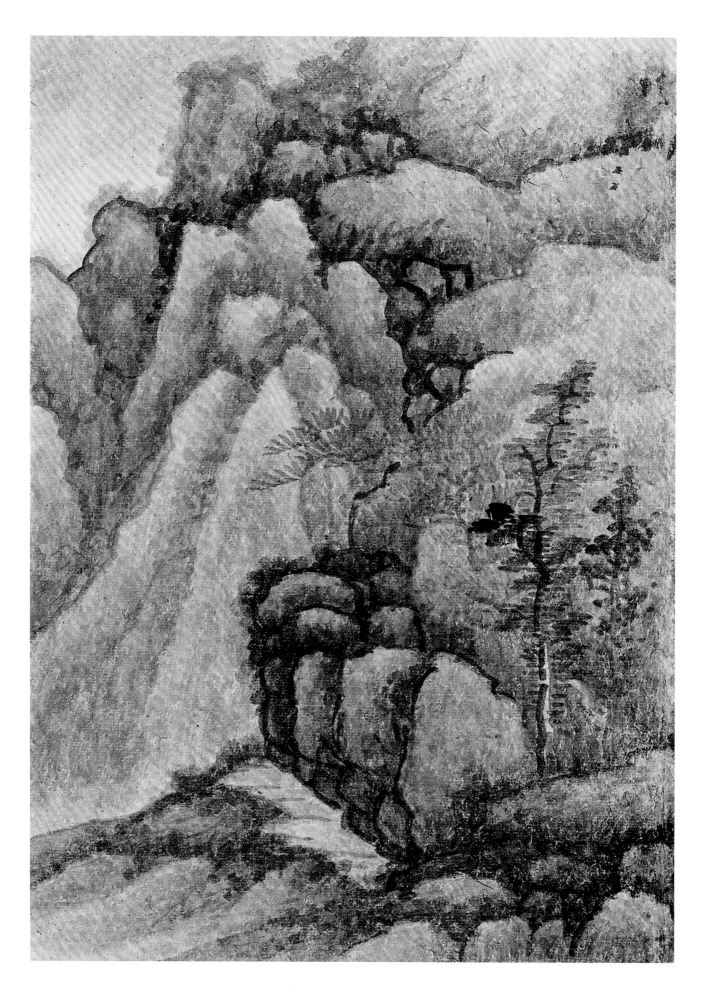

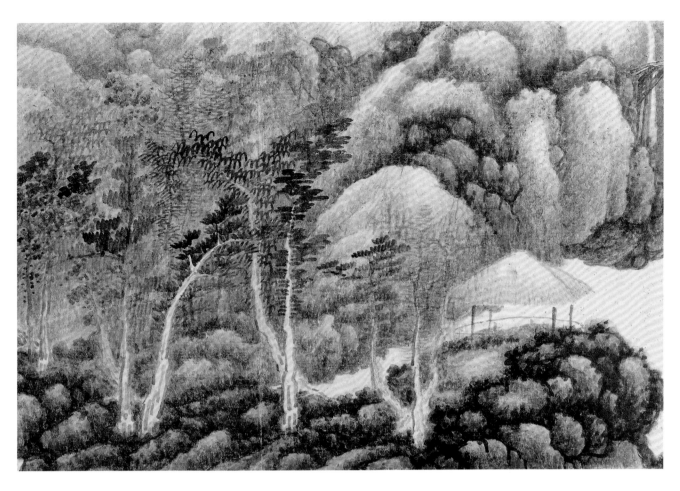

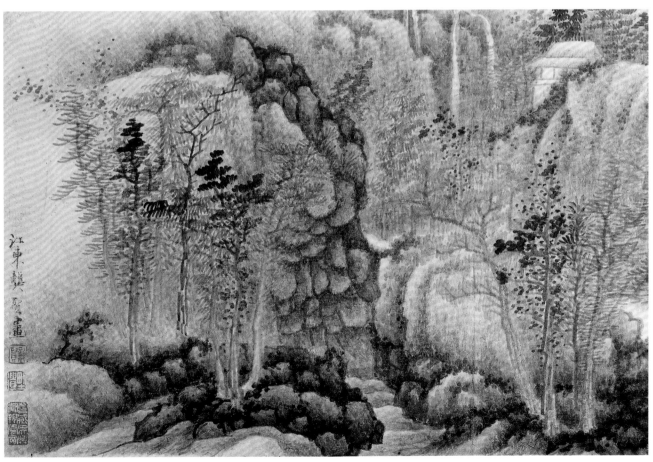

53

龔賢　攝山棲霞圖卷

清

紙本　設色　縱 30.3 厘米　橫 151.8 厘米

Qixia Temple in Mount She

By Gong Xian, Qing Dynasty

Handscroll, colour on paper

30.3 × 151.8cm

本幅自題五言律詩："徵君遺故宅，千載閟靈區。谷靜松濤滿，江空山影孤。白雲迷紺殿，清旭射金瓿。為問採芝叟，神仙事有無。題攝山棲霞寺詩，龔野遺。"鈐"龔賢印"（朱白文）、"半千"（朱文）。右下署款"龔賢"，下鈐"野遺"（白文）。

包首陸恢隸書題籤："明龔野遺攝山棲霞圖。吳興龐氏藏，吳江陸恢題。"鈐"廉夫"（白文）。引首曾熙隸書"眇然思遠"四字，又題："棲霞為遠公所居，因撫郭景純登百尺樓句以題其端。丁卯二月朔農髯熙。"鈐"曾熙之印"（白文）。

尾紙有吳昌碩題跋："此卷為柴丈人流寓金陵時所作。用筆蒼潤渾穆，似有抑鬱之氣蘊蓄未能渲洩者。雲寒雨潤，澤及鳥皮，撫之若鐘磬聲聞於外也。考棲霞寺在齊高帝時建造，有定林寺僧名遠者遁之攝山居此。丙寅歲杪安吉吳昌碩讀竟題之，時客海上，年八十有三。"鈐"吳俊之印"（白文）、"吳昌石"（朱文）。

鑑藏印記有："虛齋審定"（朱文）、"萊臣心賞"（朱文）。"梁溪秦祖永鑑賞真跡"（白文）、"德畬心賞"（朱文）、"茞林曾觀"（朱文）。

《虛齋名畫錄》卷六著錄。

此圖寫棲霞山實景。山巒起伏綿延，溪流、煙樹、梵宇隱現在雲霧之間，左半段大江斜貫，煙波浩渺，構圖平中寓奇。山石層層皴染，墨色濃郁沉厚，氣韻渾融。設色以淺絳為主，施以花青，局部略有朱磦，點明一個"霞"字。

龔賢平生很少作設色畫，廣州美術館藏龔賢的《秋山飛瀑圖》軸，自題："半畝居人年近六十，未嘗一為設色畫，蓋非素習也⋯⋯。"署年款"丙辰四月"（1676 年），龔賢時年五十九歲。此幅當為其晚年所作。

眇然思遠

栖霞為遠公所居
回櫳郭景純登百
尺樓賦句以題其端
丁卯六月朔
農髯熙

此卷為紫文人流寓金陵時所
作用筆蒼潤渾穆似有抑鬱
之氣蘊蓄未能宣洩者雲霾雨
潤澤及烏皮撫之然如鐘磬聲
閩摭外也致樓震宇高齋高帝
時建艦有定林寺僧名遠者遇之
攝山居此丙寅秋抄
安吉吳昌頎讀竟題之
時客海上年八十有三

54

龔賢　清涼環翠圖卷

清

紙本　設色　縱 30 厘米　橫 144.5 厘米

Mount Qingliang Covered with Verdant Trees
By Gong Xian, Qing Dynasty
Handscroll, colour on paper
30 × 144.5cm

本幅款署："清涼環翠，龔賢。"鈐"半"、"千"（朱文連珠）。

包首陸恢題籤："明龔野遺清涼環翠圖。虛齋所得，吳江陸
恢題籤。"引首吳昌碩篆書"言采其薇"四字，又題："按
清涼山南唐時建，有翠薇亭。柴丈此作殊得古意，因摘葩
經句篆端。吳昌碩大聾，年八十又三。"鈐"抱員天"（朱
文）、"吳俊之印"（白文）、"吳昌石"（朱文）。

尾紙曾熙題跋："虛齋同年藏野遺設色山水二卷，一寫棲
霞，此寫清涼山。同年以畫境筆墨定為中歲所作。熙嘗見
野遺青綠大軸山水，其自題云平生不喜設色，至六十後喜
趙吳興設色幽秀，遂以應友人之請。據此則二卷當定為
六十後所作。野遺寓金陵最久，所寫山皆金陵。二圖尤蒼
蒼鬱鬱，讀之如遊棲霞、清涼，擴我壯懷也。丁卯二月朔，
農髯熙。"鈐"曾熙之印"（白文）。

收藏印記："虛齋審定"（朱文）、"萊臣心賞"（朱文）。

《虛齋名畫錄》卷六著錄。

此圖規格大小與其《攝山棲霞圖》相同，畫風也接近，當為
同時所作。描繪龔賢所居清涼山景色，山勢平緩，上有清
涼台，大江開闊，古城環繞。設色以石緣為主，配花青大
片暈染，水色淋漓，給人以蒼翠清涼的感覺。兼施積墨法，
層次豐富，且亮處留白，暗處濃黑，黑白分明。墨色交融，
使景致極富光感，充分展現出江南山川的五光十色綺麗
風光。

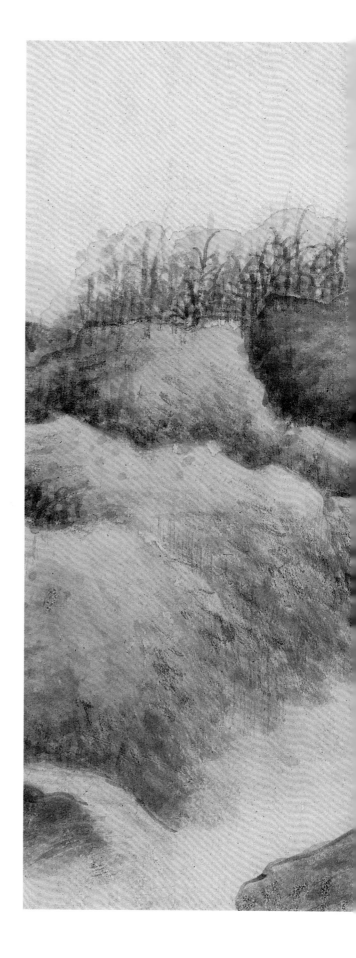

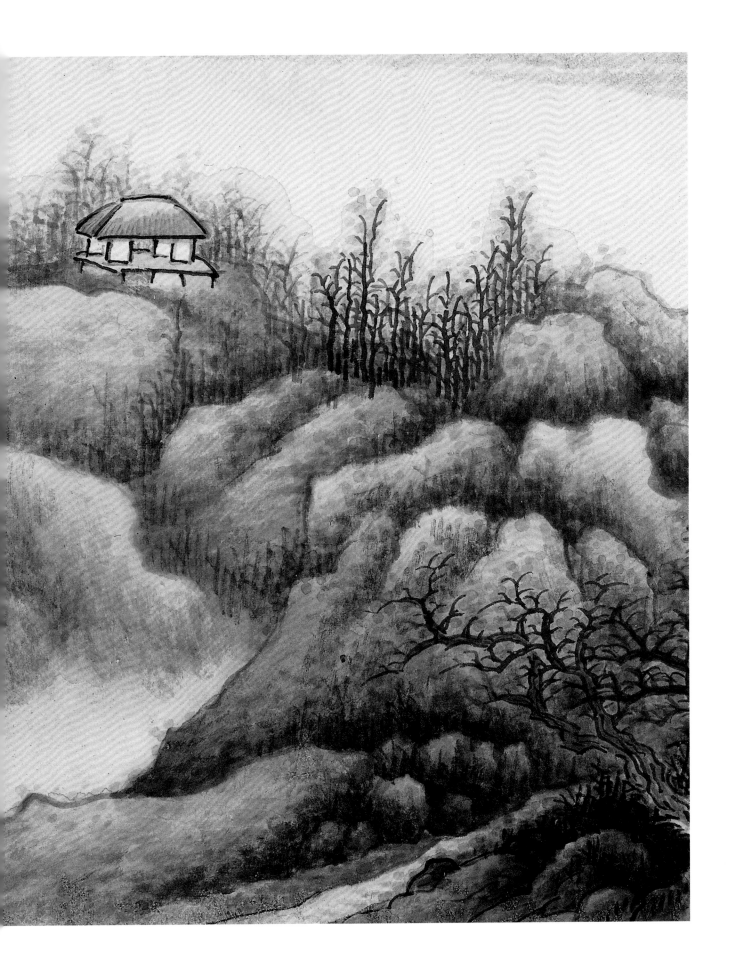

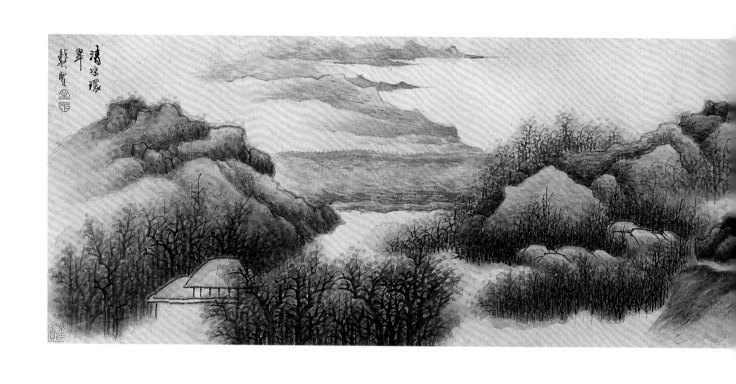

清凉環翠　龔賢

虛齋同年藏野遺設
色山水之巻一為栖霞
峙清凉山同年以盡境
筆墨寫為中藏在此所當
見野遺青綠大軸山水其
自題云平生不喜設色色
六十後乃趙景興設色
幽秀遨適應友人之請
据此則二卷當定為六
十後所此野遺寓金陵
最久而鷹山省金陵二角
尤蒼鬱蔚讀之外遊栖
霞清凉嬌我壯懷也
丁卯二月朔
龔羽熙

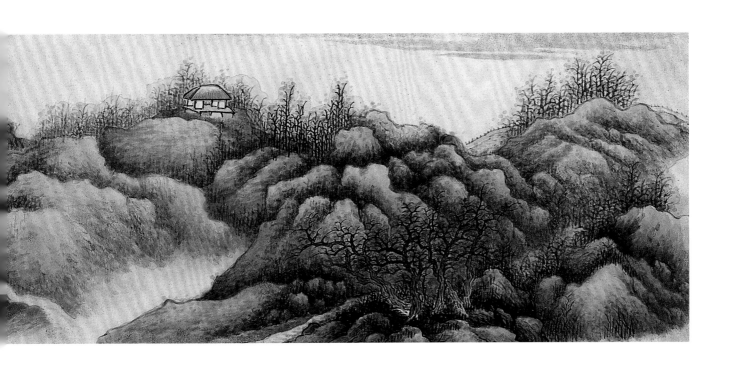

按清涼山南唐時建
名翠微亭旁有梵文寺作
詩寫吾意因摘范經
句結暴崇丙寅冬吳昌碩
大龍年八十又三

曾采其蕭

55

龔賢　山水圖軸

清

紙本　墨筆　縱 211.8 厘米　橫 48.4 厘米

Landscape
By Gong Xian, Qing Dynasty
Hanging scroll, ink on paper
211.8 × 48.4cm

本幅自題七言絕句：" 靜壁春泉一道飛，白龍藏影見斜暉。誰家草閣虛無際，半醉支窗向翠微。" 署款 " 為如翁先生畫並題，龔賢。" 鈐 " 龔賢 "（朱文）、" 鍾山野老 (白文）。

此圖構思精巧，在山岩和坡樹間留出一片空白，既描繪出春泉入潭，又自然拉開了中景與近景。遠山只截取垂直的一段，頂端無水平綫，給人以無限延伸之感。石壁以率意迅捷的豎點和短皴來表現，一條白練隱現在虛實繁疏的變化之間，點出一個 " 藏 " 字。

遼寧省博物館藏有一幅龔賢《靜壁春泉圖》軸，所題七絕與此幅相同，但構圖迥異，作於康熙二十三年甲子（1684 年），龔賢時年六十七歲，從筆墨運用上看，遠晚於此幅。

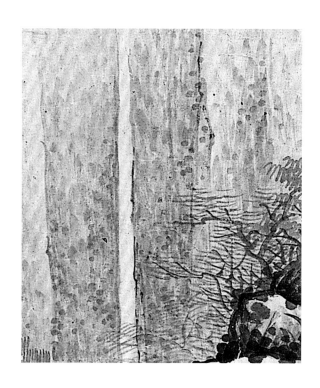

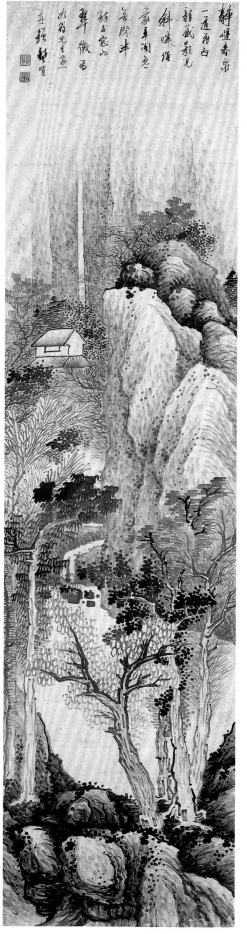

56

龔賢　雲壑松蔭圖軸

清

絹本　墨筆　縱 174 厘米　橫 25.2 厘米

Cloudy Mountains with Pine Trees

By Gong Xian, Qing Dynasty

Hanging scroll, ink on silk

174 × 25.2cm

本幅自題五言古詩一首：“山中何所有，只是白雲多。拭目看峯頂，鑽空結翠螺。人家依半壁，小宣即岩阿。無事弄苔蘚，得岸修蔦蘿。茶芽隨手摘，烹鼎待僧過。世宰知誰是，嫣軒今若何。新詩調字穩，黃鳥亦能歌。”署款：“半畝龔賢畫並題。”鈐“龔賢”（朱文）、“野遺”（白文）。

包首隸書題籤：“龔半千雲壑松蔭圖真跡，小畫錦堂珍藏。”鈐“幼麐鑑藏”（朱文）。

本幅以坡溪茂林為近景，崇峯峻嶺為遠景，中有雲靄，既是分隔，又是自然連綴。屋宇在山巒之下，為松蔭雲氣所掩映。煙湧雲動，峯迴路轉，光影閃爍，直如幻境。

龔賢在戊辰所繪山水圖卷畫跋（見圖 57）中說：“余此卷皆從心中肇造，雲物、丘壑、屋宇、舟船、梯磴、溪徑，要不背理，使後之玩者，可登可涉，可止可安。雖曰幻境，然自道眼觀之，同一實境也。”此幅中這種幻境與實境的交錯融和，正體現了龔賢山水畫的創作意念。

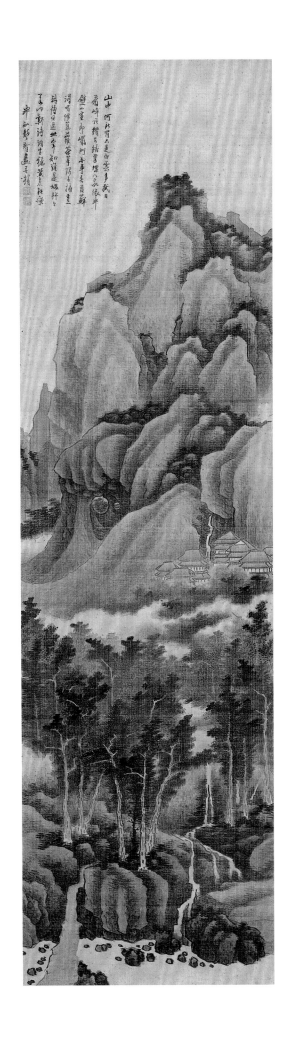

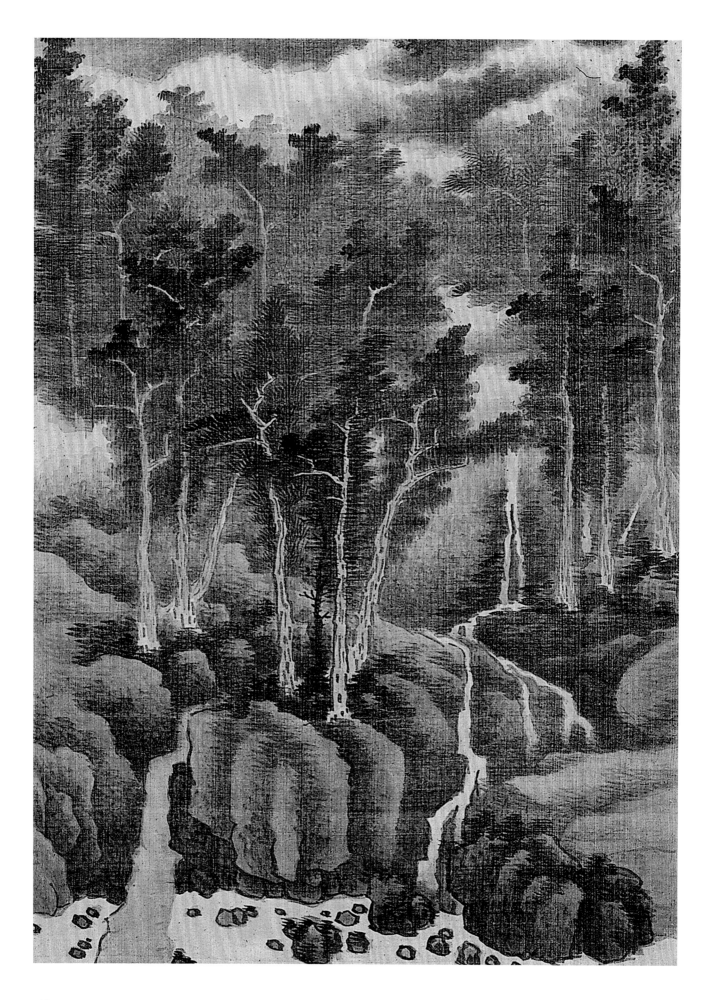

57

龔賢　山水圖卷

清

紙本　墨筆　縱 28.8 厘米　橫 404.1 厘米

Landscape
By Gong Xian, Qing Dynasty
Handscroll, ink on paper
28.8 × 404.1cm

本幅未署名款，鈐"龔賢"（朱文）。

後紙龔賢行書長題："畫於眾技中最末。及讀杜老詩，有云：'劉侯天機精，好畫入骨髓。'世固有好畫而入骨髓者矣！余能畫，似不好畫，非不好畫也，無可好之畫也。曾見唐、宋、元、明初諸家真跡，亦何嘗不坐臥其下，寢食其中乎？問之好畫者，曰：士生天地間，學道為上，養氣讀書次之，即遊名山川、出交賢豪長者皆不可少，餘力則工詞賦、書畫、棋琴。夫天生萬物，惟人獨秀，人之所以異於草木瓦礫者，以有性情，有性情便有嗜好，一無嗜好，惟恣飲啖，何異馬牛而襟裾也。不能追禽而之蹤，便當居一小樓，如宗少文張圖繪於四壁，撫弦動操則眾山皆響。前賢之好畫往往如是，烏能悉數！余此卷皆從心中肇造，雲物、丘壑、屋宇、舟船、梯磴、溪徑，要不背理，使後之玩者，可登可涉，可止可安。雖曰幻境，然自道眼觀之，同一實境也。引人着勝地，豈獨酒哉！戊辰秋杪半畝龔賢畫並題。"下鈐"龔賢"（朱文）、"鍾山野老"（白文）。

戊辰為清康熙二十七年（1688），龔賢時年七十一歲。

收藏印記："虛齋秘玩"（朱文）、"潯微道者上叡目存印"（朱文）、"目""存"（朱文聯珠）、"龐萊臣珍賞印"（朱文）、"虛齋珍賞"（朱文）"萊臣審藏真跡"（朱文）。

《虛齋名畫錄》卷六著錄。

此幅峻嶺澗壑用平遠畫法，橫向展開，延綿起伏。山石短筆皴擦，樹多橫豎點畫成。結構縝密，氣韻蒼鬱，是其代表作品。幻境與實境交融，"引人着勝地"，實勝於佳。題中關於學道、讀書、性情、嗜好的論述，表達了他對待藝術和生活的態度。

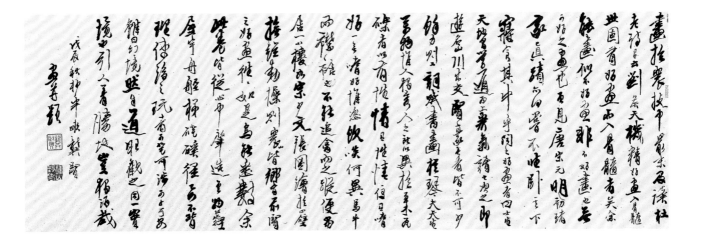

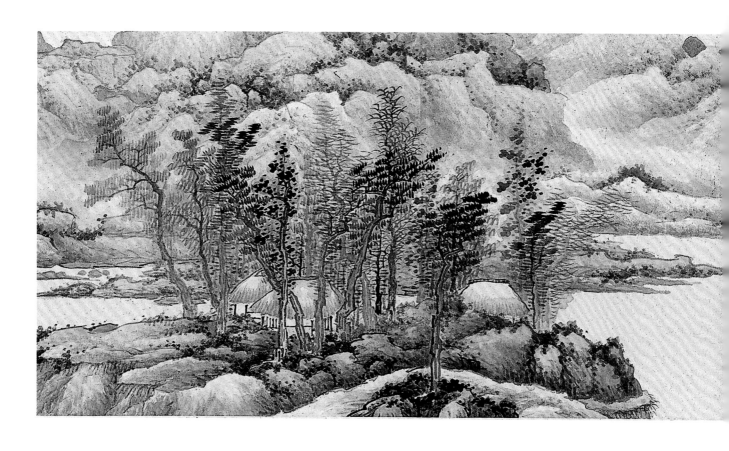

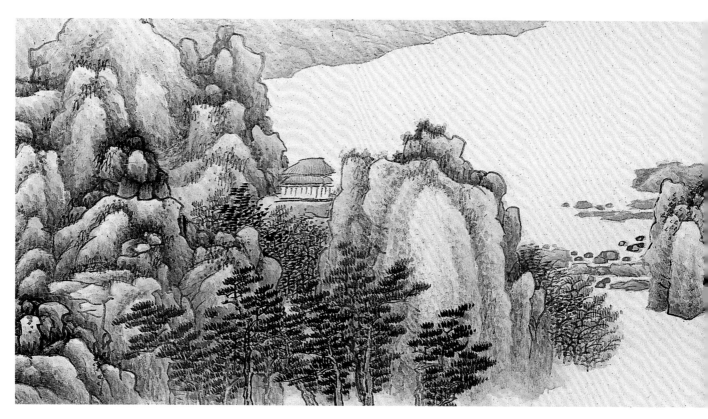

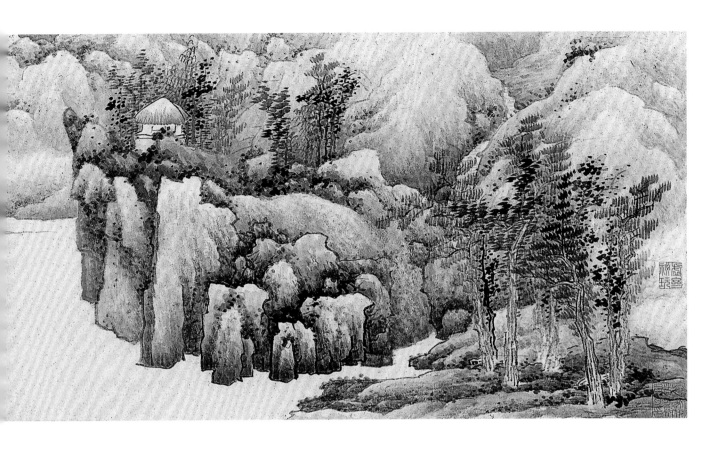

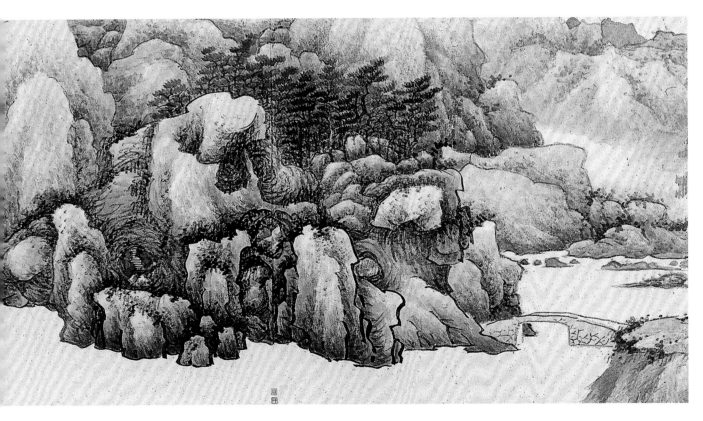

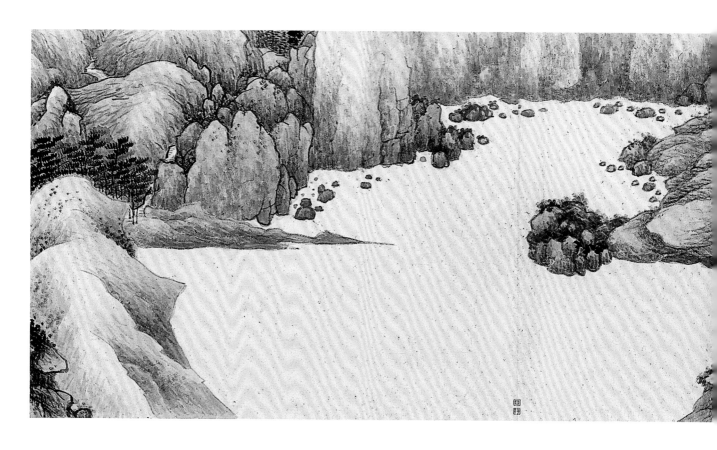

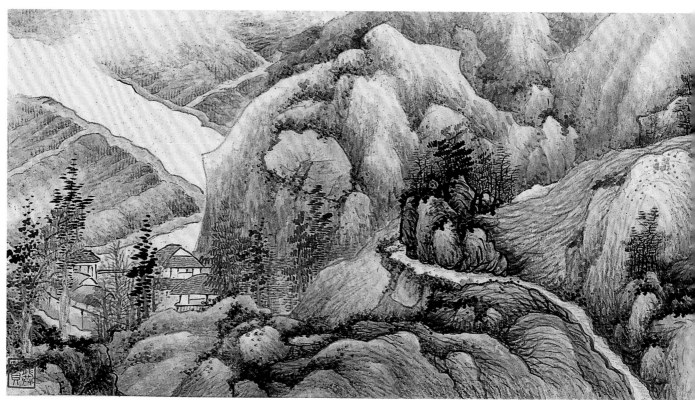

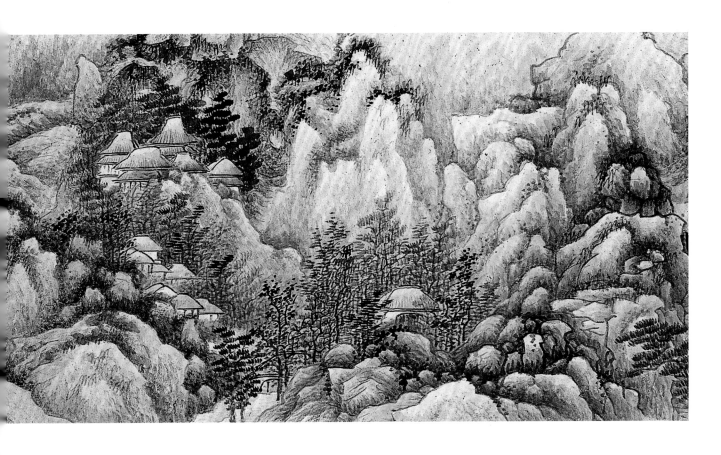

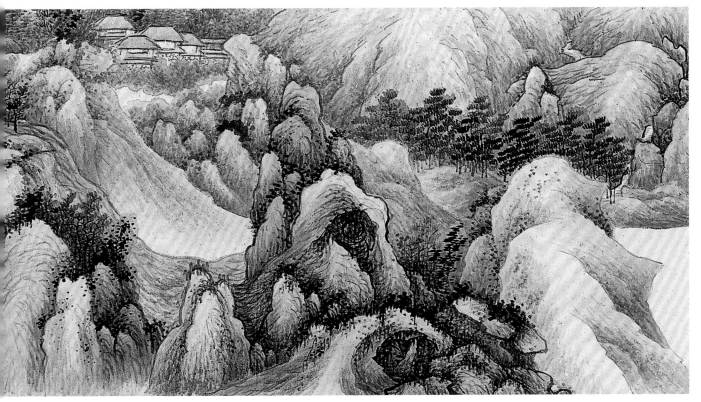

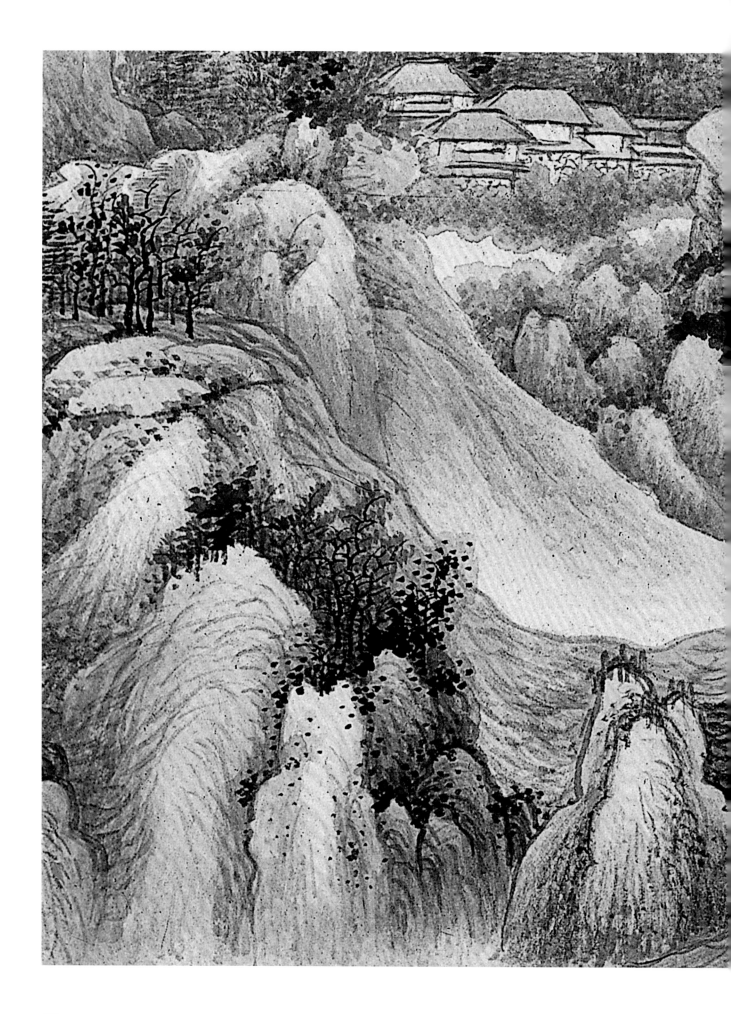

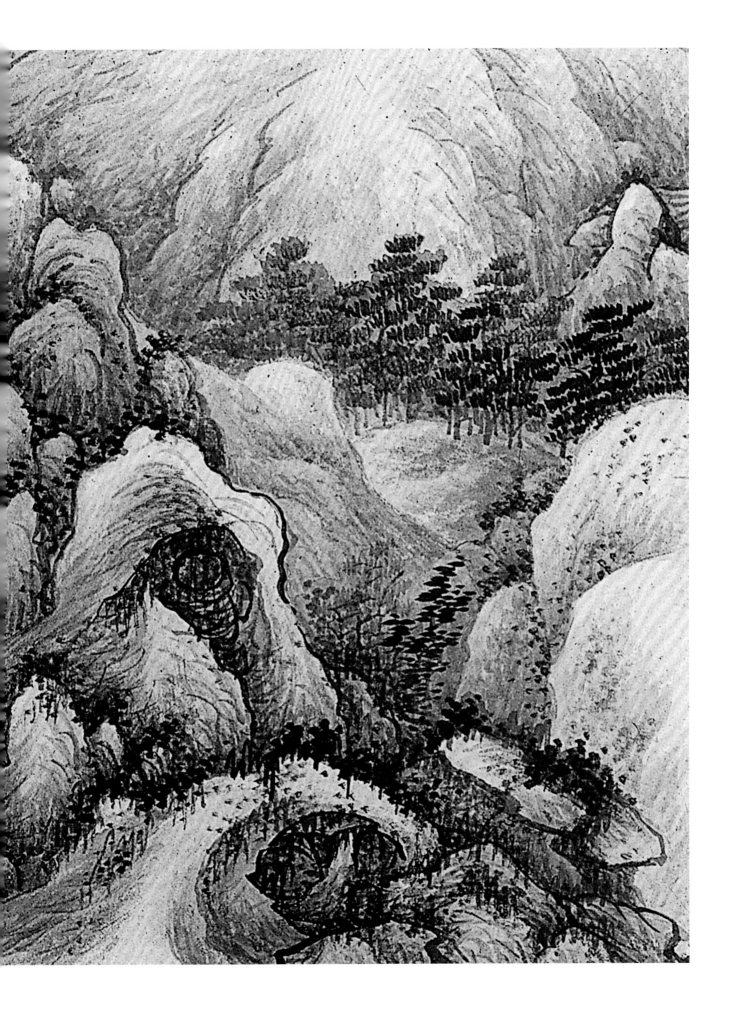

58

樊圻　柳村漁樂圖卷

清

絹本　設色　縱 28.6 厘米　橫 167.8 厘米

Happy Fishermen in Liu Village
By Fan Qi, Qing Dynasty
Handscroll, colour on silk
28.6 × 167.8cm

本幅署款：“乙酉蒲月鍾陵樊圻畫。”鈐“圻”（朱文）、“會公”（白文）。本幅有清陳僖、梁清標等七家題詩詞，鈐“芮園圖書”（朱文）等題跋印十六方。引首及前後隔水有清代曹溶、徐倬、顧豹文三家題詩，鈐“古書”（朱文）等印九方。後紙有王士禎、汪懋麟等十一家題詩，鈐“芮園考藏”（白文）等三十五方。

乙酉為清康熙八年（1669），蒲月為農曆五月。

王士禎《池北偶談》記：“柳村在恒山之間，梁冶湄使君讀書其中，屬金陵樊圻畫《柳村漁樂圖》。”梁冶湄即梁允植，字承篤，河北正定人，官至延平知府，著有《柳村詞》。他宦遊在外，因思念故鄉，請樊圻繪此圖以寄懷鄉之情。此圖是樊圻借繪江淮景色而反映他所想象中的北方柳村水鄉的佳作。岸柳垂蔭，柳葉以汁綠暈染不見筆痕，柳枝刻畫工細，遠筆蒼健有力。點景人物雖小，但舉止自然生動，顯示了作者較強的人物造型能力。

樊圻（1611—？年），字會公、洽公。江寧（今南京）人。與兄沂同以畫名。為“金陵八家”之一。擅山水、花鳥、人物，畫風恬靜清新。王鐸頗推崇之。

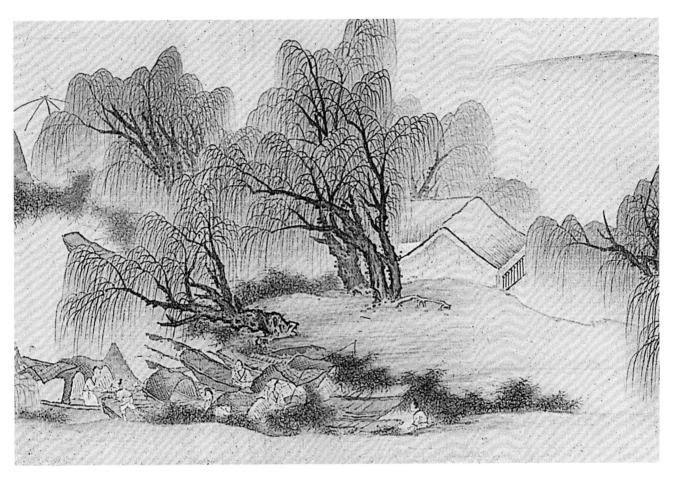

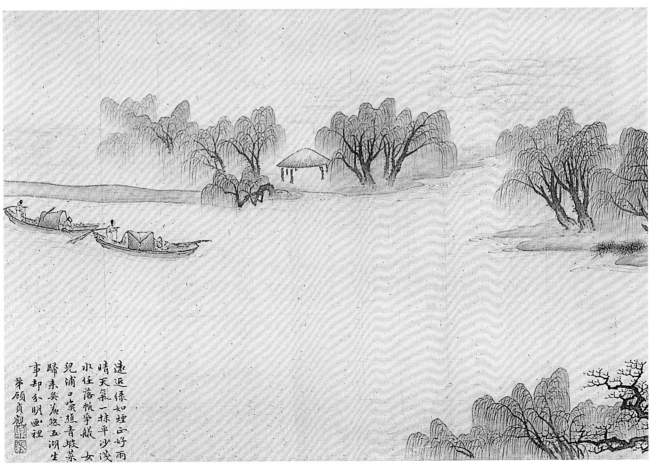

遠近絲如煙正好雨
晴天氣一抹平沙淺
水住落帆爭艤女
兒浦口英樵青蝦菜
歸來灸蕎終五湖生
事却永明画裡
弟顧貞觀題

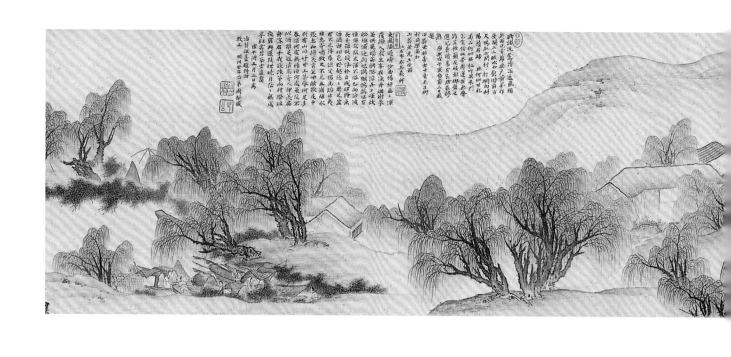

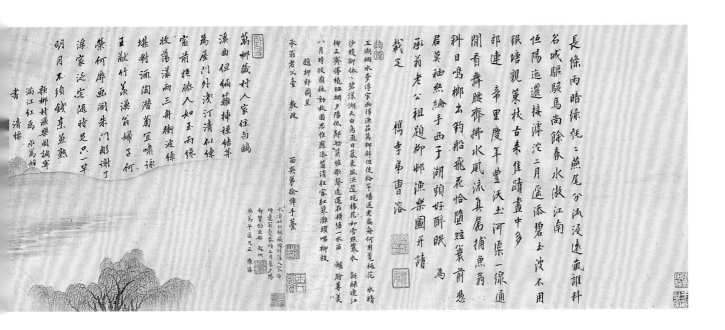

長條雨暗綠毿毿 燕尾分流浸遠巒 誰料
名城驅騁馬尚餘春水漾江南
恒陽迤邐接漳沱 二月區區添碧玉 波不用
銀塘親策杖古來佳蹟畫中多
邠連帝里慶年豐沃土河渠一線通
君莫詡神絲縷手西子湖頭好醉眠
開香舞腰齊拂水風流真屬捕魚翁
斜日鳴榔出釣船飛花恰隨短蓑前懸
承菊老公祖題柳邨漁樂圖并請
載定　　　　　　　　　 橋李弟曹溶

五湖煙水浮家計西得漁莊萬柳斜
沙股柳依依碧漢湖天白鳥飛日暮東風
柳正齊傳樓晒網夕陽低 歌聲送還在橫塘一水西
八月披圖休勁故園思應添笛清狂客紅蓼灘頭唱柳枝
題柳邨圖呈
承菊老父臺　教政
　　　　　西吳弟徐倬手書

萬柳藏村人家住為鷗
溪曲但偏籬槿結茅
為屋門外淡汀清似練
窗前拖榐人如玉兩縷
收篙漾漾兩三舟衡波練
堪釣酒陶潛菊宜晴詠
王獻竹美漁翁宜啼何
菜何處畫湖朱門謝了
浮家泛宅隨時足只一竿
明月不須錢烹魚熟
頴柳村漁樂圖調年
滿江紅為承萬姓
書　清標

（第二段題跋）

鼓棹高歌平古詩鑑湖一曲繁平頭艇子百間澳屋
悄悄謔醉老荒柳斜趨滄江南夢西
是點肥聲離觥時春水舟遠
纖巠鵑行傾新酒紅初酸可殴頭
如朝膳尊絲綠不到人間白
家針住白鷗汀外盡處藏
家慶柳不世忙話凌波沒友
横海術鯽紛珍淪船小以供盤
足信人明瀟地吳江壺年魚
此頴湖新釀酒醉漁
承菊老翁題柳邨漁樂圖
興吳張吳

尺幅綃波橫滿山片提起悲趙江南夢正
蝦綱魚罾羿茅屋倚檐青楊柳女
迢迢披發不殴髯拖遠綠
偶自有來識新妝
只蘭西枝竹勝上君高守販外逗屧
不前洲桑五湖生
事殘觸藍事
已酉新月弟陳戴奐井畫

遠近綠如煙正好雨
晴天氣一排平少淺
水住漁翁不殴晝拖衫
兒孫依舊五湖生
曉浦一彎瑟青楊葉
賭米吳松五湖生
　　　　　碩員興

（第三段題跋）

正
綠陰溪畔晝唱船攜剌釣跡不論
錢榨耳茅柴新釀酒醉歸遲子淺
沙邊鈕鱼肥筍淹月上綠楊
傍釣磯秋歸來村月上綠楊
枝上掛蓑衣紫芊紅菱錦草
天天足家可釣不蕭蒭長寫見沉
承菊年兄題柳村漁樂圖次前韻
玉翁先生韻請
　　　　　　西湖弟曹興埂

榜徑楊花震白蘋閑吟泡真送殘平
生只愛天隨子老向江湖號殴人　春
雨如塵不殴時柳陰深處釣車噇神
雖飛去早猶乍雨荒苔黄新水生
子子風流韋杜如雕雝柯掣射魚
花染羅衣非殴事自辦輇甲晚生
宦懷泊家鍋斗歌碧游顱
波畫圖魚朴滄海興奈山亥塵多
帽伺
　　趙漁樂圖四音居
　　　凌老年世兄正
　　　　　海右弟王士禛

碧樹清溪孤亭外江沙行曲閑家具華
東茶甕海翁如屋湖上縮芋惟釣月盤
中鑪譍全誰玉曉煙深楊柳韻晴波村
之綠朔露法餐吳菊細兩酒盖舊竹有
青簑可著短衣非殴縮項鯿肥春水活
長眠米白江村足醉香鴨舫夕陽斜
眠方熟調名滿江紅辛亥秋日為
承菊年兄題柳村漁樂圖次前韻
玉翁先生韻請
　　　　　正

59

樊圻　山水人物圖頁

清

紙本　墨筆　縱 28.2 厘米　橫 23 厘米

Landscape with Scholars in Conversation
By Fan Qi, Qing Dynasty
Leaf, ink on paper
28.2 × 23cm

本幅署款："戀叟命樊圻畫。"鈐"樊"（白文）、"圻"（朱文）。
本幅上鑑藏印有"譚觀成印"、"真冷堂"等三方。對幅有朱
道新書詩。

是圖據羅浮仙話，繪二高士對晤於山石下的茅棚內。構思
巧妙新穎，尤其伸向畫面外的幽徑既打破了近於封閉式的
構圖，又增強了畫面的空間感，同時將觀者視綫引向畫中
人物。全幅意境高古清幽。

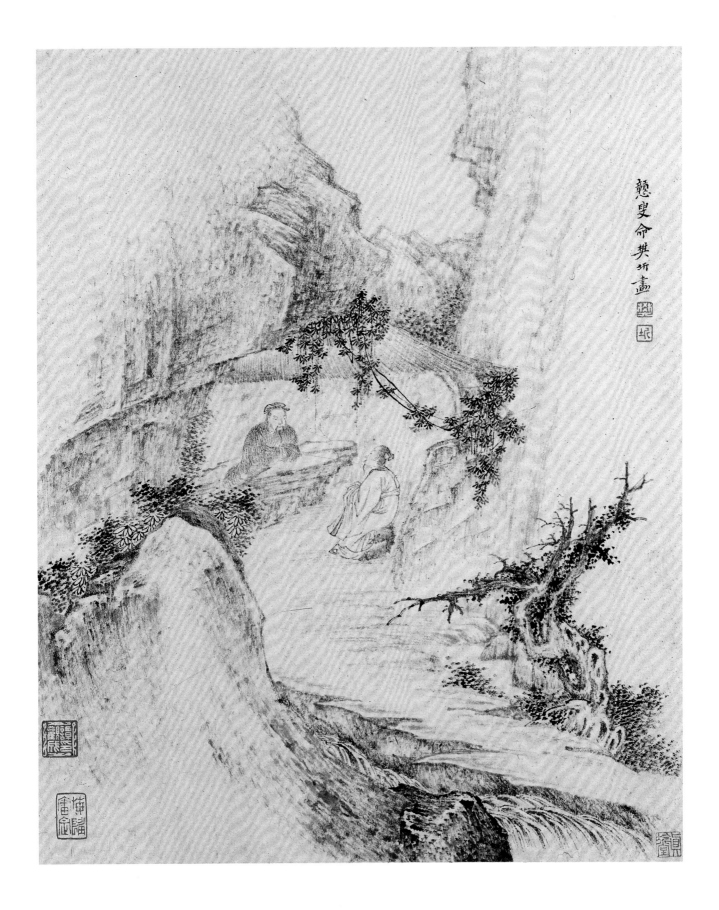

60

高岑　萬山蒼翠圖軸

清

絹本　墨筆　縱 180.5 厘米　橫 78.4 厘米

Verdant Mountains
By Gao Cen, Qing Dynasty
Hanging scroll, ink on silk
180.5 × 78.4cm

本幅自題："萬山蒼翠逼寒室，細路紆
回古木中。澹上夕陽堪倚杖，霜楓幾
點上衣紅。畫並題呈學迁先生教正。
石城高岑。"鈐"高岑之印"（白文）、
"蔚生"（朱文）。鑑藏印有"一翁"。

圖繪遠山峯巒突兀，山腳叢林繚繞。
近景秋林染霜，樹木俯仰有致。構圖
多層次，遠山近水繁而不亂。物象近
大遠小的透視比例把握得準確、精熟。
筆力勁健，刻畫精微。本幅為高岑繼
吳門畫派餘緒的山水佳作。

高岑，字蔚生。杭州人，寓居金陵。
幼從僧七處學畫，專擅山水及水墨花
卉，晚年自抒胸臆，寫意可入神，工筆
能入微，是"金陵八家"之一。其兄阜
亦擅畫。

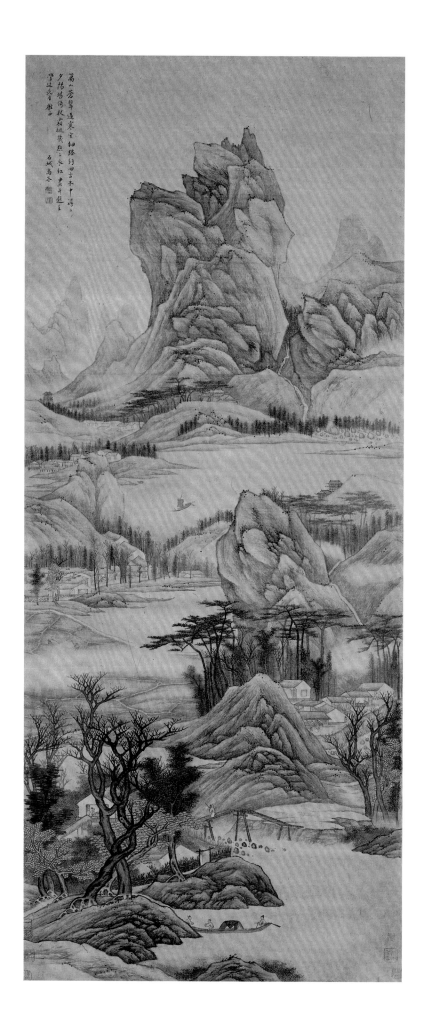

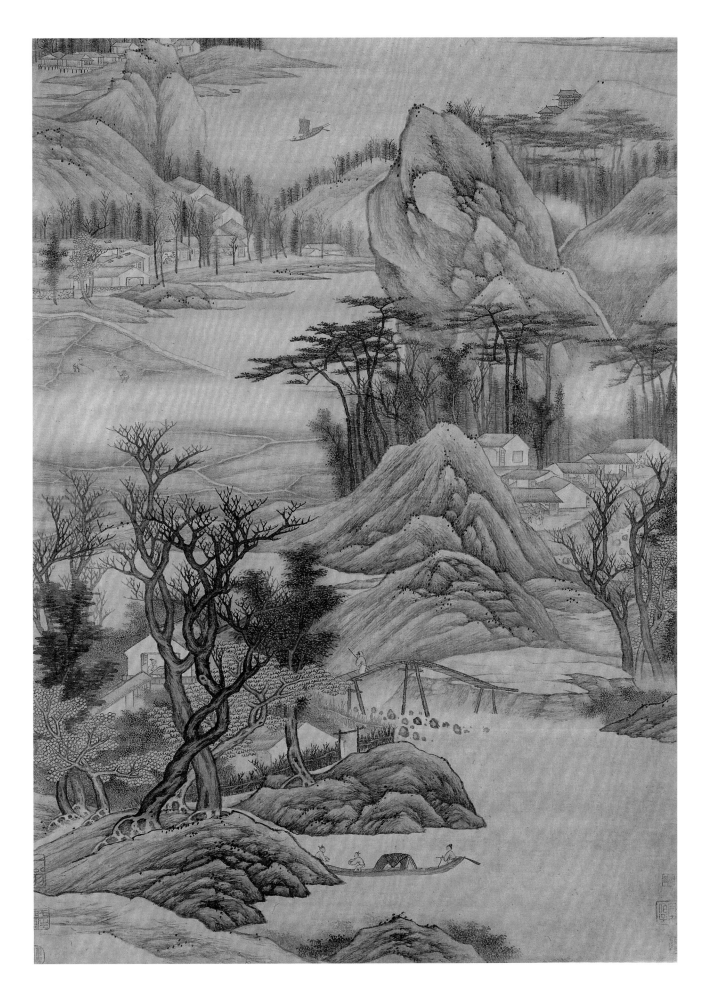

61

高岑　蒼山老樹圖軸

清

絹本　設色　縱 180.3 厘米　橫 74.8 厘米
Dark Green Mountains and Old Trees
By Gao Cen, Qing Dynasty
Hanging scroll, colour on silk
180.3 × 74.8cm

本幅自題："蒼山老樹遠清流，千里澄
江一派秋。莫使霜紅能醉客，最堪雲
物幻畫樓。呈自翁先生正敎。石城高
岑。"鈐"高岑之印"（白文）、"榕園"
（朱文）。鑑藏印有"竹瓊齋鑑定印"等
五方。

圖繪遠山峯巒疊嶂，山勢奇險。中景
湖水雲霧，歸人過橋。近景樹木茁壯，
枯榮相伍。一高士獨坐林下茅堂中，
當是此畫的受畫人自翁先生，在畫中
比例雖小，卻很突出，正是點睛之筆，
寄託了畫家和受畫者自翁先生共同的
隱逸之志。

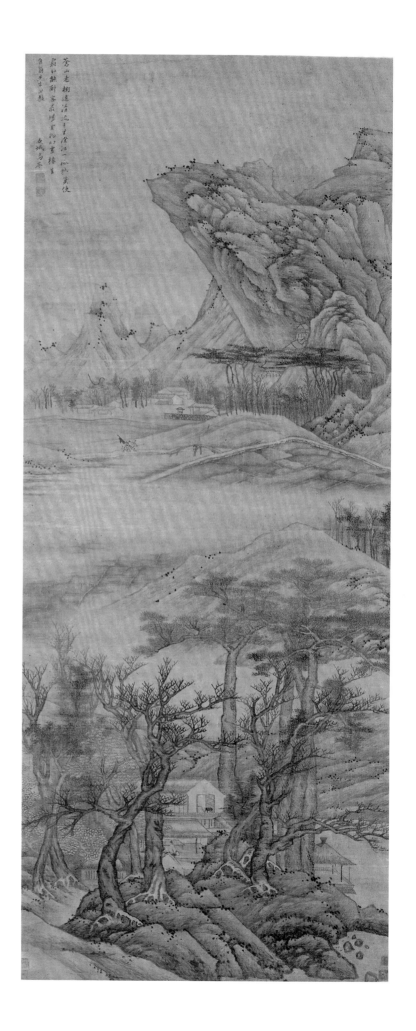

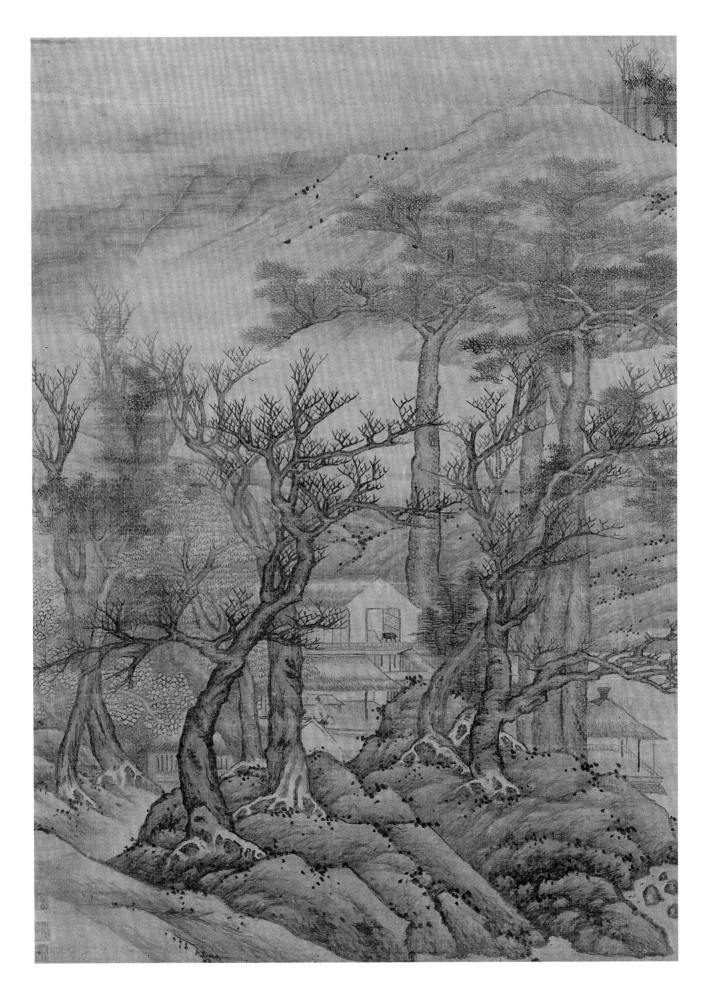

62

高岑　山水圖卷

清

紙本　墨筆　縱 37.1 厘米　橫 604.2 厘米

Landscape
By Gao Cen, Qing Dynasty
Handscroll, ink on paper
37.1 × 604.2cm

本幅無款識。鈐"冬雲盦"（白文）。後幅有映鍾跋："此卷其樸老處似石田，其幽秀處似待詔，華亭尚覺生疏，衣白少其厚潤，況餘事乎。"又有龔賢跋。

是圖峯巒坡石回旋轉輾，起伏變化，雲樹叢林蒼簡蕭瑟，疏密有致。其間有高士或臨窗遠眺沙渚靜水，或亭內望山，或坡上觀瀑。全幅具"景隨人遷，人隨景移"的藝術效果。畫風宗法沈周粗筆格調，山石以粗筆勾勒輪廓，濃墨點苔。樹木簡逸勾染。

本幅是高岑少有的粗筆山水，被龔賢譽為"可謂神品而兼逸品者矣"。

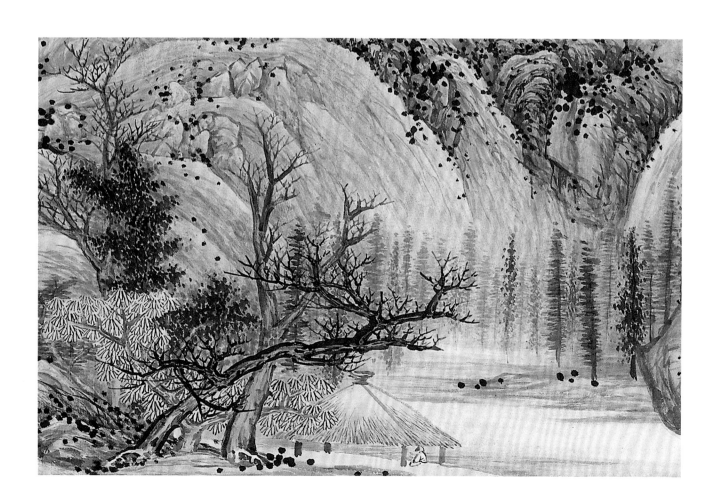

蔚生居士游情藝苑多歷歲月

不以名既成而愜自言之精研物狀

致究於古人所謂筆跡之多自不能止

若使用此力於奉禪久已得道證果

矣惜半僅於藝術障於關通先生不

云乎器之是乎而上者展玩此卷且

過半矣

平昌仲秋朔景聯陸題

戴野蒼無此脫灑吏磨翁少此龍蟠

其雁相城老人評

重色厚日金陵少朗機楊盛泰喬

此之文沈鄒董皆疵摧哭此之三

君以龍一時墨聚兩王鍾山之陽

淮水之涘會真沈鑿有至靈者

邃哲宜游家少擲不勝屋山蔚

電高先生寄老中之鍾者蔚

生而弦畫用滄少影雛見師承

托名此以仿代青書朴老屡以石

田玄此書處如待詎華真而覺

生陳辰臼少甚為注泯飴子平畫

有四外肇蔚聲初由雨外收由外

西圃可謂神品而棄送無者策余因

紀之 竜陽前二日龏聞敬澤

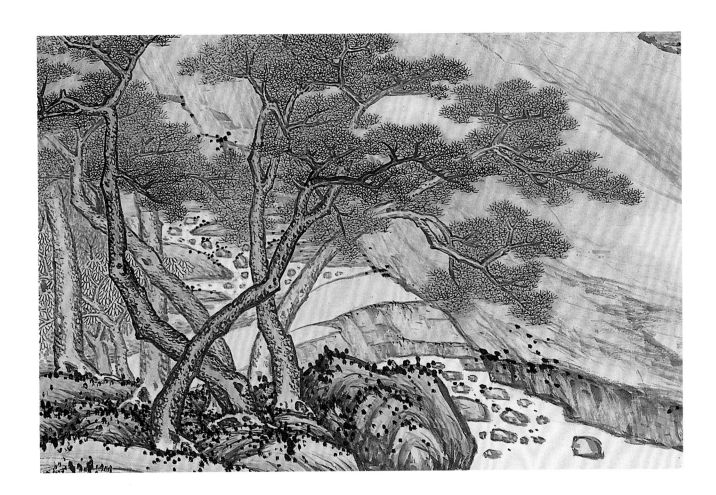

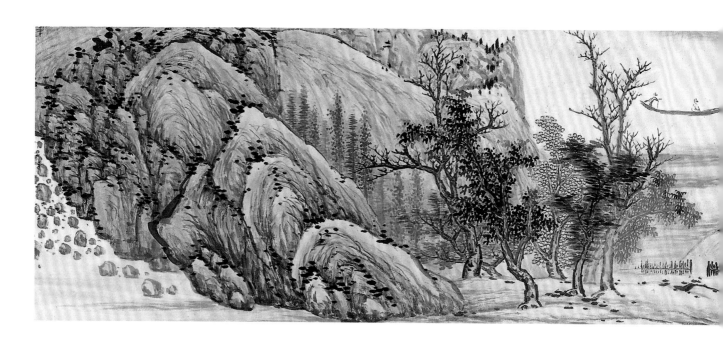

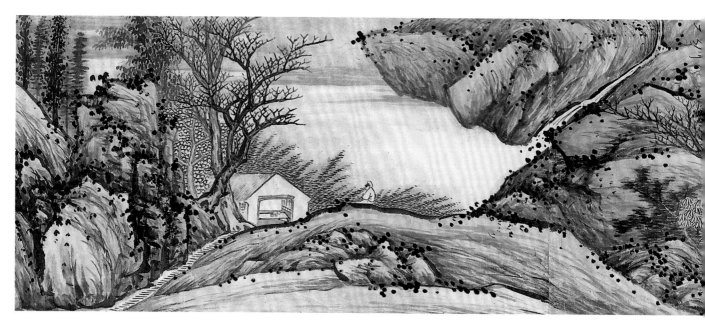

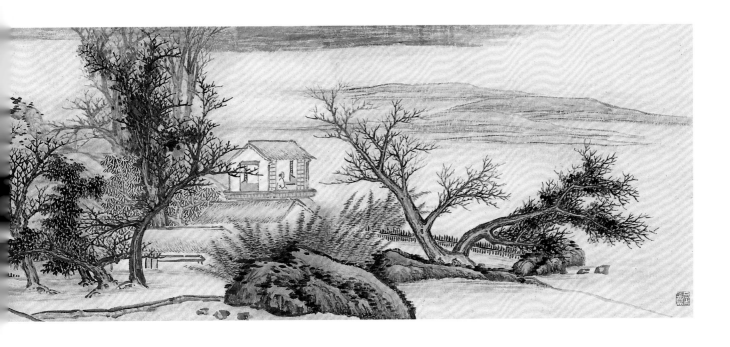

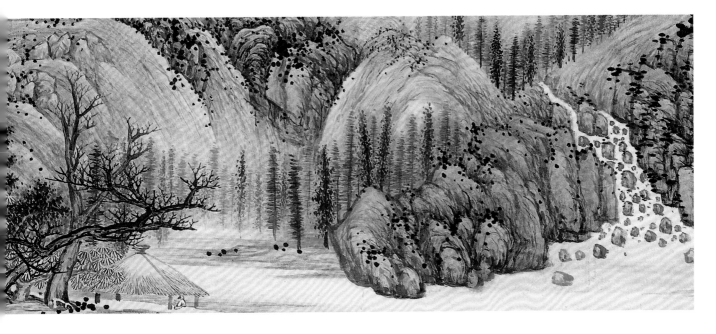

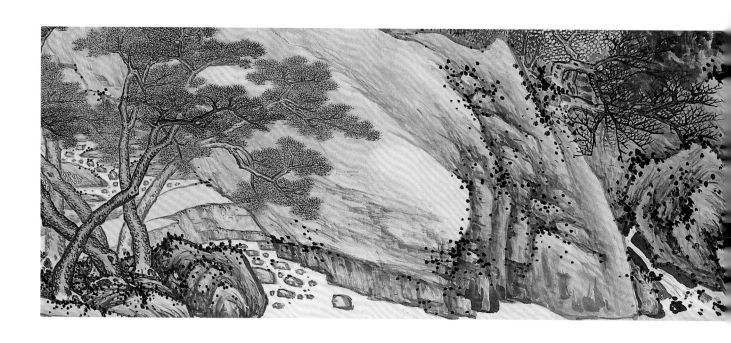

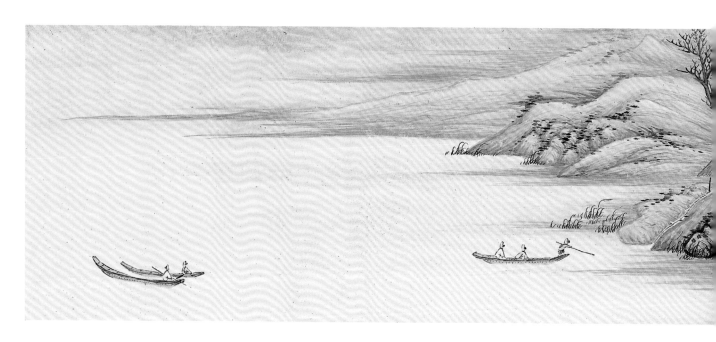

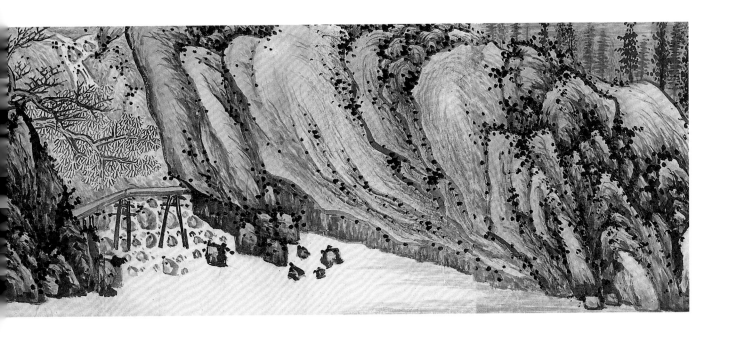

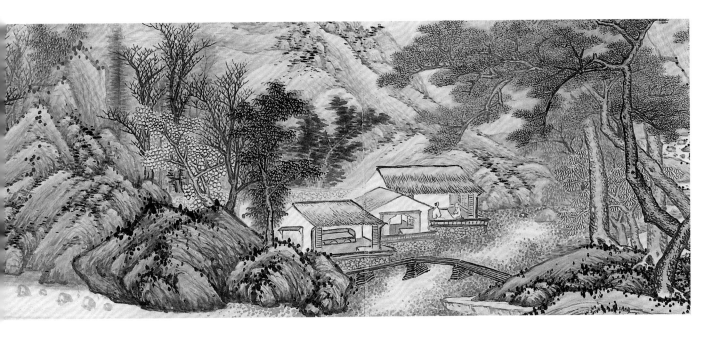

63

尚岑　青綠山水圖軸

清

絹本　設色　縱 273 厘米　橫 90.5 厘米

Blue and Green Landscape
By Gao Cen, Qing Dynasty
Hanging scroll, colour on silk
273 × 90.5cm

本幅自題："雨後看山色倍鮮，丹岩翠
壁掛飛泉。道人已著長生術，移得蓬
壺幾杖邊。畫並題呈燮翁老先生教正。
石城高岑。"鈐"高岑之印"（白文）、
"榕園"（朱文）。無鑑藏印。

此圖佈局兼具高遠、深遠、平遠三法。
中部高峻突兀的山勢為畫幅主體，遠
山、村落、溪橋等為襯景，主體的峭拔
雄偉和襯景的細微相呼應。畫家略受
北宋范寬取景風格的影響，又雜取元
人的坡石用筆，敷色取用明代吳門畫
家青綠山水之法。

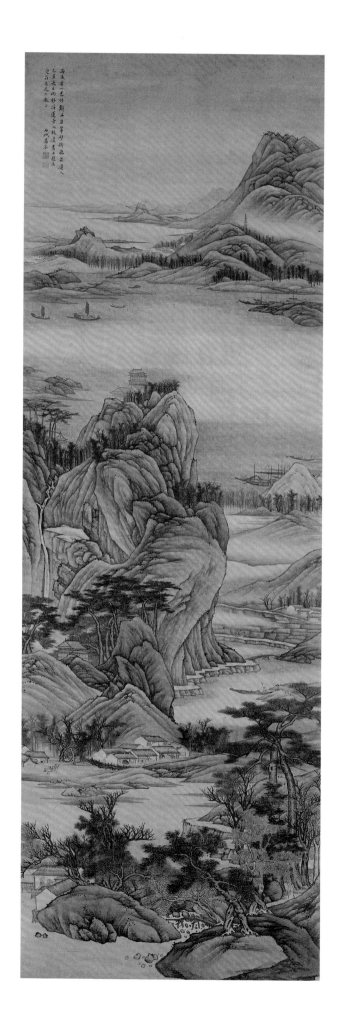

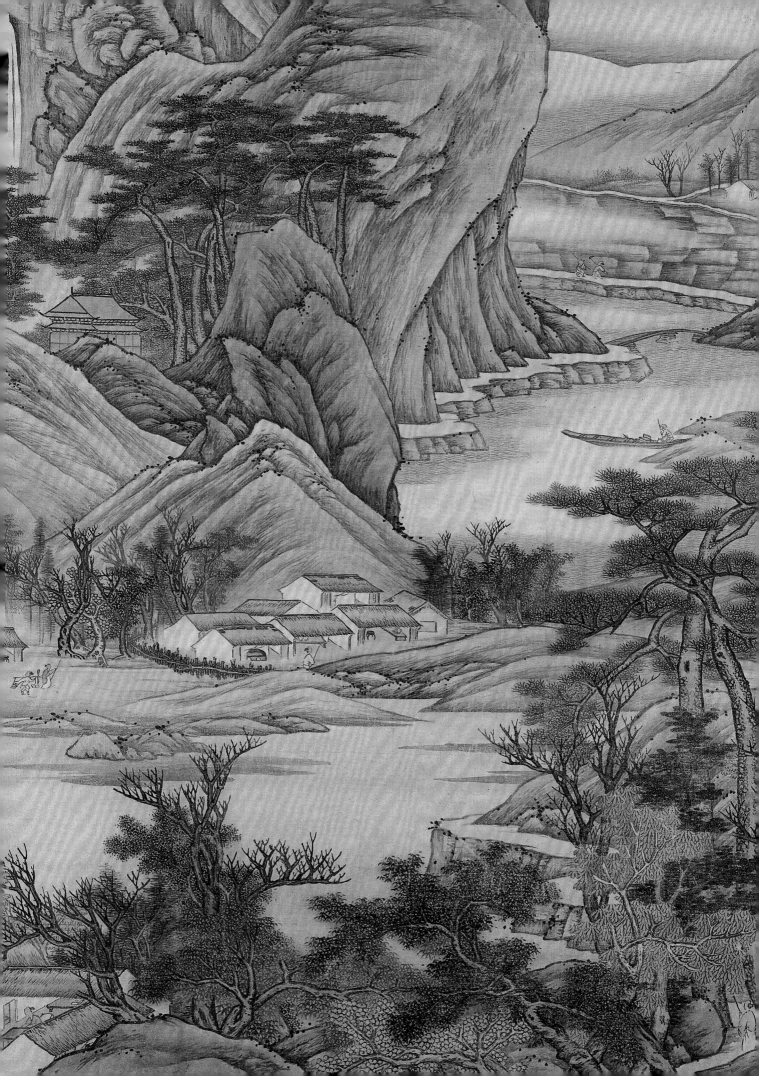

64

鄒喆　山水圖軸

清

紙本　設色　縱 23.1 厘米　橫 35.9 厘米

Landscape
By Zou Zhe, Qing Dynasty
Hanging scroll, colour on paper
23.1 × 35.9cm

本幅署款："錫民鄒喆寫。"鈐"鄒喆"（白文）、"方魯"
（白文）。

是圖山石輪廓以尖峭的筆觸勾勒，石面以乾筆皴擦。圖中
以松木雜林為主，葉子的表現技法多樣，既有直接點染的
沒骨法，又有雙勾的夾葉法及小寫意法。遠景古塔為煙雲
樹木掩映。塔影、松林、山石相協調互映，常為鄒喆小幀
山水畫創作中的題材。

鄒喆（生卒年不詳），字方魯，吳縣（今屬江蘇）人。鄒典子，
隨父來到金陵。其畫得鄒典真傳，長於山水，兼作水墨花
卉，畫風沉穩堅實，頗有古意清氣。係"金陵八家"之一。

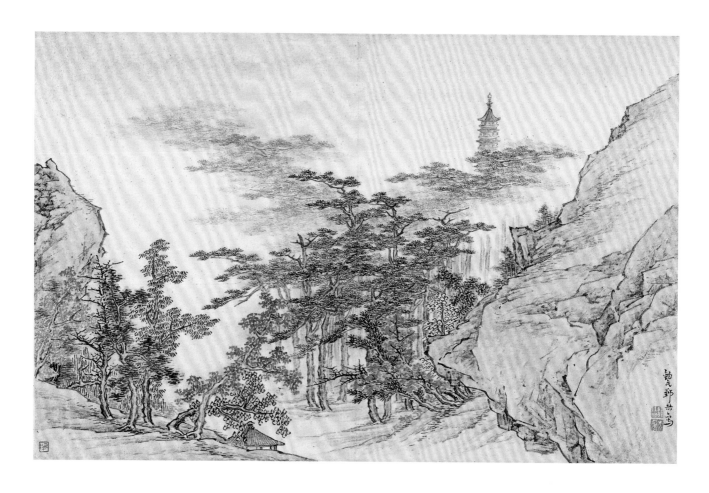

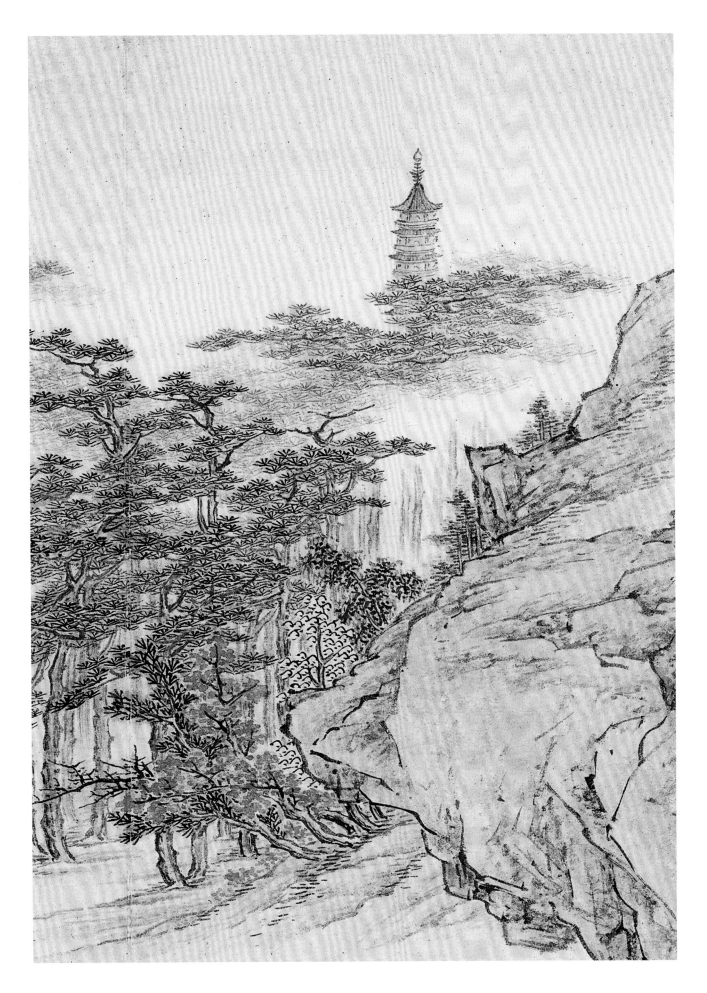

171

65

鄒喆　山水圖頁

清

紙本　設色　縱 16.7 厘米　橫 21.1 厘米

Landscape
By Zou Zhe, Qing Dynasty
Leaf, colour on paper
16.7 × 21.1cm

鈐"鄒喆之印"（白文）、"字方魯"（白文）。

圖中以淡墨輕擦結合披麻、折帶的筆法略加皴染，用筆轉
折較方硬。所畫陡壁巨岩高聳矗立，立體感強。清淡的設
色又使大塊的山石不過分厚重，表現出清新淡雅、古樸寧
靜的畫面效果。設景佈局結合平遠與深遠的空間表現手法，
景色真實自然。

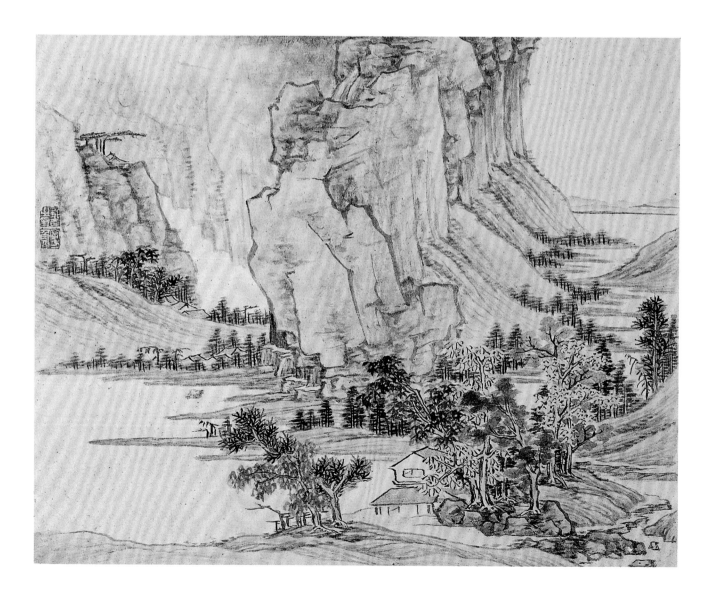

66

鄒喆　山水圖軸

清

絹本　設色　縱 201 厘米　橫 50 厘米

Landscape
By Zou Zhe, Qing Dynasty
Hanging scroll, colour on silk
201 × 50cm

本幅自題："乙未春三月寫。鄒喆。"
鈐"鄒喆印"（白文）、"方魯"（朱文）。
畫心左下有一鑑藏印"智超鑑定之印"
（朱文）。

乙未為清順治十二年（1655）。

圖中崇山高峻連綿，林木葱茂。用筆
疏鬆平和，多用長綫條。高遠的構圖
使畫面沉雄偉岸，局部的細節描繪也
不失秀潤精細。

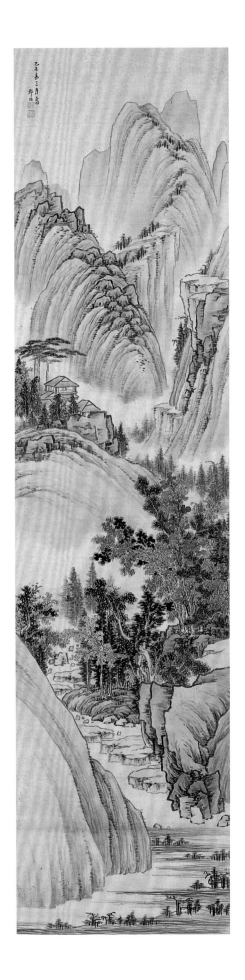

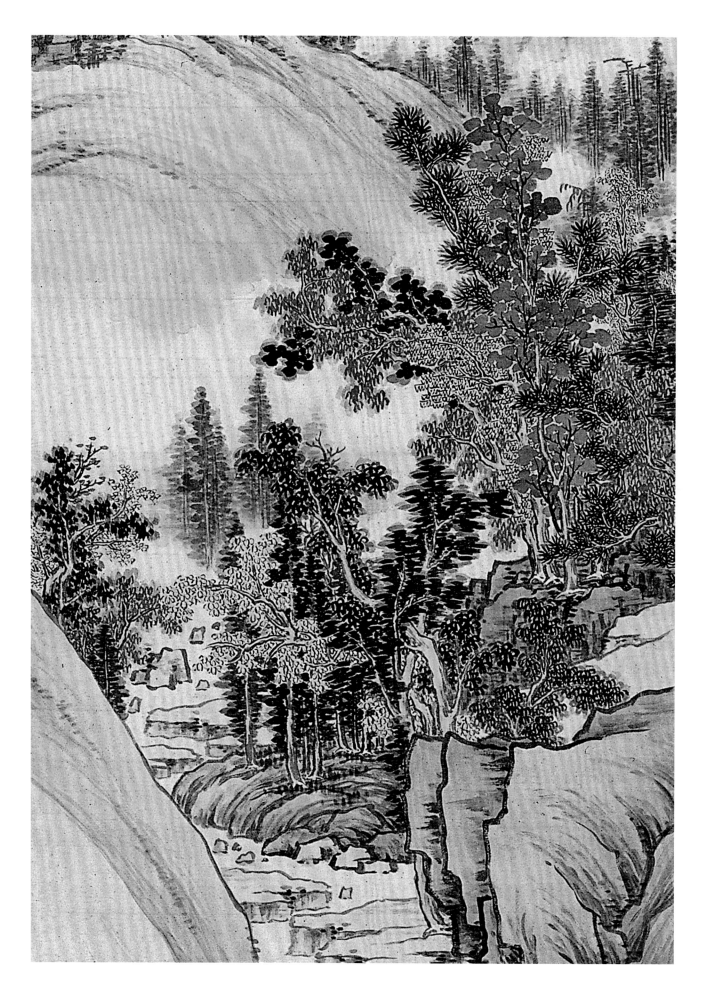

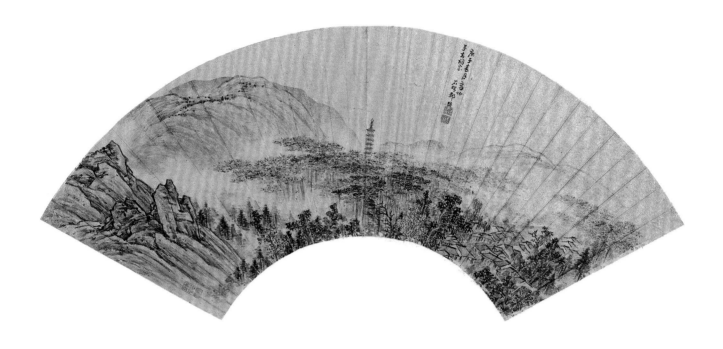

鄒喆　山水圖扇

清

金箋　設色　縱 16.5 厘米　橫 52 厘米

Landscape

By Zou Zhe, Qing Dynasty

Fan leaf, colour on gold-flecked paper

16.5 × 52cm

本幅自題："庚子春月寫似子玄詞宗。石城鄒喆。"鈐"鄒喆"(白文)、"方魯"(白文)。

庚子為清順治十七年 (1660)。

此圖是一幅帶有寫生寫實性風格的山水作品。構圖平穩開闊,景物遠近層次清晰細,空間感真實,描繪出山青林茂的金陵郊外春色。筆法秀潤拙壯,頗有氣勢。

68

鄒喆　山水圖頁

清

灑金紙　設色　縱 29.9 厘米　橫 33.2 厘米

Landscape
By Zou Zhe, Qing Dynasty
Leaf, colour on gold-splashed paper
29.9 × 33.2cm

作者署款：“丙午春三月，鄒喆方魯畫。”鈐“鄒喆”（白文）、
“方魯”（白文）。

丙午為清康熙五年（1666）。

圖繪秋林疏木，幽徑曲橋，靜寂的村落位於山環水抱之中。
構圖富於變化，景物層次分明。着色淺淡有古氣。運筆硬勁，
綫條精細穩重。畫面雄渾壯闊的氣勢，體現了鄒喆山水畫具
“北地沉雄之氣”（清·李浚之《清畫家詩史》）的藝術特色。

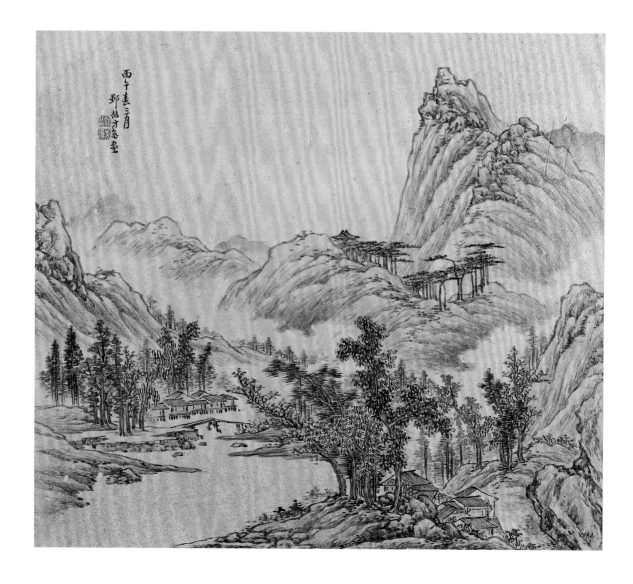

69

吳宏　山水圖軸

清

綾本　設色　縱 69.6 厘米　橫 52.1 厘米

Landscape
By Wu Hong, Qing Dynasty
Hanging scroll, light colour on silk
69.6 × 52.1cm

本幅署款："丁未春月，仿舊人筆法，
金谿吳宏。"鈐"竹塢"（朱文）。

丁未為清康熙六年（1667）。

圖繪江南景致。雜木叢林，枯榮相間，
運筆凝練，方硬中見飄逸，山石多皴
法近似亂柴皴。畫幅雖小，但不失雄
健壯闊之氣勢。

吳宏，字遠度，江西金溪人，居江寧，
為"金陵八家"之一，精擅山水、墨竹
等，行筆粗放之外有韻致，工細之處
得蒼渾，畫史評其有："推倒一世之智
勇，開拓萬古之心胸。其人與筆俱闊
然有餘，無世人一毫瑣屑態。"

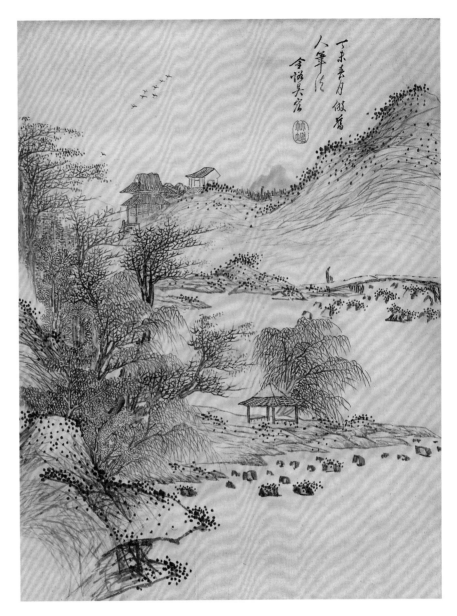

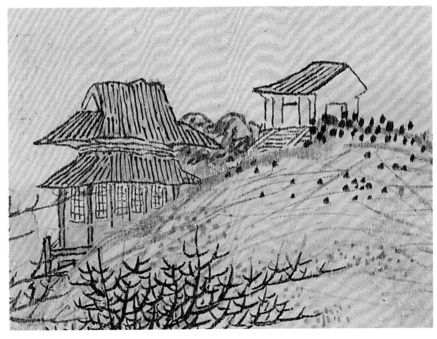

吳宏　燕子磯、莫愁湖圖卷

清

紙本　設色　燕子磯圖：縱 30.8 厘米　橫 149.5 厘米
　　　　　　　莫愁湖圖：縱 30.8 厘米　橫 149.8 厘米

Yanzi Hill and Mochou Lake
By Wu Hong, Qing Dynasty
Handscroll, colour on paper
The hill: 30.8 × 149.5cm
The lake: 30.8 × 149.8cm

燕子磯圖

本幅署款："燕磯。西江上吳宏摹寫。"鈐"吳宏"（白文）、
"遠度"（朱文）、"西壯竹史"（朱文）。卷首鄭簠題："何須
著屐，丁卯春瀉，墨蕭綠窗，谷口鄭簠。"鈐"鄭簠之印"、
"谷口農"。畫後有王楫、柳堉題詩。

莫愁湖圖

本幅署款："莫愁湖。金谿竹史吳宏寫於雲林白馬三十六峯
下。"鈐"吳宏"（白文）、"遠度"（朱文）。畫後有王楫、柳
堉、王概題詩。本幅鑑藏印有"潭觀成印"、"畢氏家藏"、
"書帶草堂"等十一方。

丁卯為清康熙二十六年（1687）。

燕子磯的構圖以仰視為主，突出表現山巒險峻巍峨的壯美
氣勢。莫愁湖的構圖以俯視為主，將秀美清麗的湖光水色
盡收眼底。該畫卷作為吳宏寫實山水畫的代表作，真實形
象地展示了當時的地理環境、人文景觀等。乾隆皇帝遊幸
燕子磯時曾作詩："當年聞說繞江瀾，撼地洪濤足下看。卻
喜漲沙成綠野，煙樹耕鑿久相安。"詩中所描繪的景象在吳
宏的《燕子磯》圖中均得到了如實的反映：長江主泓道曾一
度北移，磯頭下漲起了沙灘，成為綠野，民眾在上休養生
息，勤奮勞作。

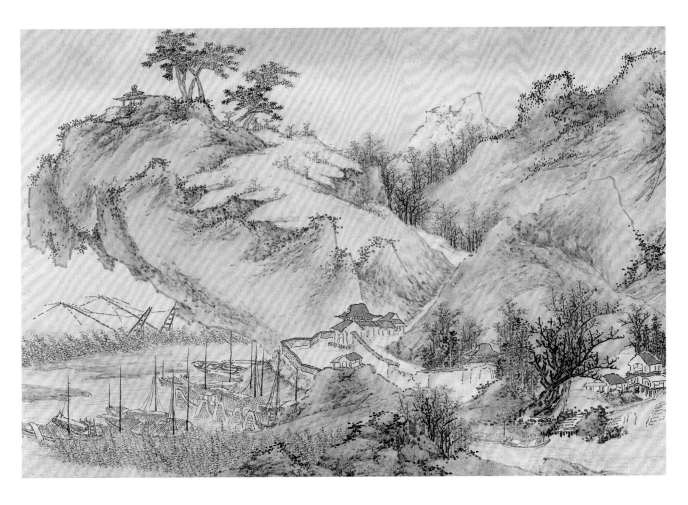

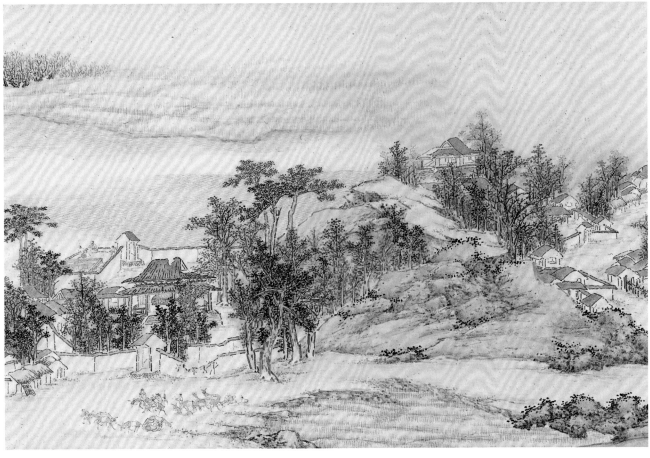

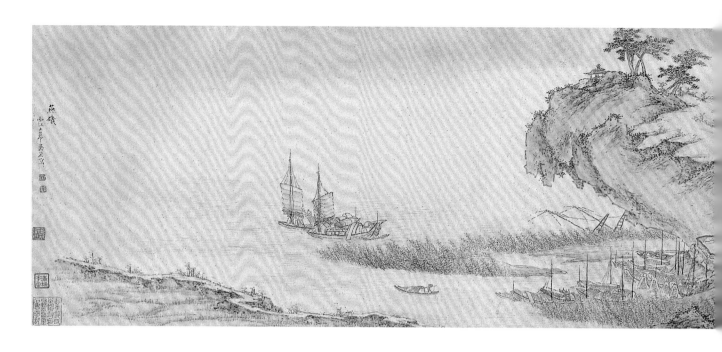

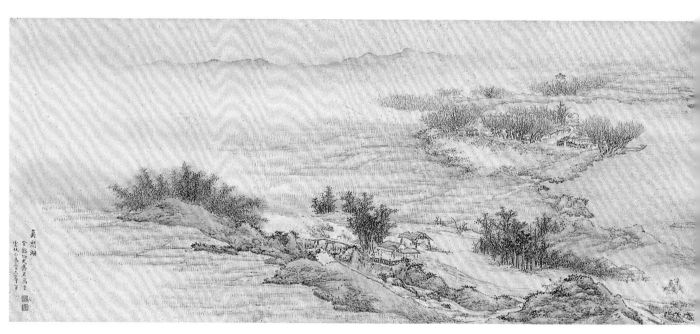

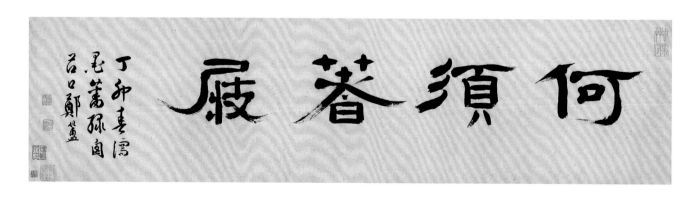

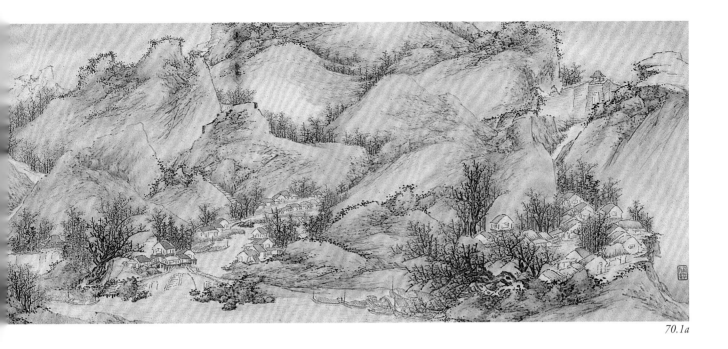

70.1a

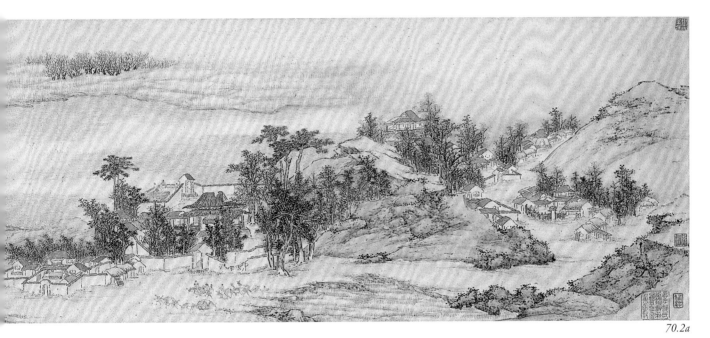

70.2a

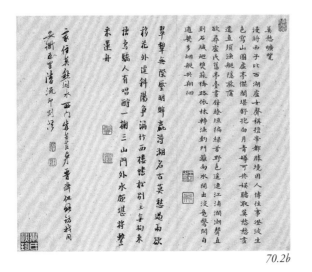

家住吳船湖水西
門尋芳萬訪戴月
安衡玉笔清流印到浮

翠軍

翠軍無際壓明鮮氣諸湘名古莫愁過南欲
移花外逕斜陽爭滿竹西樓塘松別主气邹束
諸寫騎人有唱醉一椰三山門外水源堪將縈
來蓮舟

莫愁曠覽
漫將西子比西湖盧女髻楂帝都膝境因人傳往事澄波生
色寫山國盧亭傛閣堪舒把白月青導可共樓聽取莫愁愁盡
遣直頌漁艇隱旅蒱
欲幕霊氏舊亭臺鹼辚垣緑音野色連江浦漁湖聲直
到石城迴樊蘇橋路依林畔溪釣門甊商水閑出浸鷺閑自
通莫多㮶艭共翔細

70.2b

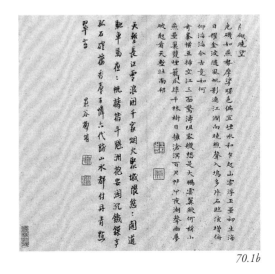

月磯曉望
危磯如燕夢摩學都色偏宜煙水和下起山雲浮玉壘初生海
日耀金波通果帆影連江潮尚晚想聲入鳩多片石照波增倘
仰湧湡今古竟何如何
奇峯樓豆揮空江三面鷺濤咽家微怱是大鵬驚翼欲何續小
燕壑巢煙籠瓜祥千林樹日櫓洛溪百尺帆㑆中夜湖峯曲夢
㫋起着天塹壯南郗

天塹長江雪浪用千家煙火聚城限悠濶道
馳車馬疸帆橋拮千魁洲抱㘰潤沉鐵鏤亨
秋石榷嶽香甓牛情六代防山水都付丹青鷩
翠軍

呉谷荀蜀

70.1b

181

71

吳宏　山水圖卷

清

紙本　設色　縱 22.7 厘米　橫 209 厘米

Landscape
By Wu Hong, Qing Dynasty
Handscroll, colour on paper
22.7 × 209cm

作者署款：“竹史吳宏畫於雲林白馬三十六峯下。”鈐“吳宏”（白文）、“遠度”（朱文）。

雲林、白馬是南京附近的兩處地名。吳宏很早遷居南京，即與周亮工同居雲林、白馬間，故此畫應是吳宏早期作品。

圖繪金陵郊外水鄉風情。構圖嚴謹有序，舟橋人物、村舍樓閣、峯巒岡阜諸景繁而不亂。筆墨蒼勁，樹石縱橫放逸，人屋的筆法工細洗練，粗細、繁簡因物而施，結合得當，為其寫實之作。

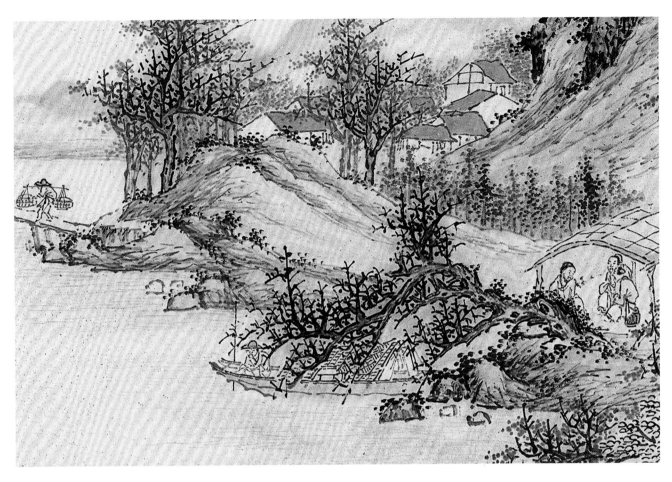

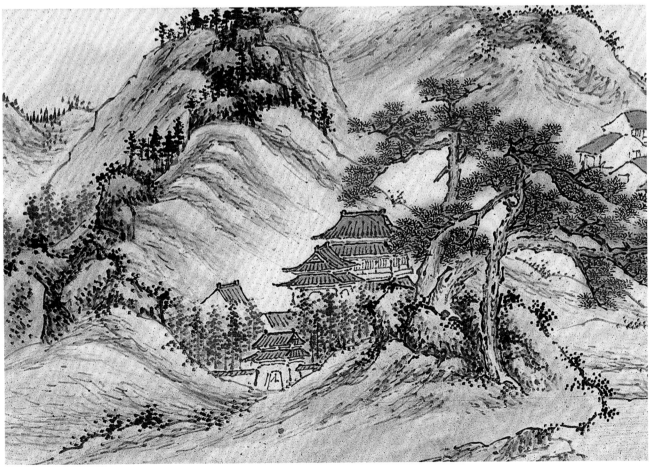

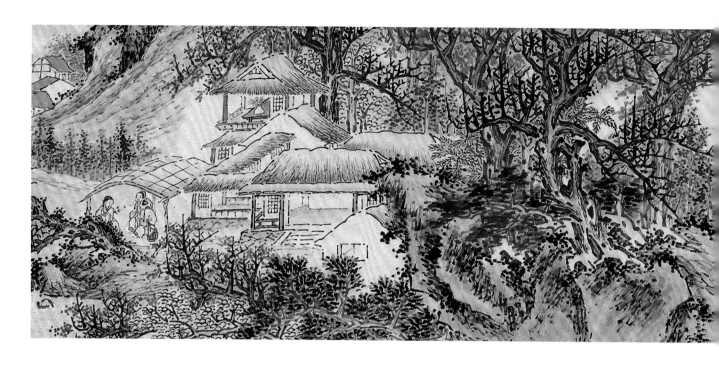

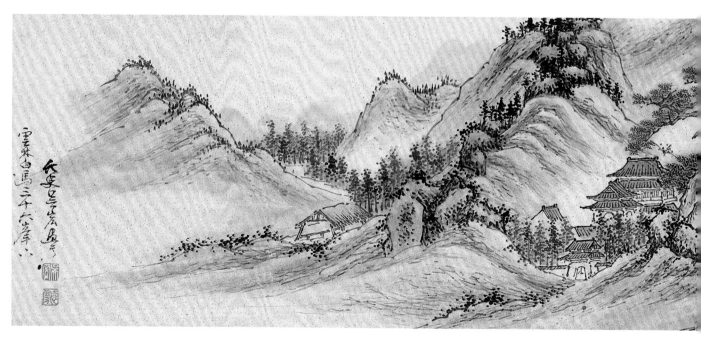

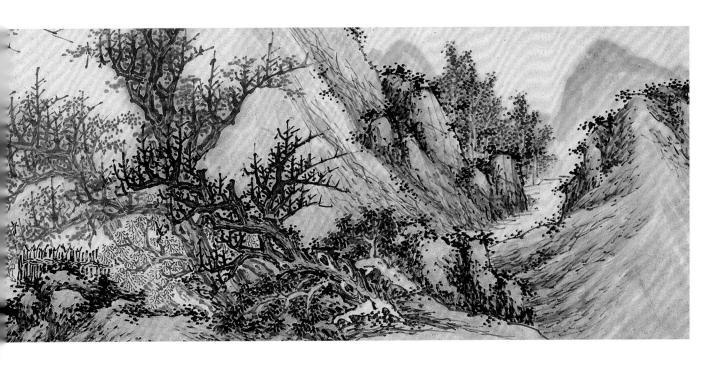

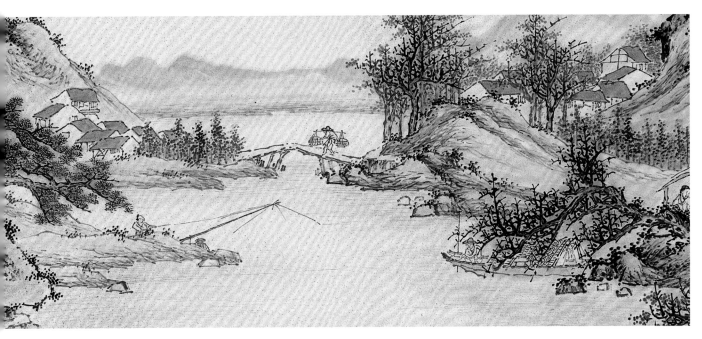

吳宏　秋山平遠圖軸

清

紙本　墨筆　縱 98 厘米　橫 47.2 厘米

Autumn Mountains at a Distance
By Wu Hong, Qing Dynasty
Hanging scroll, ink on paper
98 × 47.2cm

本幅署款："秋年遂仿巨然墨法，為載
老盟台正之。竹史弟吳宏。"鈐"吳宏
之印"（白文）、"遠度"（朱文）。鑑藏
印有"目巫齋所藏秘莆"二方。

圖繪一高士獨坐茅亭，於枯木叢竹間
細品茫茫秋水。構圖簡括，近景意境
空靈，有遠離人間煙水之意趣。作者
雖言仿宋人巨然墨法，但實際上更多
自身特色，即粗健出鋒的用筆，短促
頓挫的綫條，細直交叉的皴法，體現
出雄闊的風貌。

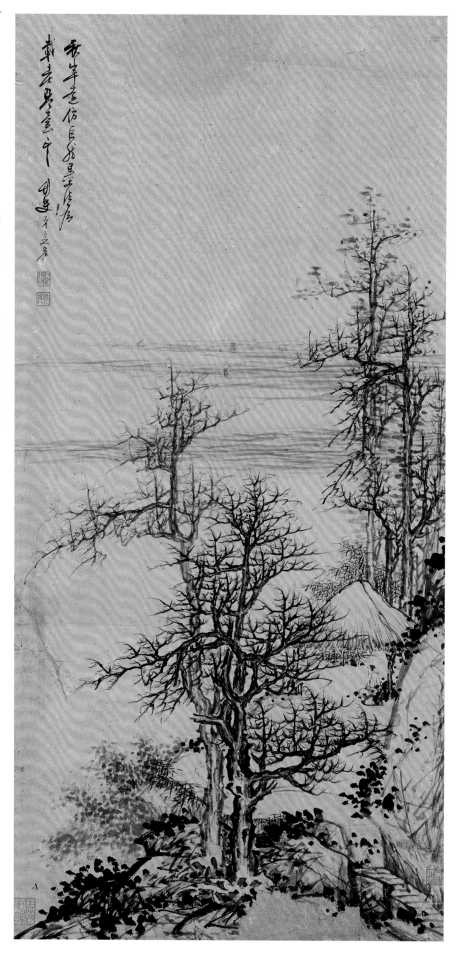

葉欣　桃花圖頁
清
紙本　設色　縱 16.7 厘米　橫 21.1 厘米

Peach Blossoms
By Ye Xin, Qing Dynasty
Leaf, colour on paper
16.7 × 21.1cm

本幅無款識，鈐"葉"、"欣"（朱文）。

本幅作品構圖簡潔，只以極輕的墨筆勾畫出一枝桃花，敷色淺淡，背景中的樹幹隱約可見，霧裏看花般的視覺效果製造出富有詩意的朦朧意境。印章鈐在不引人注意的花枝旁，既不影響畫面構成而又別有情趣。

葉欣，生卒年不詳，字榮木。華亭（今上海市松江）人，流寓金陵。為"金陵八家"之一。山水學北宋趙令穰的細筆寫實之法，參以姚允在法，風格澹遠。與周亮工相交甚密，曾為其繪陶潛詩百頁，為世所珍。

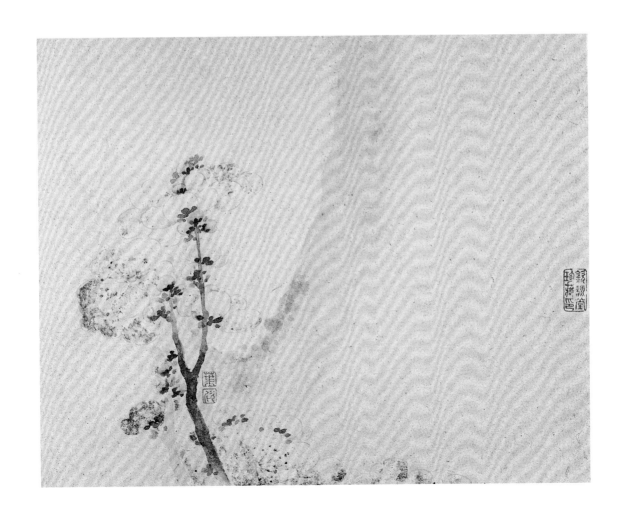

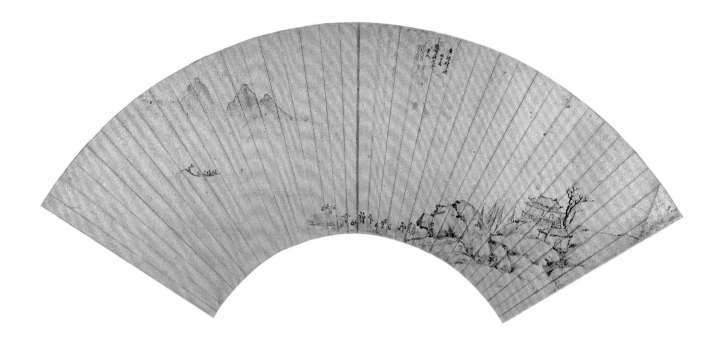

74

葉欣　黃河曉渡圖扇

清

金箋　設色　縱 16.2 厘米　橫 50.7 厘米

Crossing the Yellow River by Boat at Dawn
By Ye Xin, Qing Dynasty
Fan laef, colour on gold-flecked paper
16.2 × 50.7cm

本幅自題："黃河曉渡。秋日為敬可道兄正。葉欣。"鈐"葉
欣"（朱文）。

圖繪黃河岸邊民眾在薄霧籠罩下擺渡的晨景。構圖巧妙，
以扇面的中心綫自然地劃分出左虛右實對應的場景。筆墨
簡潔明快，體現了清代馮金伯《國朝畫識》評葉欣"淡遠又
淡遠，淡遠以至於無"的繪畫特點。

75

葉欣　山水圖頁

清

絹本　設色　縱 20.6 厘米　橫 15.4 厘米

Landscape
By Ye Xin, Qing Dynasty
Leaf, colour on silk
20.6 × 15.4cm

本幅無款識。鈐"榮木"（白文）。對幅有向陽題七言詩一
首，鈐"向陽"印一方。

畫中一策杖者於古松瀑布間尋幽，遠岫淡然一抹。畫家取
對角式構圖，注重疏密對比，設色幽淡，饒有雅韻，是葉欣
小品畫中的隨意之作，反映了畫家恬淡的心情。

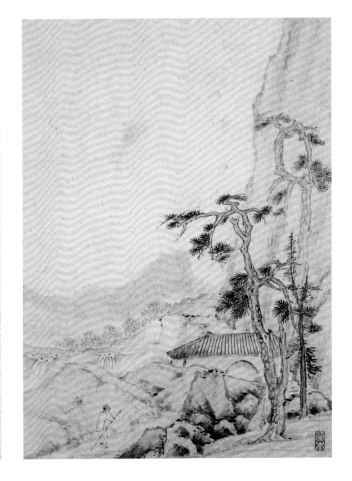

76

葉欣　鍾山圖卷

清

絹本　設色　縱 26.5 厘米　橫 41.6 厘米

Landscape of Zhongshan
By Ye Xin, Qing Dynasty
Handscroll, colour on silk
26.5 × 41.6cm

本幅自識："甲午秋日葉欣寫。"鈐"葉"（白文）、"榮木"（朱文）。卷首鈐"後富春軒"（朱文）。

甲午為清順治十一年（1654）。

鍾山是位於金陵（南京）城郊的一處風景勝地，此圖即是依據真實景色而作的山水長卷。畫中山勢平緩，構圖平遠開闊，山谷間良田阡陌縱橫。一處處村居院落，寧靜清閒，宛然一幅遠離城鎮喧囂的鄉村美景。筆法輕細，用墨設色都極清淡，師法自然，塑造的山形體積感極為真實，空間層次分明，秀澹精微。

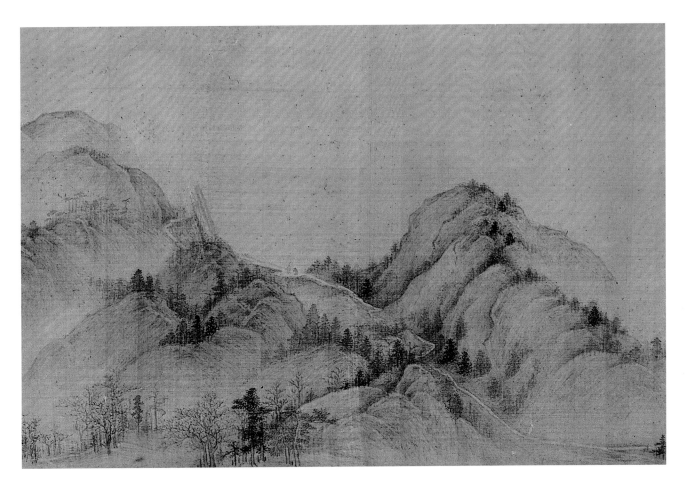

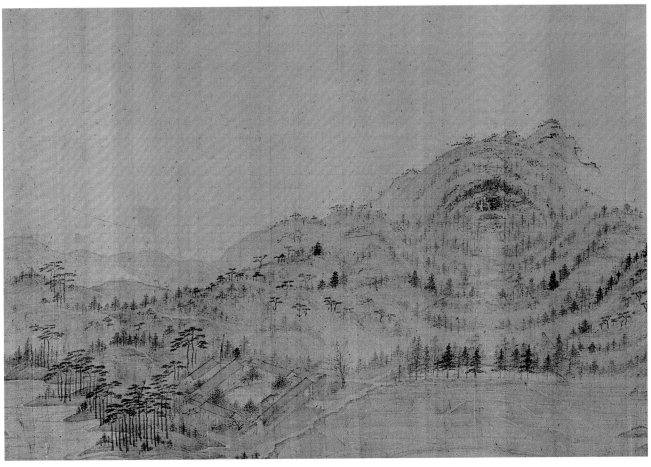

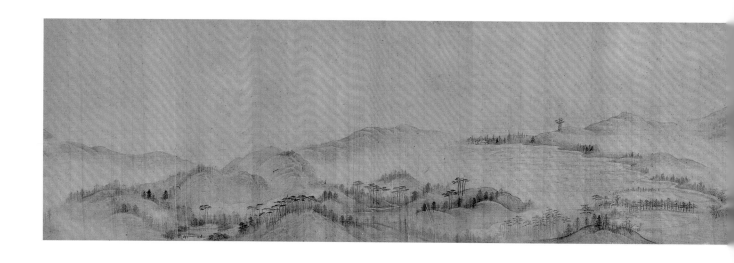

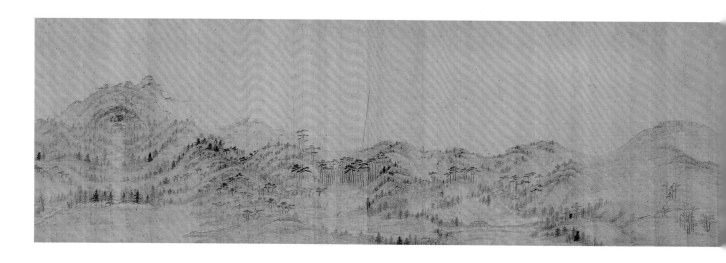

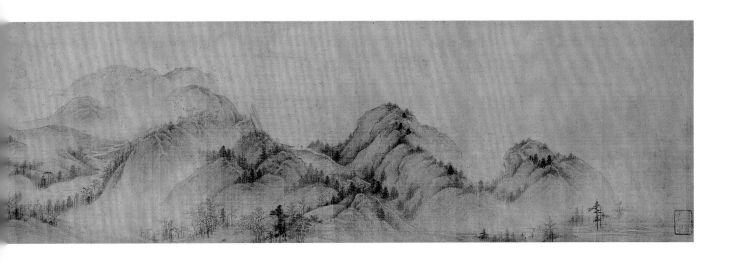

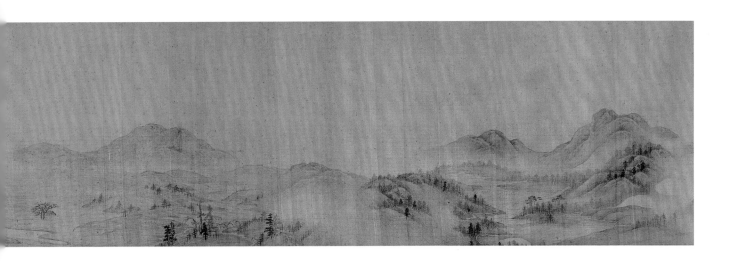

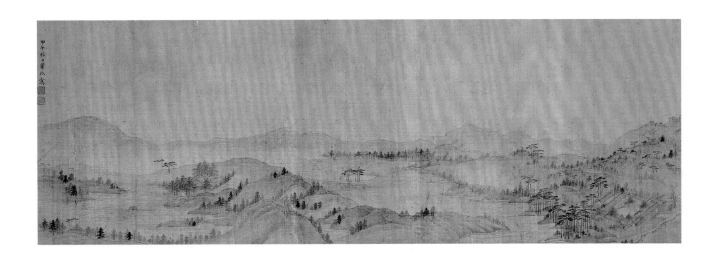

葉欣　崇阿高樹圖頁

清

紙本　設色　縱 33 厘米　橫 45.6 厘米

Lofty Mountains and Tall Trees
By Ye Xin, Qing Dynasty
Leaf, colour on paper
33 × 45.6cm

本幅款識："肆眺崇阿，寓目高林。乙未嘉平月呈長翁老祖
台正。治下葉欣。"鈐"葉欣之印"（白文）、"榮木"（白文）。

乙未為清順治十二年（1655），嘉平月為農曆十二月。

本圖墨色蒼潤，用筆秀澹隨意，繪巨岩崚嶒，長木數株，碎
筆淡墨點葉，其下一人舉首仰望。此圖為作者畫贈長輩之
作，所畫內容，似取"高山仰止，景行行止"之意，以表達
對受畫人的崇敬之情。

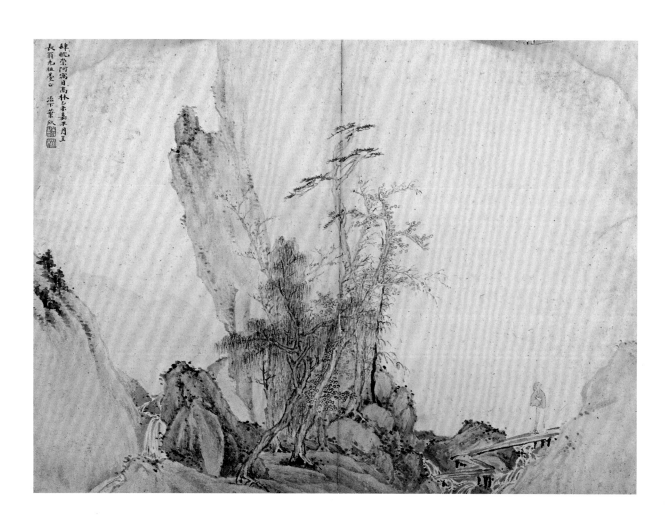

78

葉欣　山水圖頁

清

灑金紙　設色　縱 29.9 厘米　橫 33.2 厘米

Landscape
By Ye Xin, Qing Dynasty
Leaf, colour on gold-flecked paper
29.9 × 33.2cm

本幅自識："丙午春日葉欣寫。"鈐"葉欣之印"（白文）、"榮木"（白文）。

丙午為清康熙五年（1666）。

是圖以連綿疊嶂的山脈作遠景，以錯落有致的房舍、樹木為近景，中景則以渺茫的煙雲巧妙地略去，充分顯示出作者山水畫以構圖佈局見長的特點。正如周亮工所評："此老善結構，能就目前所見，一一運之，紙一經其筆，雖極無意物，亦有如許靈異，故往往引入勝地。"

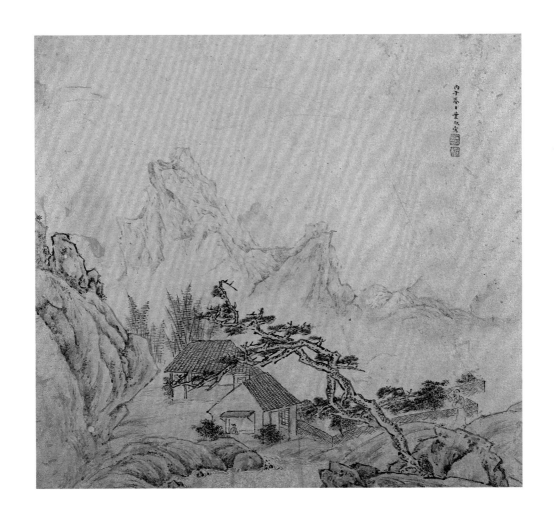

葉欣　梅花書屋圖軸

清

綾本　設色　縱 47.3 厘米　橫 65.6 厘米

A Study among Plum Blossoms
By Weng Ling, Qing Dynasty
Hanging scroll, colour on silk
47.3 × 65.6cm

本幅自題："辛亥冬日作。葉欣。"鈐
白文印一，印文模糊不辨。

辛亥為清康熙十年（1671）。

圖繪高士幽居的情景。巨大的岩石棱
角硬峭，層次迭起，用筆較為粗獷，勾
綫簡率濃重，皴法界於荷葉皴和亂柴
皴之間，與畫家平時細密清淡的畫風
有所區別。

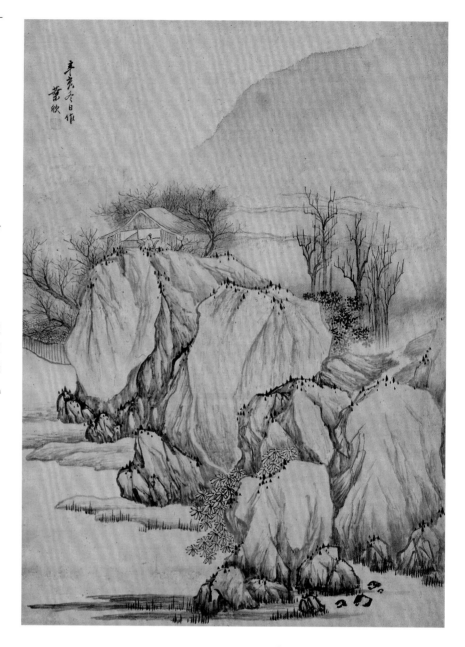

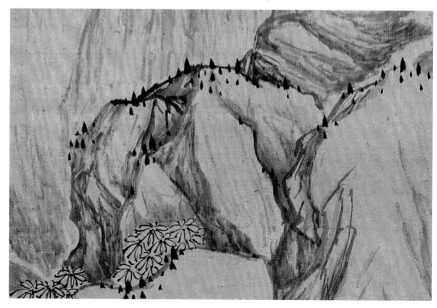

80

葉欣　山水圖冊

清

紙本　設色　共八開　每開縱 16.4 厘米　橫 20.1 厘米

Landscape
By Ye Xin, Qing Dynasty
Album of 8 leaves, colour on paper
Each leaf: 16.4 × 20.1cm

無題款。每開畫頁構圖簡省，景致開闊，畫面中留取大片空白，使得意境淡遠高逸。用筆工細精微，法度嚴整，設色用墨柔和清淡。整套冊頁，尺幅雖小，但氣韻飄逸不凡，觀之令人心曠神怡。

每開均有對題，依次為黃虞稷、王清、袁于令、梅磊、林古度、方文、陳□衡、白夢鼎。

山半野祠綠蔭門村中
父老賽雞豚相逢共話
使君好白下于今少還
孟依二綠樹隱嶙峋
植枝間峭滿野春泉水
在山清似鏡谿頭絕少
眈癖人 題畫恭祝
雪崖夫子并求 正
溫陵後學黃實穫

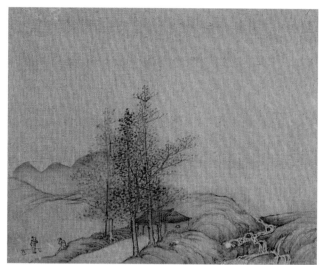

80.1b *80.1a*

芳樹春江岸危樓百尺
亞魚弶浮天墮鐘敲橋
游舟吳楚喬范紅帆檣
屠壁疊烟依子萊里題
社和千年 題畫爲
雪崖先生壽
太門王濤

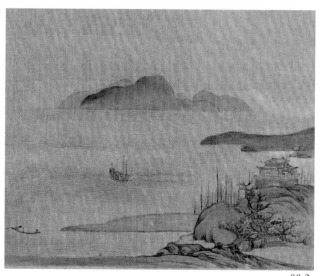

80.2b *80.2a*

198

山色秀而蒼江流清且
長六朝龍虎地千載鳳
麟鄉君子持風紀南隅
受寵光丹青無字句點
染即文章

題畫為

雪崖先生壽

　袁于令

80.3b

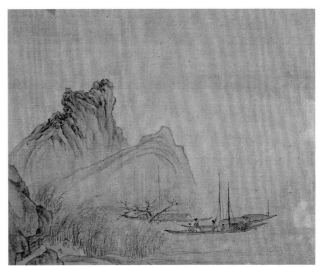

80.3a

萬頃明如鏡江樓望
唱幽一峰當落日雙
雁報新秋村晚漢曾
集年豐社鼓稠人歌
使君德樂土共優游

題画贈

雪崖先生偉正

　磐山梅磊

80.4b

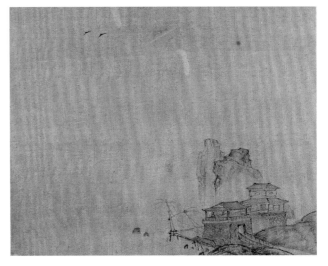

80.4a

199

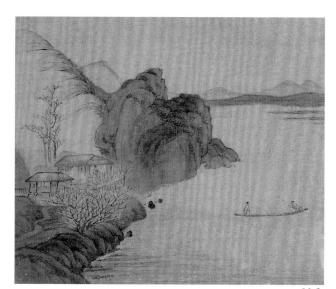

80.5a

圖繪展湘西丹青筆
不瓦神明歎季衡年
大寫松杉泉石灘
賞科條手那荬君
家田學士名昔重
遊嶧　題焉

雪崖先生　龔二西丹芳慶

80.5b

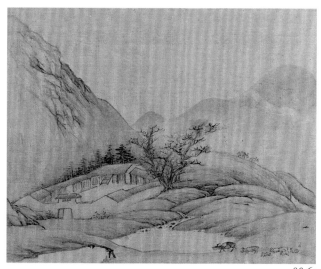

80.6a

自少來白下廿雨被郊
圻雞犬畫長靜坐羊狀
不歸遠山書廬芳樹
綠依況有吹笙客間時
一欸扉

雪崖先生　壽

龍山人方文

80.6b

200

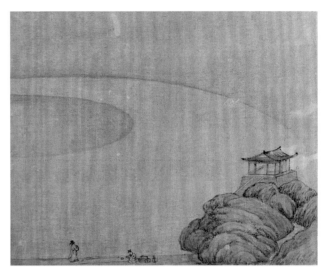

80.7a

春畫戍樓靜坐暇見
勝情壺漿歡稚子題
詠誦長城百尺風裁迥
千秋衡鎧平澄江真似
練還寫俠君清

題畫玉

雪厓老先生誨

正

後學申仁衡

80.7b

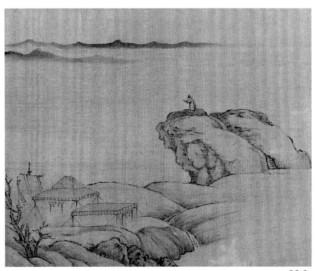

80.8a

獨立煙峯上蒼茫指
顧中拖花新雨後春
水大江東列幛行芳
州南帆歌大風還思
王孫少真臥治城宮

題畫為

雲崖夫子壽并政

石城後學白夢鼎

80.8b

81

葉欣　山水圖冊

清

紙本　設色　共十一開　每開縱 16.5 厘米　橫 22.1 厘米

Landscape
By Ye Xin, Qing Dynasty
Album of 11 leaves, colour on paper
Each leaf: 16.5 × 22.1cm

第一開　鈐"葉"（朱文）、"欣"（朱文）。繪野外郊遊。此幅以長披麻皴和淡墨渲染表現出江南鬆軟的土質山坡。

第二開　鈐"葉"（朱文）、"欣"（朱文）。繪曲徑通幽景。此幅作品遠近樹木皆直筆向上。

第三開　鈐"榮木"（白文）。繪浩渺江水。此幅構圖簡明，設色施墨精練，盡現大江洶湧澎湃之氣勢。

第四開　鈐"葉"（朱文）、"欣"（朱文）。繪松木草堂。此幅設色以淡赭、花青為主，色調清新淡雅。

第五開　鈐"葉欣"（白文）。繪客船擺渡。此幅以青綠色暈染山石，雜以米點。

第六開　本幅自題："丁亥清和月，寫上檪園先生正。葉欣。"鈐"葉欣之印"（白文）。鑑藏印有"潘"、"坦齋"等四方。繪深山古寺。此幅山石用流暢而富有轉折變化的綫條勾勒，再以乾筆皴擦石面，展示出山石堅硬的質感。

第七開　鈐"葉"（朱文）、"欣"（朱文）。繪高士仰視水鳥於水榭中。此幅着力體現"無聲勝有聲"的意境，茫茫水面上水鳥飛翔，高士憑欄仰視，人與鳥之間的廣大空間，令畫面有張力，人與鳥似有一種無形的感應。

第八開　鈐"葉欣之印"（白文）。繪漁舟歸岸景。此幅人物雖小如豆，面目不清，但形體生動準確，顯示了作者較強的人物造型能力。

第九開　鈐"葉欣之印"（白文）。繪農夫小憩。此圖注重細微處的表現，稻子之刻畫一絲不苟，田形如雲。

第十開　鈐"欣"（朱文）。繪開閘放水。此圖遠景桃花煙樹一片迷濛，近景水閘清晰寫實。作者根據距離差，巧妙地運用了遠虛近實的寫實手法。

第十一開　鈐"榮木"（白文）。繪婦女農事。此幅以山石方硬的陽剛美，襯托出婦女的陰柔美及雲氣籠罩樹木的朦朧美。

丁亥為清康熙四十六年（1707），清和月為農曆四月。

本圖冊為小品山水畫，以疏落有致的平遠式佈局，表現了江南地區豐潤華滋的景觀。筆法細膩而不纖巧，注重畫面的整體效果，體現了作者清潤淡怡的畫格，屬其晚期山水畫代表作。

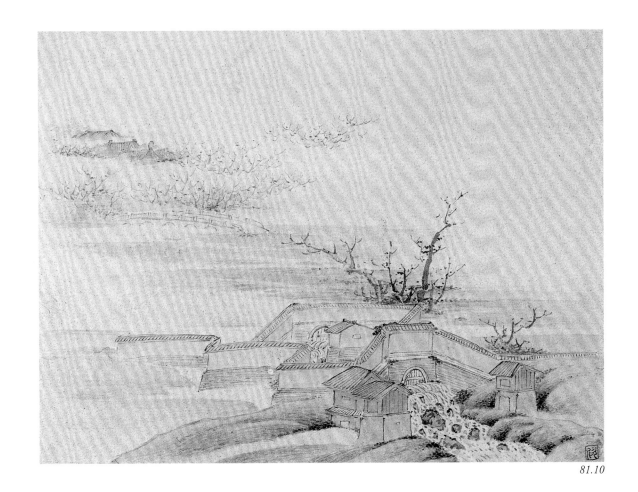

81.10

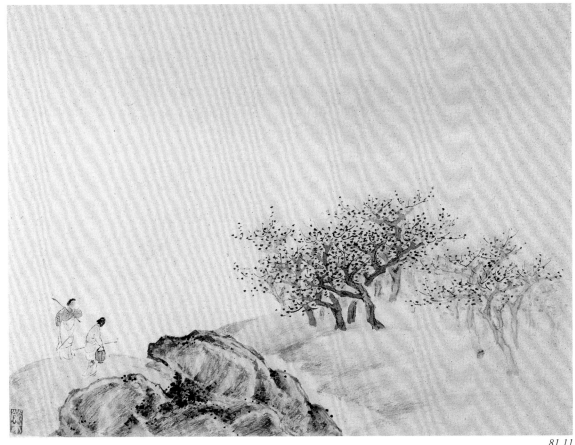

81.11

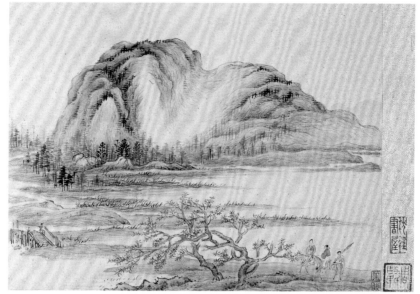

81.1

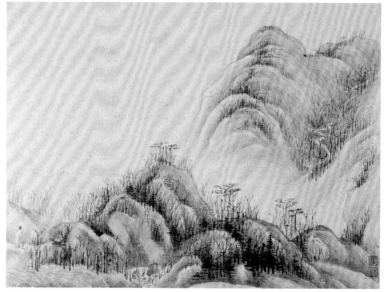

81.2

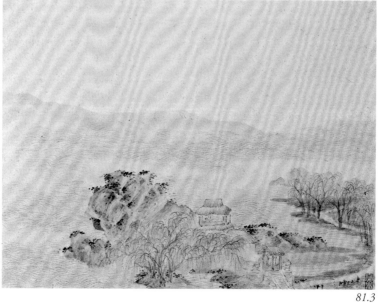

81.3

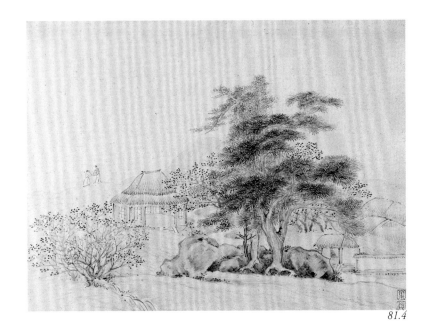

81.4

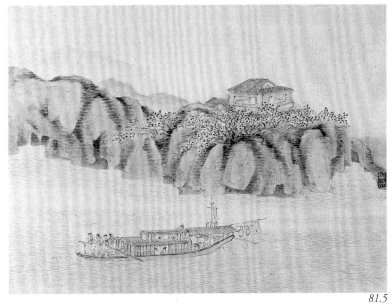

81.5

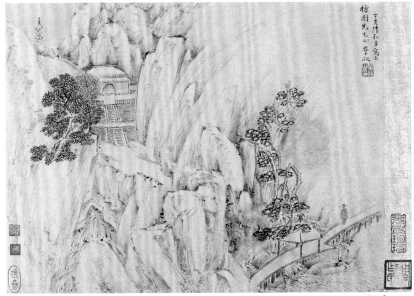

81.6

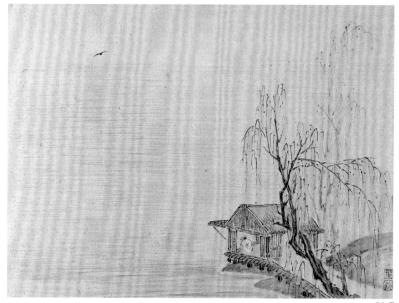

81.7

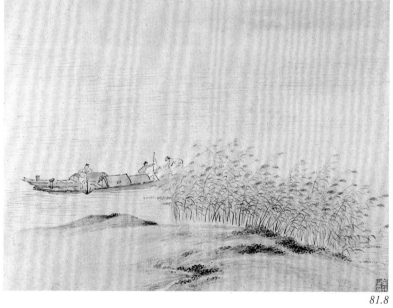

81.8

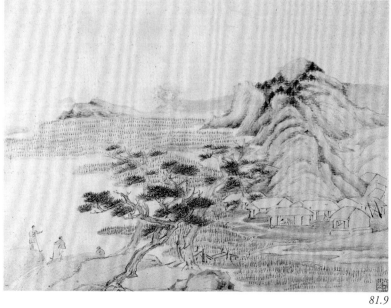

81.9

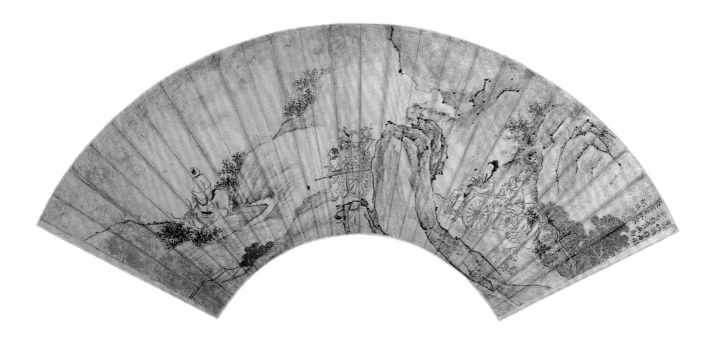

82

胡慥　葛洪移居圖扇

清

設色　縱 17 厘米　橫 53.5 厘米

Ge Hong on the Way to Move His Residence
By Hu Zao, Qing Dynasty
Fan leaf, colour on gold-flecked paper
17 × 53.5cm

本幅自題："葛仙翁移居圖，癸巳秋七月畫為大宗老社長。胡慥。"鈐"胡慥"（朱文）。

癸巳為清順治十年（1653）。

圖中所繪為東晉道學家、煉丹術家葛洪攜家眷遷居途中的情景。以人物為主，比例準確，用筆細膩，設色清淡，形象生動，多汲取宋人寫實之法。山石勾勒尖峭，皴筆勁健，亦多宋人之韻。

胡慥（生卒年不詳），一作胡造，字石公。金陵人，為"金陵八家"之一。山水蒼莽渾厚，亦擅長畫菊，多至百種。年未六十而歿。

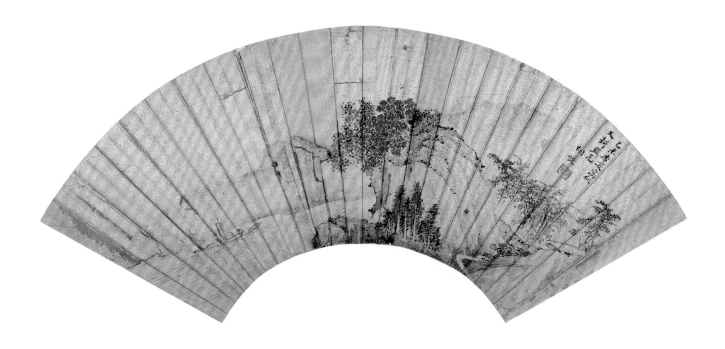

83

胡慥　山水圖扇

清

金箋　設色　縱 16.5 厘米　橫 51.2 厘米

Landscape
By Hu Zao, Qing Dynasty
Fan leaf, colour on gold-flecked paper
16.5 × 51.2cm

本幅自題："乙未季夏寫似又新盟兄。胡慥。"鈐"胡慥"（朱
文）。

乙未為清順治十二年（1655）。

構圖取景簡潔鮮明，筆致小巧勁爽。濃重的石綠色點染樹
葉，青翠欲滴。作品體現出胡慥明快爽朗的典型畫風。

84

胡慥　花卉圖頁

清

設色　縱 16.7 厘米　橫 21.1 厘米

Flowers
By Hu Zao, Qing Dynasty
Leaf, colour on paper
16.7 × 21.1cm

本幅自識"胡慥"。鈐"胡慥"（朱文）。

此頁花卉小品用筆細膩，墨筆勾描略帶釘頭鼠尾的筆法，
工中帶寫，比傳統的雙勾填色更顯得靈動。其設色古樸淡
雅，濃淡有致。蜜蜂飛蟲用小筆精心繪製，形態生動寫實。
此圖承宋代工筆重彩花鳥畫傳統，又見靈動淡雅，具有
新意。

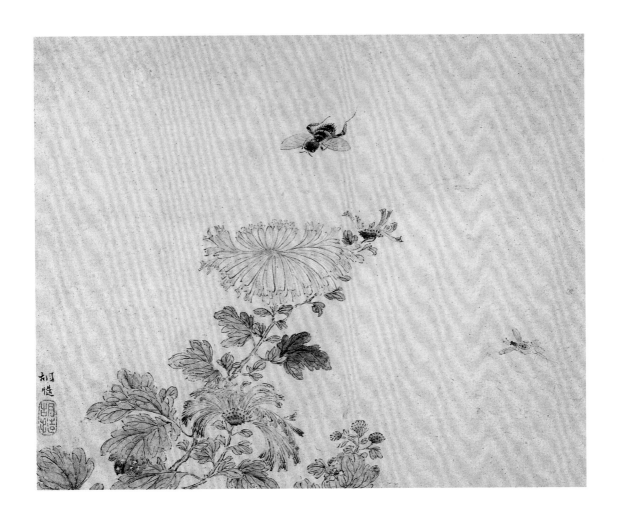

85

謝蓀　青綠山水圖軸

清

絹本　設色　縱 157.2 厘米　橫 52.6 厘米

Blue-and-green Landscape
By Xie Sun, Qing Dynasty
Hanging scroll, colour on silk
157.2 × 52.6cm

本幅自識"謝蓀"。鈐"天令"(白文)。
右上壓角印，一方漶漫不清。

畫面遠處山勢嵯峨，中景樓閣、村舍
隱現於山坳叢林間，近處雜木倚斜虯
曲，構圖平穩，景致幽雅。青綠設色，
妍麗而不媚俗，勾勒筆法工細中帶裝
飾性。這些特色表明謝蓀山水畫深受
吳門文徵明派系的影響。

謝蓀，字天令。江蘇溧水人。善畫山
水、花卉，畫風以工筆見長，得宋人寫
實功底，為"金陵八家"之一。

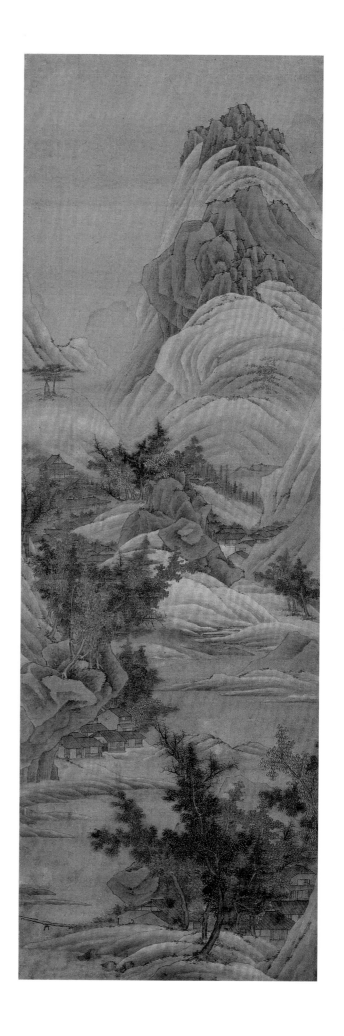

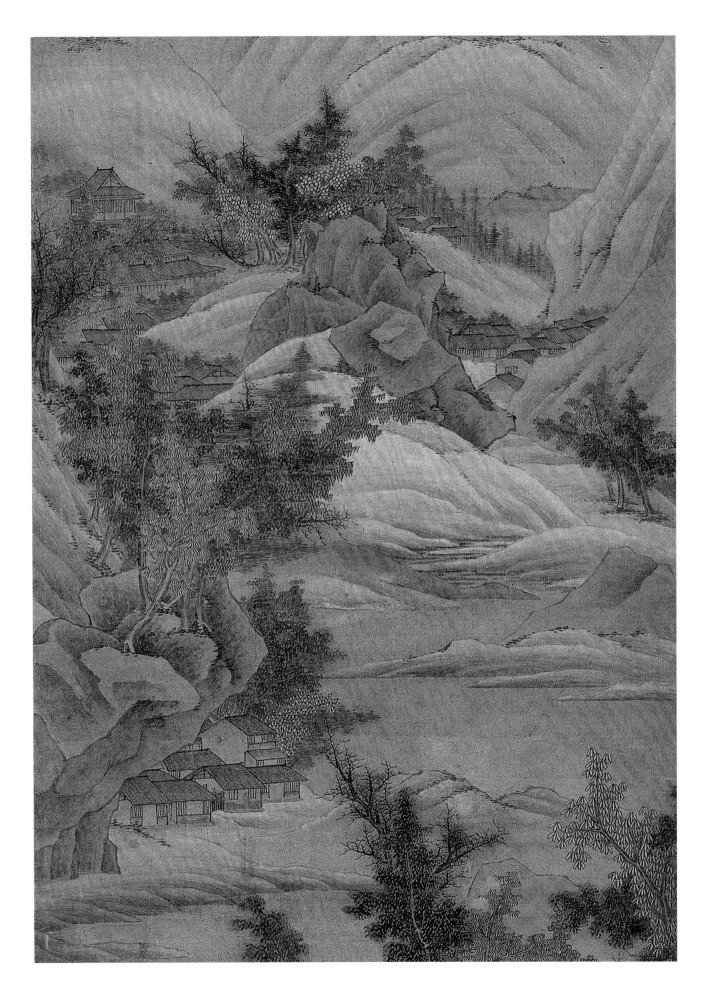

86

龔賢等　金陵諸家山水花卉圖冊

清

紙本　墨筆　設色　共十二開

首開 (龔賢) 縱 22.7 厘米　橫 63 厘米

其餘縱 25.4 厘米　橫 31.4 厘米不等

Landscapes and Flowers

By Gong Xian and others

Album of 12 leaves, ink or colour on paper

The first leaf 22.7 × 63cm

Each leaf of the rest: 25.4 × 3l.4cm

此冊作於 "己未"，即清康熙十八年 (1679)。其中山水十開、花卉兩開，近人汪士元收藏，每開均鈐 "士元" 印一方，著錄於汪士元輯《麓雲樓書畫記略》。

龔賢《墨筆山水》自題詩並款識："笙鶴追隨書滿車，樓台疑是鄩侯家。英雄事業神仙術，玉手調羹酌紫霞。為伴翁老先生畫。龔賢。" 鈐 "龔賢" (朱文)。是圖以疏淡而粗放的綫條和皴點描寫澗壑溪橋，氣勢蒼宏。筆法既不失五代董、巨遺風，又具自家風貌。

樊圻《設色山水》自識："己未春日畫。樊圻。" 鈐 "圻" (朱文)、"會公" (白文)。此圖略仿宋代工筆畫法，以小斧劈皴繪丘壑溪橋和江南春景。又一開設色畫繪月季一枝。自識："樊圻畫。" 鈐印同前。

高岑《淡設色山水》自題："幽居谷口，方塘水深。樂我琴書，當尖披襟。呈伴翁老先生教正。石城高岑。" 鈐 "高" (白文)、"岑" (白文)。圖繪雜樹飛泉，景色蒼茫。山石用披麻皴，用筆嚴謹勁秀，畫法亦在宋元人之間。

吳宏《人物山水圖》自題："高澗落寒泉，窮岩帶疏樹。山深無車馬，獨有幽人度。幽人何所從，白雲最深處。出山不知遙，顧見雲間路。李咸熙筆意。西江吳宏。" 鈐 "吳" (朱文)、"宏" (朱文)。以老勁筆墨繪參天古樹，畫風介於宋元之間又有所變化。又一開，叢竹巨石。自題："清陰曾孕葛陂龍，今日南枝在國風。何事子猷偏獨賞，虛心高節雪霜中。集唐趙嘏、陳陶、殷文珪、劉兼。竹史吳宏。" 鈐 "吳宏" (朱文)、"竹史" (朱文)。是圖意境別開生面，充分顯示出吳宏畫竹嫻熟的筆墨技法。

鄒喆《雪景山水圖》署款："己未春中寫擬伴翁老先生。錫民鄒喆。" 鈐 "鄒喆" (白文)、"方魯" (白文)。作者運用墨色濃淡深淺的變化，成功地展示出枯木叢林，溪山雪景。又一開，設色山水圖。款識："鄒喆畫。" 鈐 "鄒喆" (白文)、"方魯" (白文)。是圖以實托虛、以虛襯實地表現了古塔掩映於層林之中的壯觀景象。

謝蓀設色《紅蓮圖》署款："己未春日寫擬伴翁老先生。謝蓀。" 鈐 "天令" (白文)。是圖生動地表現了荷花湧波而出的清麗姿態。在 "常州派" 和水墨寫意花卉風靡畫壇的情況下，本作品宗法宋代 "院體" 的風格更顯示出一種特有的風貌和魅力。

王概《墨筆山水圖》自題："于湖亦一名都會，財賦居然據上游。似蟻關前朝椿稅，如花城外夜登樓。澄裏久識同千頃，憂國全歸此一籌。更識文房題句滿，公餘穩筆最風流。寫上伴翁先生，並以于湖近詩附求大教。繡水王概。" 鈐 "王概之印" (白文)。圖繪古木叉枒，濱橋澗壑，筆法略近龔賢，而以乾筆出之，自成風貌。

柳堉《墨筆山水圖》署款："己未上春為伴翁老先生寫。長千柳堉。" 鈐 "柳堉之印" (白文)。圖繪松杉茅亭，懸崖飛泉。筆墨蒼勁，風格嚴謹，屬龔賢傳派。

高遇《設色山水圖》署款："呈伴翁老先生教。高遇。" 鈐 "雨"、"吉" (白文朱文聯珠印)。繪青山白雲，樹叢中隱現溪橋房舍。樹木、山石仿效宋人董源、巨然筆墨而有所變化。

此圖冊畫法精工，體現了諸畫家較高的藝術水平，且為不可多得的金陵諸家合冊，誠為珍品。諸家同在 1679 年的春日繪成此冊，很可能受畫人伴翁先生是他們之間的關係紐帶。

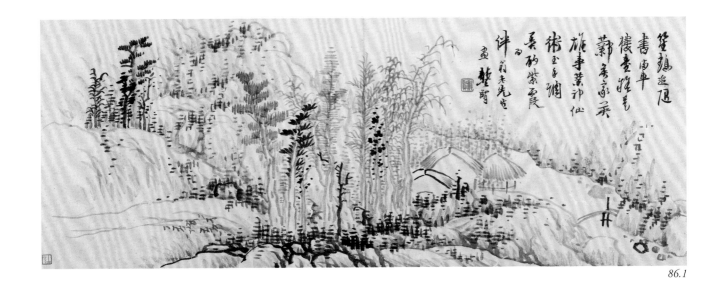

登巘追随
書雨車
懷臺雅毫
蕭疎亦采
旄事葉神仙
術玉手調
晏敕紫霞
伴翁老先生
畫整齊

86.1

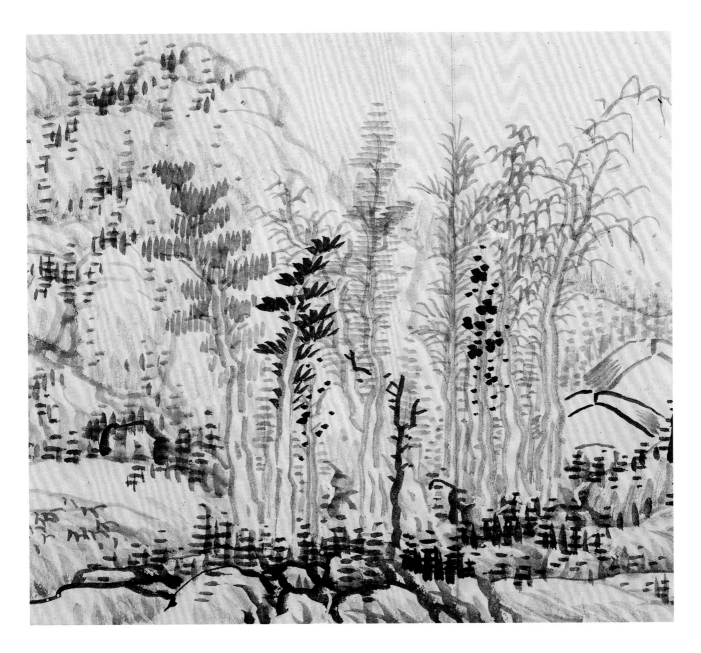

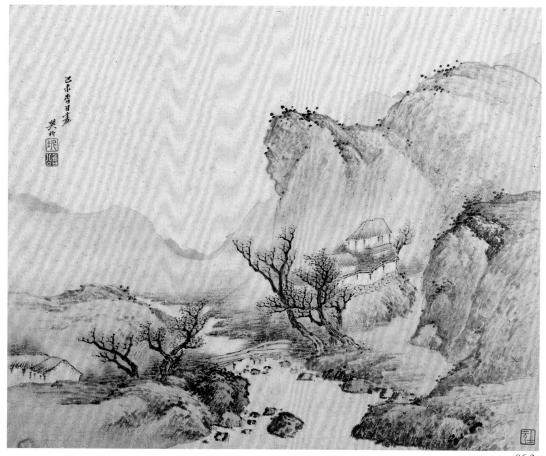

86.2a

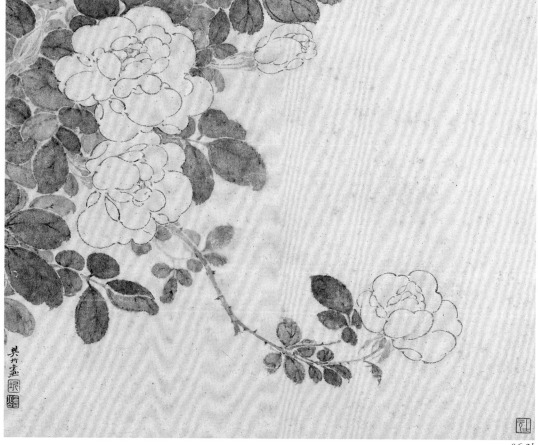

86.2b

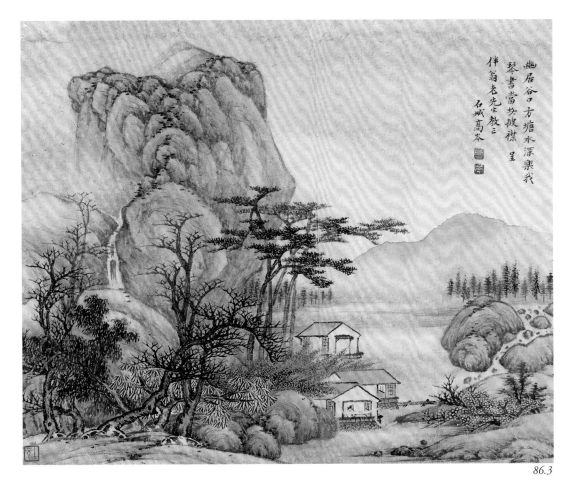

幽居谷口方塘水深樂我
琴書當奕披襟 呈
伴翁老先生教正
石城高岑 [印]

86.3

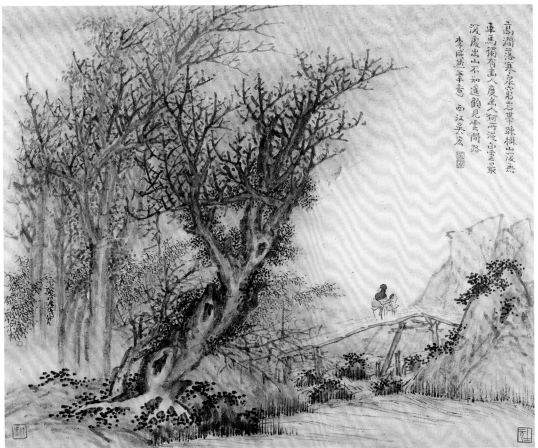

高澗落寒泉窮岩帶踈林山後煙
車馬獨有畫人度老人何兩淺意盡最
深處出山不知還簡見雲間路
李咸熙筆意 西江吳宏 [印]

86.4a

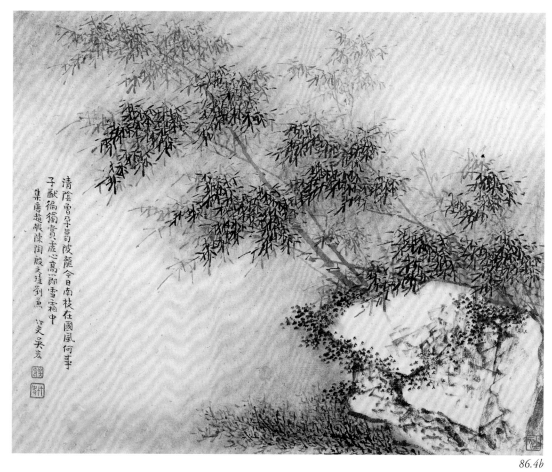

清陰曾孕葛司陵龍
今日南枝在國風何事
子猷偏獨賞處心高亦
節雪霜中
集庚趙懷陳閩殷交廷劉熹
宗史吳宏

86.4b

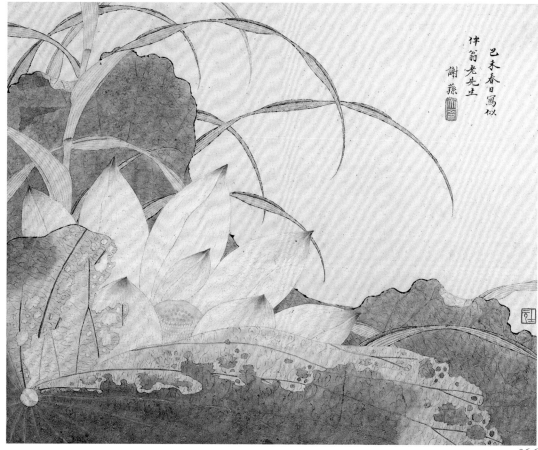

己未春日寫似
伴翁老先生
謝蓀

86.6

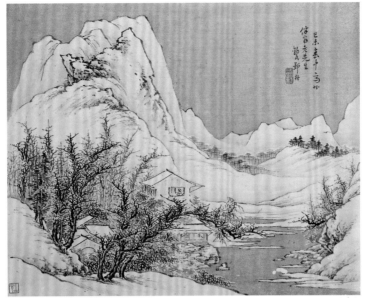

86.5a

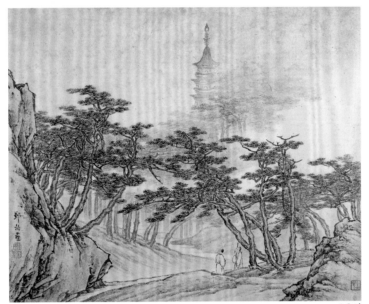

86.5b

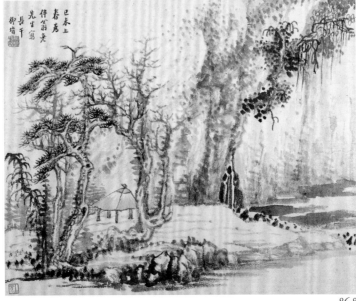

86.8

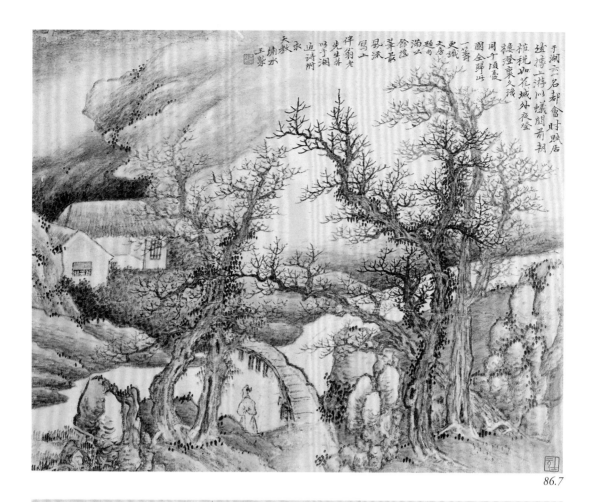

于湖亦一名都會時賦居
遙擬一游川蟻閙前朝
椎稅如花城外夜燈
禧澄裳久殘
同个頂夏
國金歸峙

一筝
史城
大房
題句
滿山
餘瀅

寫山
易承
筆最

伴翁老
先生界
哘于湖
近詩州

永
天教
繡水
王泉

86.7

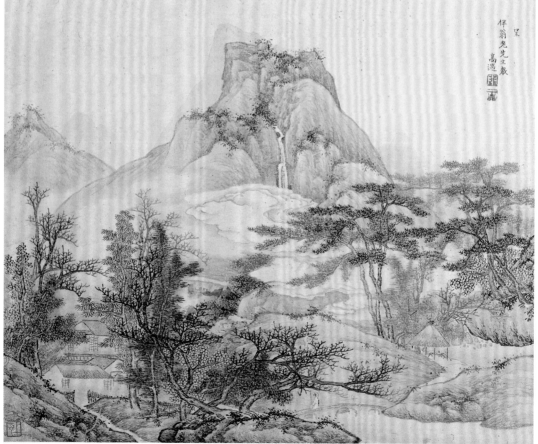

呈
伴翁兒先生教
高邁

86.9

87

樊圻等　金陵諸家山水圖冊

清

紙本　設色五開，墨筆七開，共十二開

每開縱 26.3 厘米　橫 21.3 厘米

Landscape
By Fan Qi and others
Album of 12 leaves, ink or colour on paper
Each leaf: 26.3 × 21.3cm

作於"乙巳"，即清康熙四年（1665）。

高岑《松閣觀泉》墨筆。自識"石城高岑"。鈐"高"（朱文）、"岑"（朱文）。是圖在飽滿的佈景構圖中於右下方巧留空白，暗似飛瀑直落的水氣，展開了更為廣闊的視野空間。

史志堅《山水》設色。署款："乙巳重九畫於千峯閣上。雪幢志堅。"鈐"史志堅印"（白文）。構圖疏簡，設色雅麗，意境幽淡，為史氏代表作。

謝成《溪山漁隱》設色。款識"謝成"。鈐"仲美"（朱文）。此為謝成逝世前一年五十三歲時所作。筆墨頗具吳門畫派遺韻。

查士標《溪橋策杖》墨筆。署款："乙巳九月士標畫。"鈐"梅壑"（朱文）。此為作者五十歲時所作，畫風直逼元人，惜墨如金，意境荒寒。

孫綬《煙雨舟渡》墨筆。署款"孫綬"。鈐"孫臣"（朱文）。仿沈周筆意，以淡墨勾綫，濃墨點苔，風格簡勁粗健。

何端仁《溪山樓觀》設色。署款"桐山何端仁"。鈐"□壁"（朱文）。筆法靈活多變，工筆樓閣與寫意樹石互為補襯，相得益彰。

張遺《仿米山水》設色。署款"張遺"。鈐"墨林"（白文）。仿"米氏雲山"的筆意運用潑墨寫意法和橫點皴，成功地表現了煙雲迷蒙的意境。

方維《雪山策蹇》設色。署款"方維"。鈐"方維"（朱文）。粗筆淡墨，渲染得法，粗淺淡墨結合，頓使雪景生寒，意境蕭瑟。

龔賢《山腰樓觀》墨筆。作者署款："乙巳仲夏陽畫於石城山房。龔賢。"鈐"半千"（朱文）。此圖為作者六十六歲時所作。筆墨技法嫻熟，氣韻高古，構圖繁簡得當，是龔賢中晚年的率意之作。

程正揆《松蔭草堂》墨筆。署款："青溪道人畫於石城。乙巳九月。"鈐"程正揆"（白文）、"青溪"（白文）。是圖為畫家枯勁簡老、禿筆山水畫的代表作。

鄒喆《秋山空亭》墨筆。無款。鈐"鄒喆"（朱文）、"方魯"（朱文）。繪秋林野趣，構圖緊湊，主體突出，筆墨疏放。

樊圻《秋山蕭寺圖》墨筆。無款。鈐"樊"（白文）、"圻"（朱文）。樊圻一生追求文人所崇尚的隱逸高雅境界，本幅應是他通過表現天色蕭瑟、古寺空寂的景象，以抒發其遁世之情的代表作。

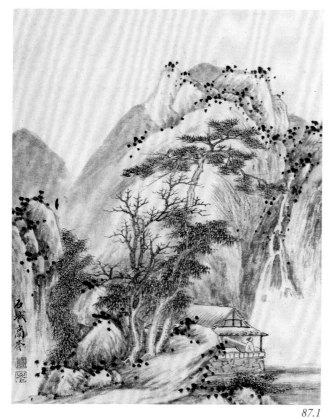

87.1

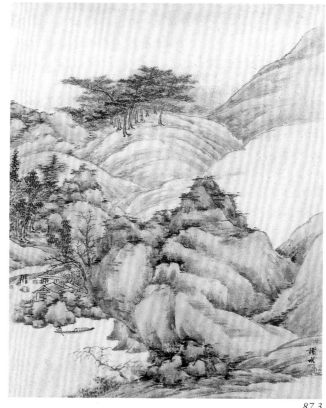

87.3

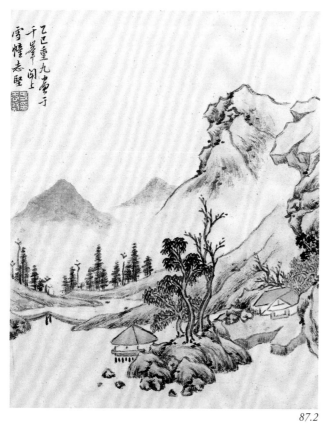

87.2

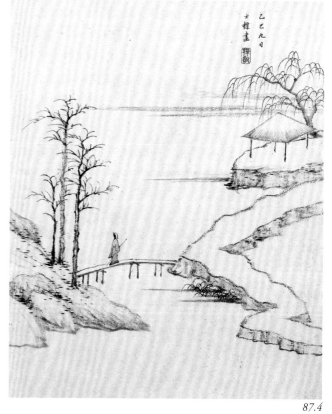

87.4

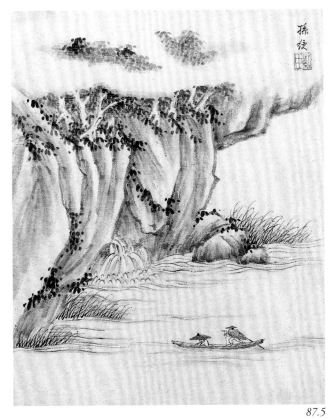

87.5

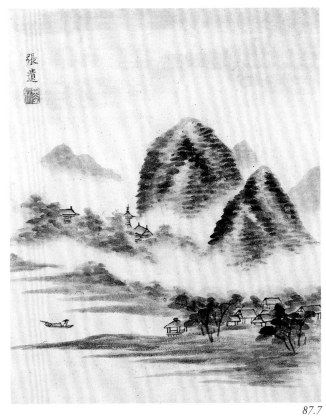

87.7

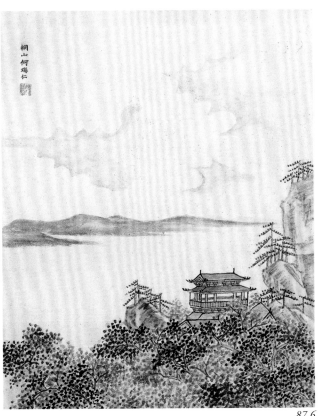

87.6

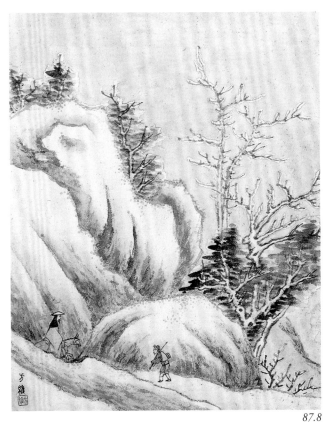

87.8

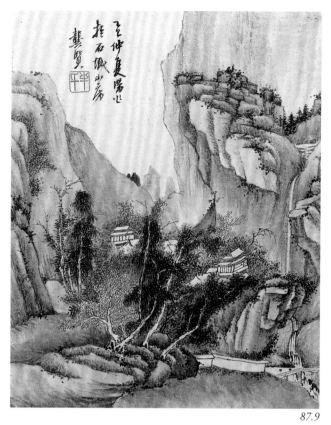

87.9

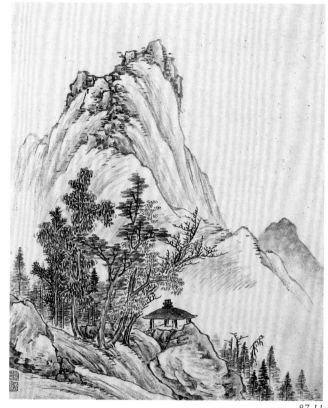

87.11

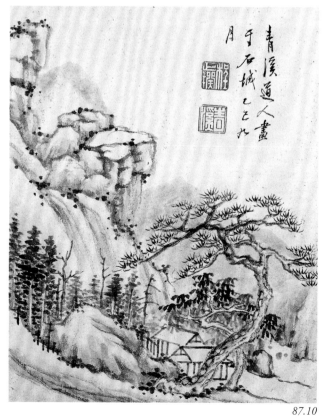

87.10

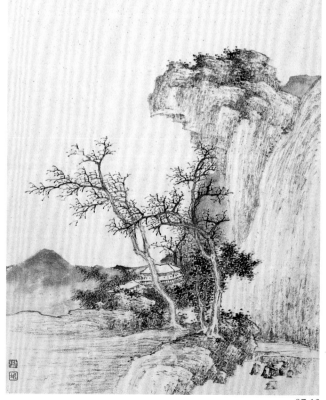

87.12

88

陳卓　山水樓閣圖軸

清

絹本　設色　縱 204 厘米　橫 100 厘米

Pavilions Added to the Blue Mountains and Green Waters

By Chen Zhuo, Qing Dynasty

Hanging scroll, colour on silk

204 × 100cm

本幅無款。鈐 "陳卓"（白文）、"中立"（朱文）。

圖繪青松綠水，仙山瓊閣，一高士攜童子桐蔭問道。結構嚴整、紋理繁密的山石及點綴於岩壑間的精巧殿宇，均反映出作者師承宋代院體的寫實技巧，傳統的藝術淵源。作者因久寓江南，對北方山水缺乏實景觀察，景致呆板，缺少生氣。清秦祖永《桐蔭論畫》曾明確地指出陳卓山水畫的這一缺憾，言陳卓 "絹本山水，千丘萬壑，具有宋人精密，惜無元人靈秀"。然此圖精細的筆墨仍反映出陳卓較深厚的功力。

陳卓，字中立。北京人，久寓金陵。長於山水、人物，畫風工整精細。

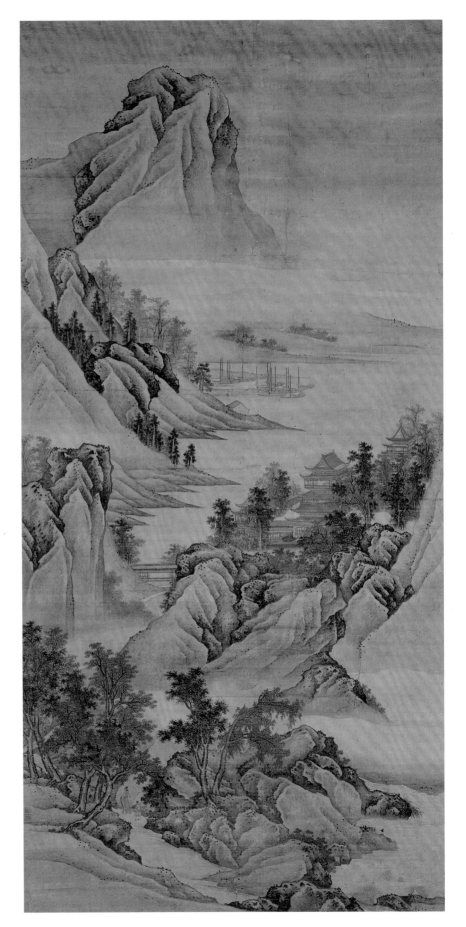

陳卓　山水圖軸

清

絹本　設色　縱 270.3 厘米　橫 104.9 厘米

Landscape
By Chen 2huo, Qing Dynasty
Hanging scroll, colour on silk
270.3 × 104.9cm

本幅自題"純癡陳卓"。鈐"陳卓"（朱文）、"純癡老人"（朱文）。

畫面峯巒層疊數連，谷間雲煙繚繞，精心營造出仙氣裊裊的氛圍。樓閣界畫工整精微，山石勾染尖勁細膩，人物用筆洗練準確，設色清淡淨麗。總體風格近似宋人，而略顯平板，少元人靈秀之韻。

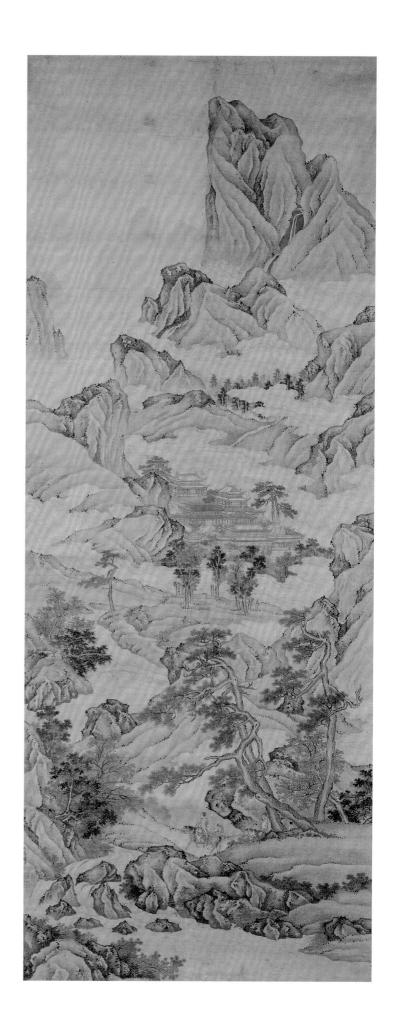

陳卓　天壇勒騎、冶麓幽棲圖卷

清

紙本　設色　天壇勒騎：縱 30.5 厘米　橫 147.5 厘米

冶麓幽棲：縱 30.5 厘米　橫 154.3 厘米

Whipping a Horse in the Temple of Heaven (1) and the Secluded
Place at the Foot Mountain (2)

By Chen Zhuo, Qing Dynasty

Handscroll, colour on paper

(1) 30.5 × 147.5cm

(2) 30.5 × 154.3cm

天壇勒騎　本幅款識："陳卓畫。" 鈐 "陳卓"（白文）。後幅有柳堉、王汾仲跋，鈐 "公韓" 諸印五方。圖繪北京明代天壇景色，雲氣繚繞、松柏掩映。設色清麗典雅，人物與馬比例雖小，但造型生動準確。筆墨出入宋人青綠畫法間。

冶麓幽棲　本幅款識："丁卯仲春畫於東山草堂。陳卓。" 鈐 "中立"（朱文）。後幅有柳堉、王汾仲跋，鈐 "公韓" 諸印五方。鑑藏印有 "畢氏家藏" 等共八方。

丁卯為清康熙二十六年（1687）。

此圖以界畫工細精緻的手法，成功地表現了金陵古建築羣和天光嵐影、雲煙動蕩的氣勢。構圖新穎，主體宮殿位於畫中心部位地勢最高點，並巧妙地以山腳下煙雲籠罩房舍之虛以襯其實。為陳卓山水畫代表作。

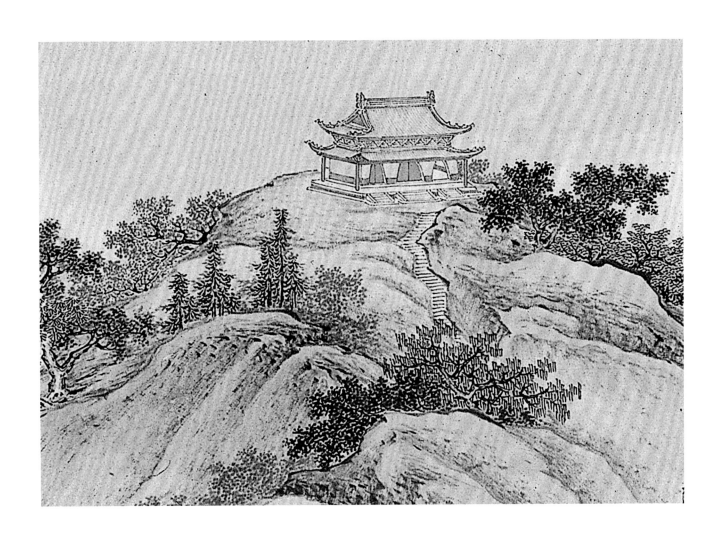

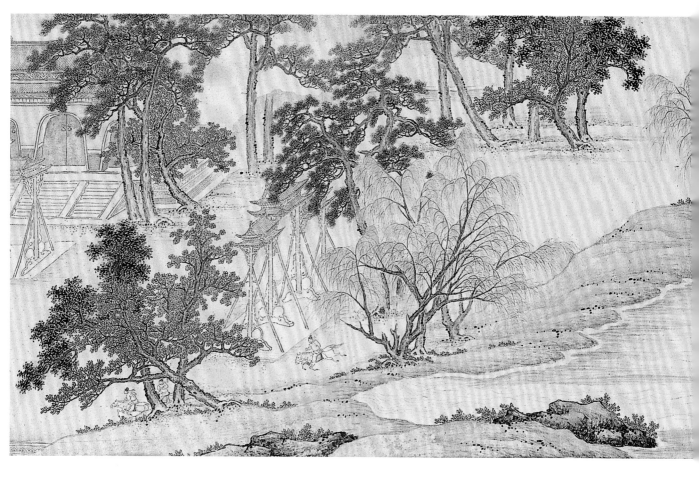

天壇勒騎

天衢直達帝城東輦路逶迤向法宮自可據鞍馳軟草還同按
轡玩芳叢轡分絲柳搖新綠蹄帶餘香踏落紅醉似乘船歸較
晚垂鞭那用馭追風

朝陽門外草萋萋一望郊原碧樹齊幽密徑從神樂轉平原路
向孝陵低香塵動處廻金勒鞭影時停惜錦泥憑伏遊人談往
事流連直到夕陽西

郊壇遺址建康東頻憶先朝鹵鼓鐘赤羽翠
華今不見黃琮蒼壁久成空爐煙全改村煙白
燎火哇餘野火紅寄語牧推休殘踏神天仍或
駕豐隆

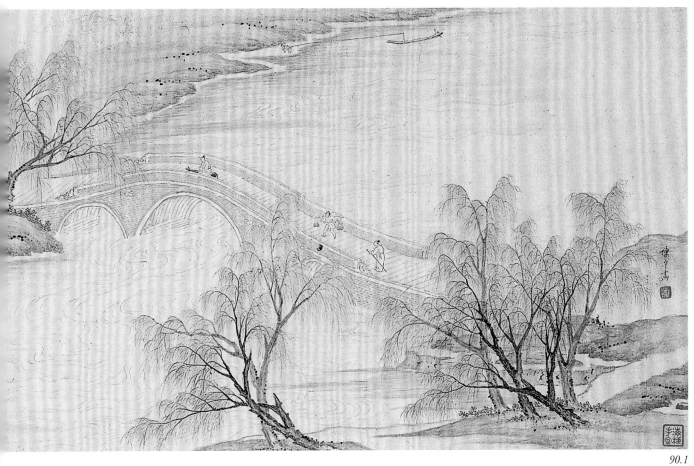

90.1

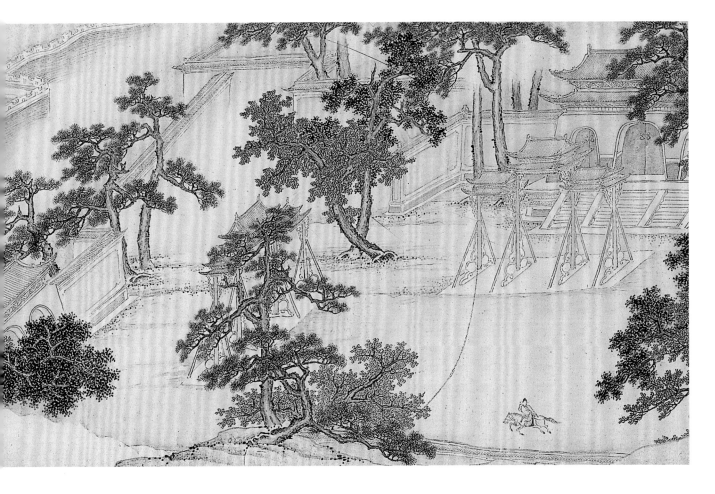

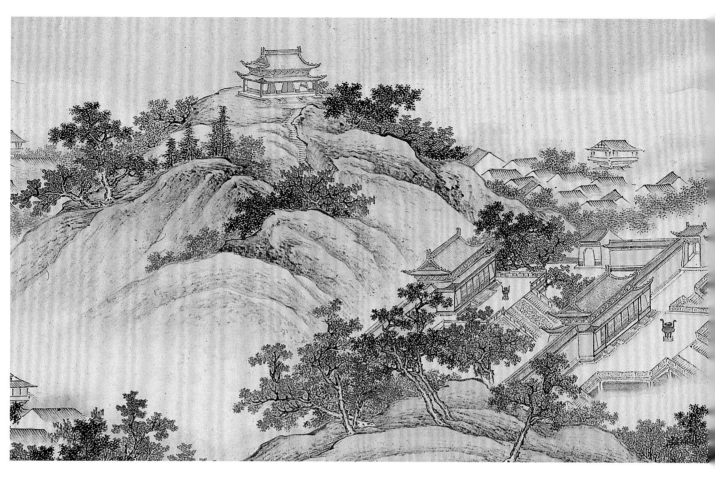

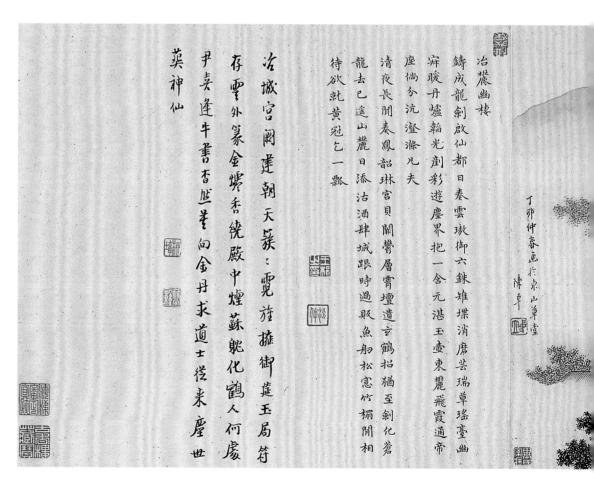

丁邪仲春畫於東山草堂　陳卓

冶麓幽棲

鑄成龍劍啟仙都日秦雲璈御六銖雄堞消磨芸瑞草幽
寂暖丹爐翰光劍彩遊塵界把一念元湛玉壺東麓飛霞通帝
座偶分沆瀁滁凡夫
清夜長開奏鳳韶琳宮貝闕鬱層霄壇遺玄鶴拍猶至剝化蒼
龍去已蓬山麓日添沽酒肆城跟時過取魚船松窗竹檻開相
待欲就黃冠乞一瓢

冶城宮闕建朝天羨羨霓旌擁御莚玉局符
存雲外篆金槳香繞殿中煙蘇眈化鶴人何處
尹喜逢牛書香歔舉向金丹求道士徑來塵世
覓神仙

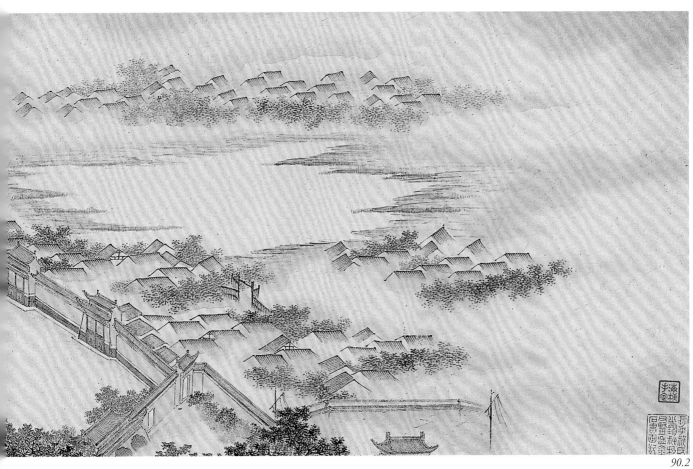

90.2

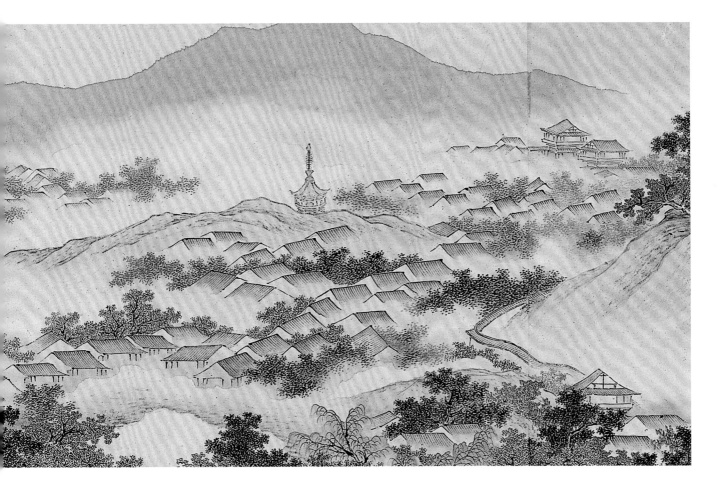

91

王概　仿王蒙山水圖頁

清

紙本　設色　縱 23.1 厘米　橫 36 厘米

Landscape after Wang Meng
By Wang Gai, Qing Dynasty
Leaf, colour on paper
23.1 × 36cm

本幅自題："學黃鶴樵。王概。"鈐"畚齋"（朱文）、"王概"
（朱文）。

圖繪兩岸山石遙相呼應，溪流中穿。一高士端坐水榭中觀
望山水，神態怡然。畫家取截景式構圖，將觀者的視綫引
向草亭，富於變化。山石均為乾筆畫出，加以淡墨渲染，皴
法略作小斧劈，從中可見王蒙《葛稚川移居圖》中山石畫法
的筆意。

王概（1645—約1710年），亦名丐，字東郭，一字安節。其
先為秀水（今浙江嘉興）人，久居江寧（今南京）。王蓍兄。
山水學龔賢，筆力沉厚。曾編《芥子園畫譜》，為後人所重。

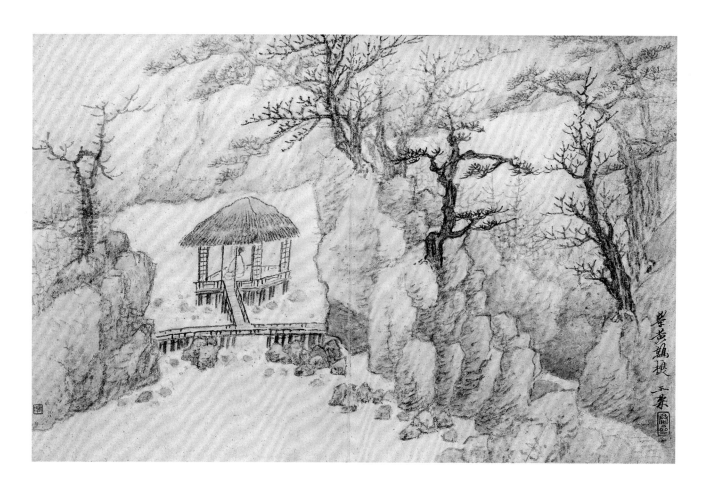

92

王概　山水圖頁

清

紙本　墨筆　縱 18.5 厘米　橫 17.2 厘米

Landscape
By Wang Gai, Qing Dynasty
Leaf, ink on paper
18.5 × 17.2cm

無款。鈐"王概"（朱文）。

繪古木流泉，構圖上密下疏，枝條與流水取向一致，頗有生
韻。 王概運用了局部特寫的形式，山石、樹木雖表現得都
不完全，卻給人以充分聯想的餘地。全幅筆墨簡淡，綫條
流暢而富於變化，深受龔賢鬆秀蒼老筆意的影響，當屬王
概小幀山水中的佳構。

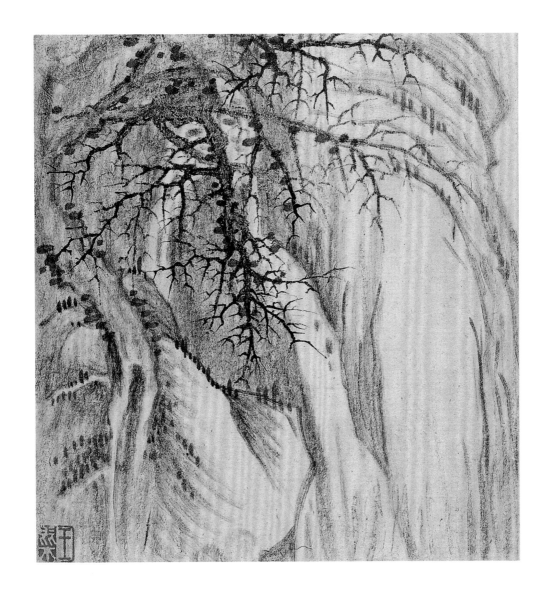

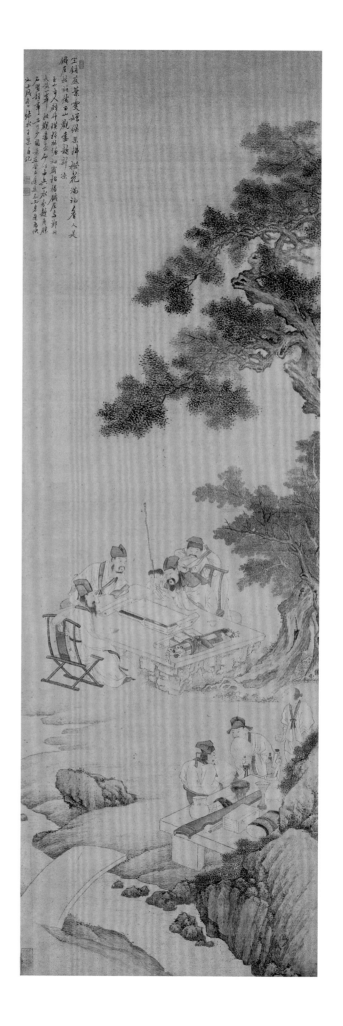

93

王概　玉山觀畫圖軸

清

絹本　設色　縱 167 厘米　橫 55.8 厘米

Appreciating Paintings at Yushan Cottage
By Wang Gai, Qing Dynasty
Hanging scroll, colour on silk
167 × 55.8cm

本幅自題："坐鋪蕉葉雙罇綠，案拂橙
花滿袖香。人是鐵崖披誦倦，玉山觀
畫趁新涼。玉山主人顧仲瑛於林塘初
霽招楊鐵崖與鄭同夫、黃一峯披觀書
畫，即以中吳山水分題角勝。名賢韻
事安可少圖，意在望古遙集，不必身
逢為快也。壬戌冬日繡水王概自記。"
鈐"王概之印"（朱白文）、"安節"（朱
文）。鑑藏印有"佰禹珍藏書畫之印"。

壬戌為清康熙二十一年（1682），王概
時年三十八歲。

顧仲瑛（1310—1369 年），名瑛、德輝，
小名阿英，號金粟道人。江蘇昆山富
戶，他隱居嘉興合溪的玉山草堂，好
詩畫。圖繪槐樹下以顧仲瑛為首的四
位逸士正展卷披觀書畫，山石旁的案
几處有二人悄然對語，更襯托出觀書
畫者的專注。構圖賓主分明，聚散合
宜。景物描繪細膩精工，顯示出作者
較高的造型能力及寫實功底。

94

王概　山水圖卷

清

紙本　墨筆　縱 11.2 厘米　橫 273 厘米

Landscape
By Wang Gai, Qing Dynasty
Handscroll, ink on paper
11.2 × 273cm

作者自題詩："老樹平沙古水濱，漁村樵舍遠無鄰。從來
不見舟車至，此是桃源深處人。此作空明簡淨，殊類要言
不煩，亦惟聖箴先生始能會心於淡，小詩引笑。繡水弟王
概。"鈐"王"（朱文）、"概"（白文）。本幅左方有王翬題記：
"唐人云高簡詩人意，髯翁能從此語悟入，當與雲林氣韻相
類。乙丑九月廿四日王翬觀因題。"鈐"石谷子"（朱文）、
"王翬之印"（白文）。後幅有翁方綱、汪梅鼎題記。

乙丑為清康熙二十四年（1685），王概時年四十歲。

圖繪遠岫坡石、煙水蒼茫中洲渚隱現、峯巒出沒的江南景
色。 全畫結構疏朗，為全景式平遠構圖。筆墨乾枯，但韻
味含蓄豐富，意境蕭索簡遠，為王概墨筆山水畫代表作。

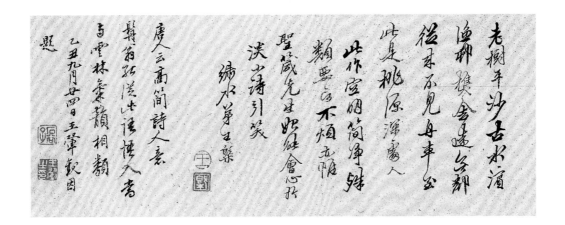

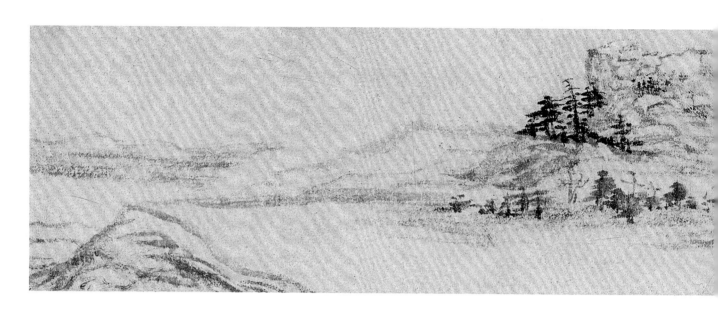

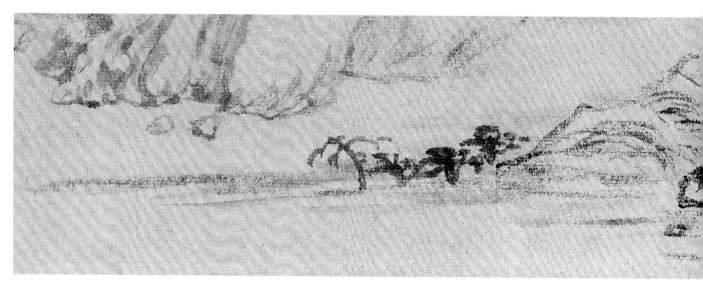

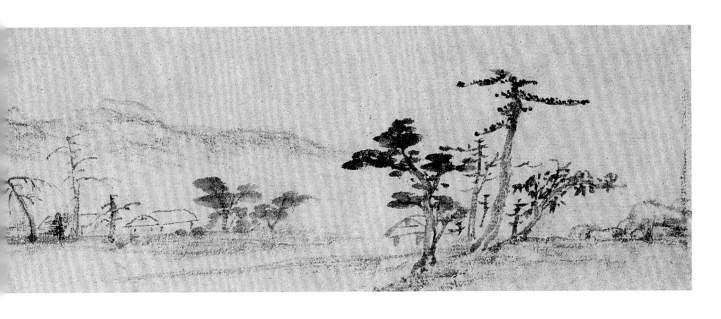

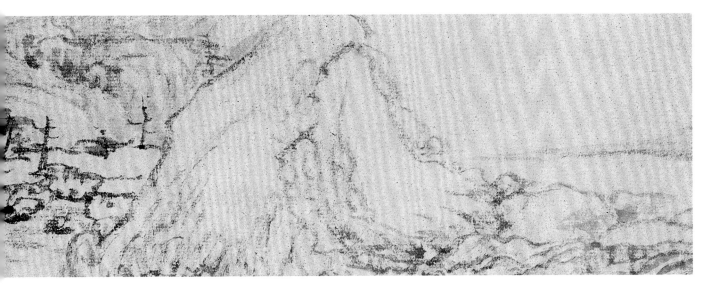

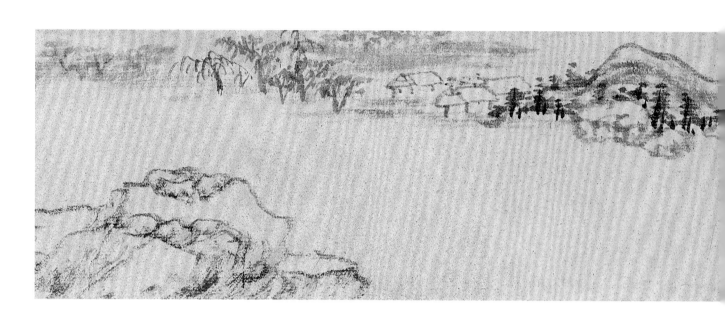

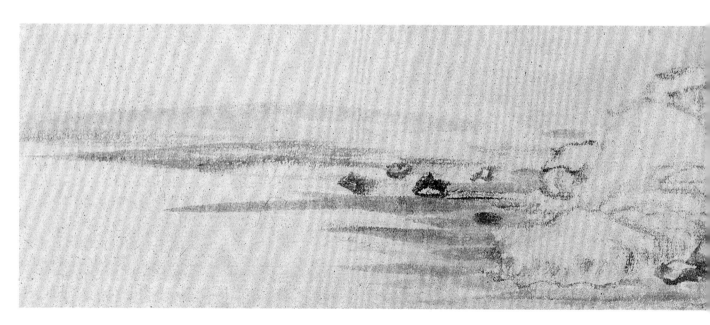

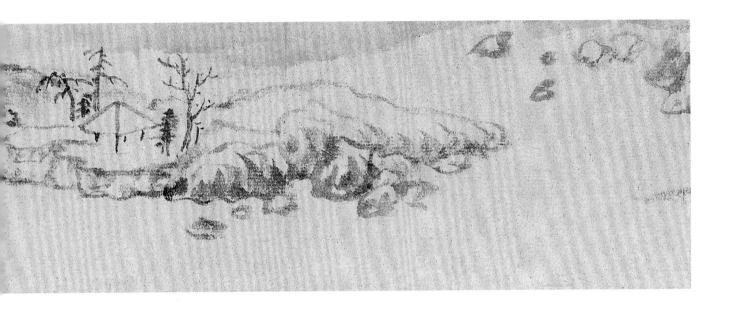

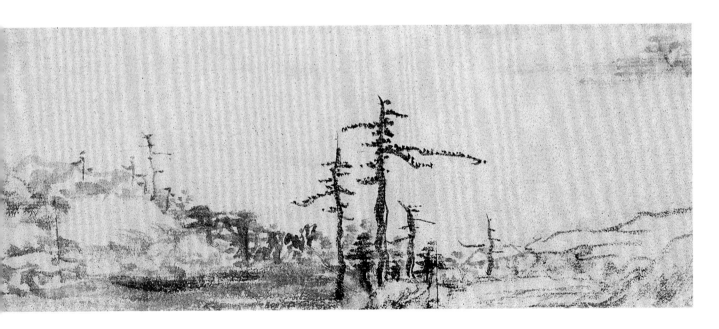

95

王概 雲山清峭圖軸

清

紙本　設色　縱 283.3 厘米　橫 124.8 厘米

White Clouds over Clear Mountains
By Wang Gai, Qing Dynasty
Hanging scroll, colour on paper
283.3 × 124.8cm

作者自題："每從遠道聽輿歌，便覺私
心嚮往多。日下聲華推峻岳，胸中經緯
具全河。思深淮海襟彌湛，學香安丘意
不磨。我亦賈德欣挾策，採將弘濟入吟
哦。戊辰復月寫得雲山清峭圖並題。
上衡翁老先生風雅宗教正。繡水王概。"
鈐"攜李王概"（白文）、"安節圖書"（白
文）。無鑑藏印。

戊辰為清康熙二十七年（1688），王概
時年四十三歲。

此係巨幅山水。圖繪峯巒陡峭，山腰白
雲繚繞，草堂二間橫列松下。山石畫法
深受龔賢的影響，以墨綫勾出塊面結
構，施點子皴及豆瓣皴，"皴處色黑為
陰，不皴處色白為陽"（龔賢《半千課徒
畫稿》）。通過嫻熟的皴法，生動地表
現了山巒的光影明暗變化及塊面體積結
構。為王概中期代表作。

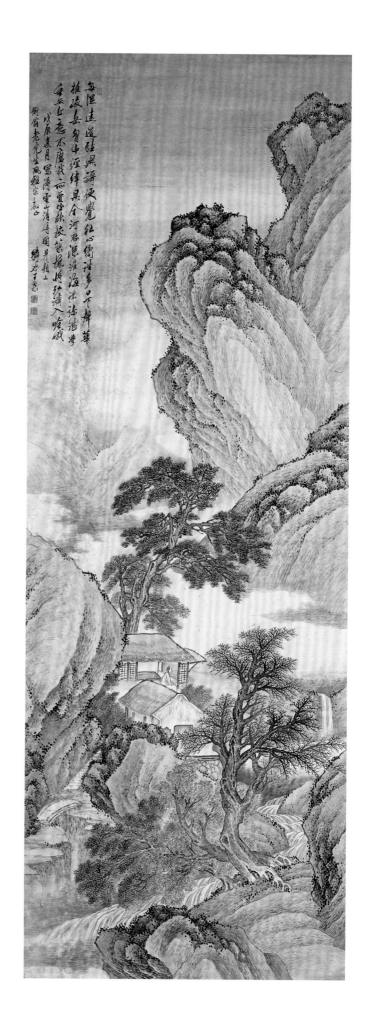

96

王概　江山臥遊圖卷

清

絹本　設色　縱 26.7 厘米　橫 273.5 厘米

Dream Journey among Rivers and Mountains
By Wang Gai, Qing Dynasty
Handscroll, colour on silk
26.7 × 273.5cm

本幅自題："江山臥遊圖。庚午禊月，學巨然畫法於莫然水
檻，為老年道翁屬教。繡水王概。"鈐"王概之印"（白文）、
"安節"（朱文）。引首宣鼎書："江山臥遊。怡園主人珍秘。
丁丑孟冬，嶺上梅開之月，香雪道人瘦某集漢碑頭字題於
縱橫二萬里，上下五千年斗室之中。"鈐"瘦梅"、"鼎"、"丁
因人"。後幅有宣鼎、易順鼎、姜筠題記。本幅鑑藏印有"山
飛泉立皁堂"等三方。宣鼎題籤："王安節江山臥遊圖真跡。
怡園主人什襲而藏。瘦梅署籤。"

庚午為清康熙二十九年（1690），禊月為農曆三月，王概時
年四十五歲。

"臥遊"是南朝畫家宗炳隱居時所言："老病俱至，名山恐難
遍遊，惟當澄懷觀道，臥以遊之。"自此以後畫家多以"臥
遊"為畫題創作山水畫。本幅便是以一條溪澗和山路為脈
絡，人隨景移的構圖法，描繪了南京城北至燕子磯一帶的
風光。作者自言學巨然法，但在山石的表現上，更多地體
現出其師龔賢積墨法的筆意，山石以銳利的墨綫勾出塊面
結構，石面以乾墨反覆皴擦，力求表現出石堅硬的質感及
山的體積感。

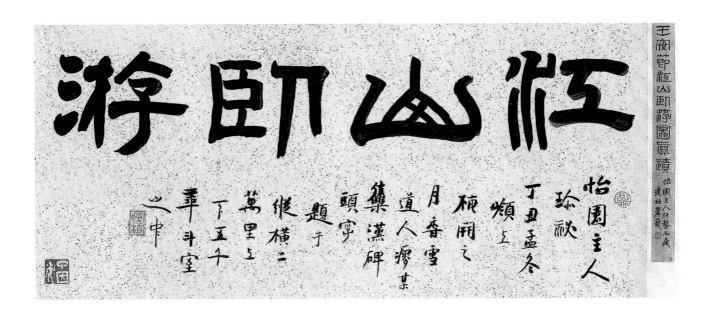

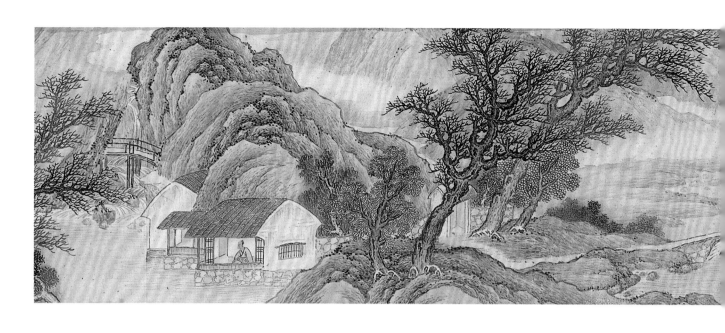

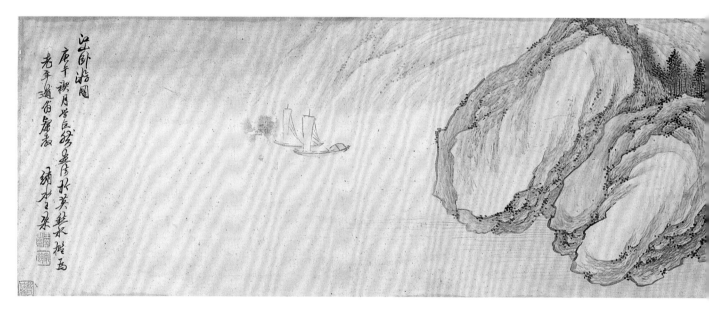

江山臥游圖
庚午禊月當塗黃鵷臨吳漁山畫本
老年逍遙舞泰
緝齋自梁

惠之仁兄得此屬題二十八字　易順鼎

蓮花乞食王安節　夜雨秋鐙
宣瘦梅英作斗　量車載看
殘練俱是劫餘灰

既少千金產初無一命榮亥我
欹閒先生詩出仙心雜圖咸粉本精芳圍
遲往久延染苙爲名
紫文人何許師承在白門江山真趣得章
墨古風存世自尊王惲人難見宋元知
君具精鑑不芳度梅言
慧之罡四年以粉賺此卷見禾屬方題
之爲書二絳甚浚藉博
一紫　宣統元年五月
大椎山民爭姜鴻初帥

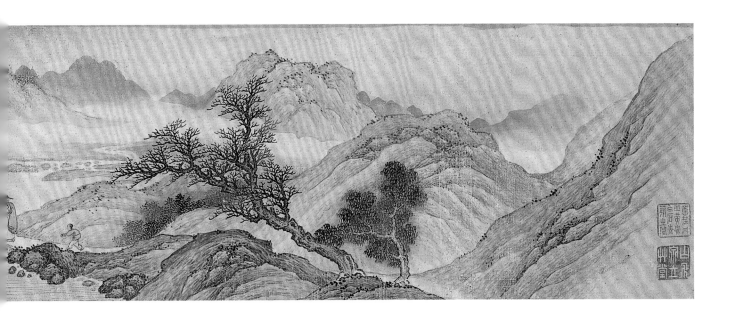

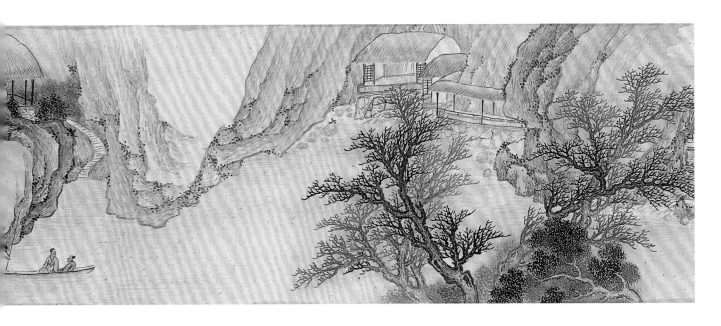

谿水王君蘭節初名馬僑居金陵
山水師文人得心法間作長松太石
亦雄傑蒼潤人爭寶之時流因貝好
交達官嘲云天下熱客途士大夫時
詠先生有尚云月内自署風流馬補
拈冠蓋近水遙山清虛靜遠觀者多
入蓮花乞食圖蓋微醉也丁丑孟冬
客游潼陽蒙　可亭先生以江山
臥游圖見示則閉草沈著寒來米
果有五斗塵安雜寫山清涼君耶
欲飛近水遙山清未免迷于唐寅
始知彌伽居士持論余追云熱客王
放身入其中一切放下若先生曾中
島再題六十寧以德余追神駋漢鷺
節身莘品自潄游神霽漢鷺
澗跡冠裳厓駕出臥游圖頗頻雲俱
怡悅玉容燕石歟蓮佳汙泥涅平
生一片心皎皎若烁月請謝頤公莊
師字下脱一紫字
來踏程門雪

谿巢宣尉跋

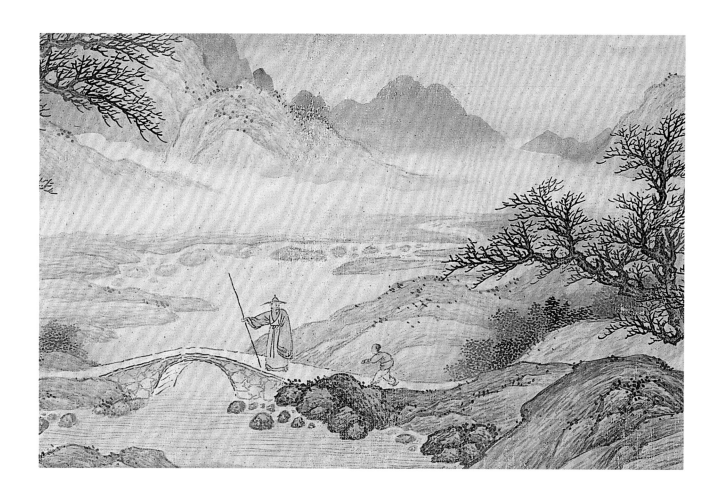

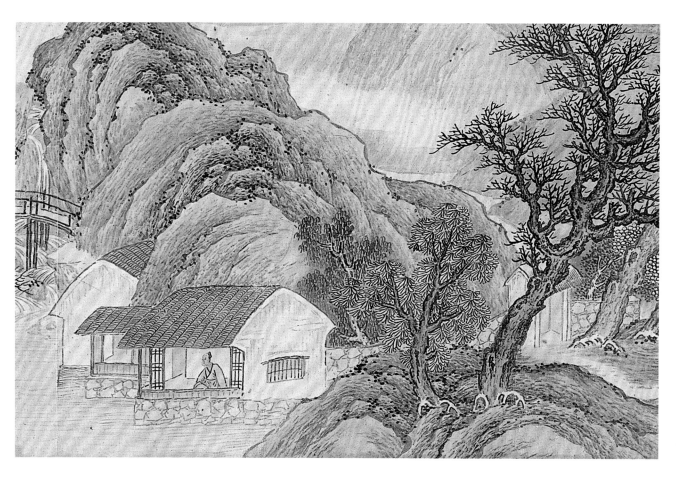

97

王概　泰岱喬松圖軸

清

紙本　設色　縱 189.6 厘米　橫 98.3 厘米

Tall Pines of Mount Tai
By Wang Gai, Qing Dynasty
Hanging scroll, colour on paper
189.6 × 98.3cm

本幅自題："泰岱喬松。壬申春王畫請
羲翁老先生教。繡水王概。"鈐"檇李
王概"（白文）、"安節圖書"（白文）。
鑑藏印有"麓雲樓書畫記"、"向叔審查
真跡"。

壬申為清康熙三十一年 (1692)，王概
時年四十七歲。

圖繪松幹龍鱗披掛、松枝虬曲樸茂、
松針蒼鬱勁挺的泰岱喬松。構圖為特
寫，取喬松中部主體部位加以精心刻
畫，氣勢勃發，筆法蒼勁。正如清朝
張庚《清朝畫徵錄》言王概"善作大幅
及松石等，雄快以取勢，蒼健或過，而
沖和不足也。"

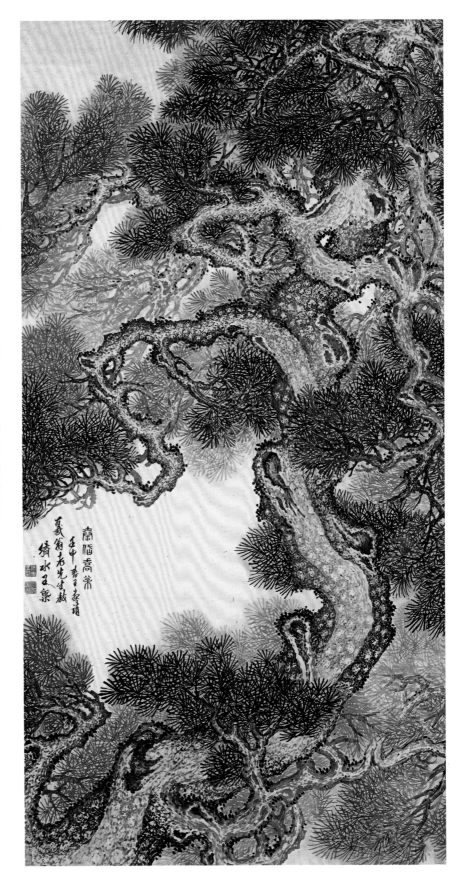

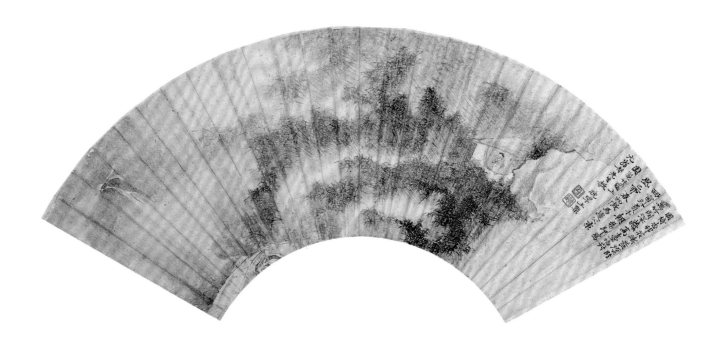

98

王概　東園萬竹圖扇

清

金箋　設色　縱 16.4 厘米　橫 51.8 厘米

Bamboo Grove in Dong Yuan Garden
By Wang Gai, Qing Dynasty
Fan leaf, colour on gold-flecked paper
16.4 × 51.8cm

本幅自題："園倚杏村花漸發，溪臨萬竹閣深藏。高台恰對
西窗外，負手朝陽即鳳凰。己卯春初，仿馬遙父東園萬竹
圖，上元翁老先生敎。晚學王概。"鈐"王概"（白文）、"安
節"（朱文）。

己卯為清康熙三十八年（1699），王概時年五十四歲。

圖繪煙雲霧氣中，疏影橫斜的婆娑竹影。運用了"虛實相
生，無畫處皆成妙境"的表現手法，使叢竹於虛實相間中意
趣橫生。筆墨明潔清潤，境界清曠，為王概晚年佳作。

99

武丹　山水圖冊裝卷

清

紙本　設色　縱 19.3 厘米　橫 21.8 厘米

Landscapes
By Wu Dan, Qing Dynasty
Handscroll of 5 leaves, colour on paper
Each leaf: 19.3 × 21.8cm

本幅作品取冊頁連接裝裱成卷的形式。畫幅共分五段，每段用筆置景各不相同。第一段鈐"武丹"（朱文）、"衷白印"（白文），青綠設色，筆法工細精緻；第二段構圖簡約，墨色中水分充沛，表現出江南陰雨綿綿、霧氣迷濛的景色；第三段描繪深秋景致，樹葉飄零，寂寥淒清，山石多用土黃赭色罩染，用筆較疏放鬆散；第四段墨色清潤，乾濕並濟，皴擦點染相間；第五段勾綫細勁堅峭，皴法繁密清淡，設色豐富，表現層林盡染的秋日山林。

每段畫幅各有對題，為文者分別是朱亦遞、朱家徵、金道安、陳奕培、楊中問。

武丹（十七世紀），字衷白。江寧（今南京）人。畫山水清勁。

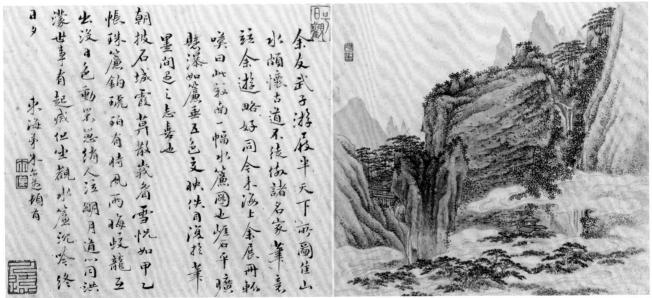

止溪圃人朱泰瑱題　戊之春多雨當思兩渡秦淮時遍
武子雲白南來持冊至余居烟雨圖
風雲百變笑曰少陵而稱剪耽吳
淞牛江水也因題春雨連行似之
春雨連、沒江樹粉壁長廊香
惜度紫幕信吹花信風玉膩夢
斷江南路江南春色霧擾人算
兩朝雲是合辰可情桃葉喪根
流元遍烟花六代春

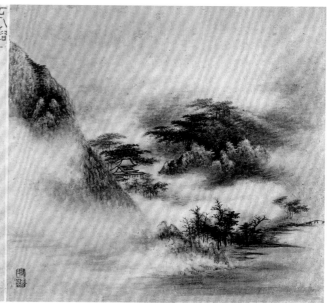

99.2

丙寅冬仲金道安時年八十　水繞橫塘綠一灣扁舟十
里載詩還白雲曒樹敗殘
兩看見夕陽山外山門前
淥水竹踈、舟過時聞疲
讀書姓氏未知何必問料
應不是俗人居

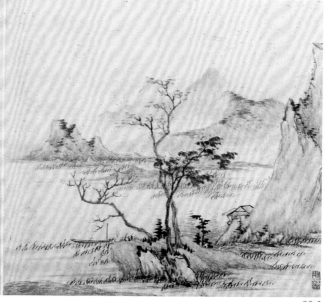

99.3

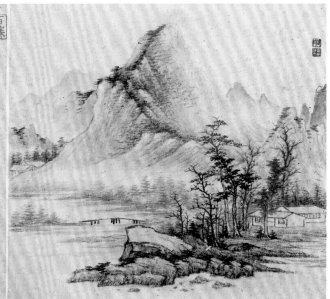

99.4

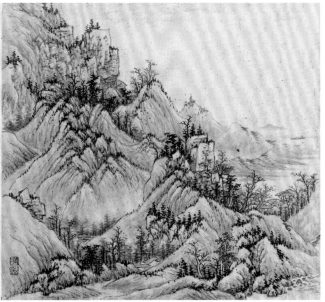

99.5

100

武丹　虞山夜泛圖卷

清

紙本　設色　縱 38 厘米　橫 130 厘米

Excursion to Yushan at Night
By Wu Dan, Qing Dynasty
Handscroll, colour on paper
38 × l30cm

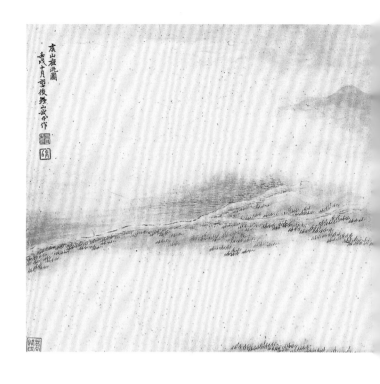

本幅自題："虞山夜泛圖，壬戌十月望後鍾山武丹作。"鈐
"武丹之印"（朱白文）、"衷白"（朱文）。鑑藏印有："劉氏
寒碧莊印"（朱文）、"華陽劉氏家藏"（朱文）、"蓉峯氏"（朱
文）。

壬戌為清康熙二十一年（1682）。

此圖為紀遊作品，畫武丹等人夜遊虞山、賦詩賞月的情景。
作者以短密秀潤的筆畫皴染山石，再用淡墨加以暈染，使
所畫景物模糊朦朧，充分表現了夜晚水面上霧氣蒸騰、蒼
茫迷濛的視覺效果，渲染出寂靜幽暗、縹緲清遠的氛圍，
畫法明顯受龔賢影響。

同遊諸人根據"人影在地仰見明月"一句各得一字為韻賦
詩，題於圖後，分別是：蔣文從、翁元登、武丹、錢陸燦、
陸貽典、凌竹、陳玉齊，另有馮武、張翼、王學浩、劉恕、
潘奕雋、范來宗、朱載震等人題跋。

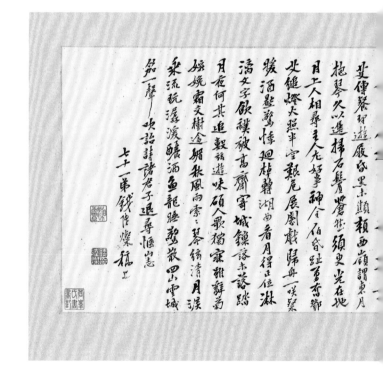

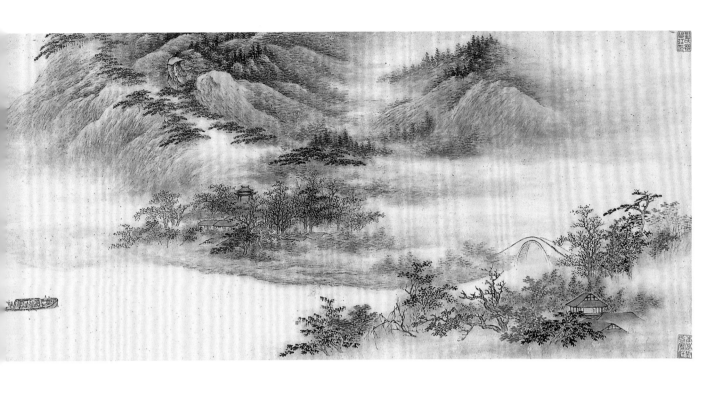

冬夜汎舟詩

蔣子文従招同諸子泛舟虞山之下盖壬戌十月望夕
也與東坡後迎赤壁同歲月日焉為韻候官張遠浮人字

嚴霜撒林木山空浮其真湖光正澄徹寒氣鎖埃塵憺
兹著嘰候宜此搖廣人扁舟載群彦皎月圓蒼曼焉
懷慨淳流宇思浮蝶响琴斝赤壁遊當年十六許酒酣有巨鱗七
空叫寒雁喧暖過荒的琴斝赤壁遊當年十六節辰
古人不可作古歡今重新長歌更聲揩痛飲弄波臣

福清翁之崢日歇于

壬戌十有望腾鹄浮昨朦企徘赤壁遊私野
東飲逗晚魚取雨酒后宫少蒿弓桃槃末歌
鑫之樽先燕蓋髩鴒迺叫生知来参晚夏
蓮絲卿多邁羝啤又湖濵浮多
羣閒勒宝蜂沍幹江计生鳴萬浒

鍾山武丹浮在字

萍踪隨兩應湖海渾無礙琴川有素交聚首承眵睬悠
蔣子心直與古人對時序值初冬扁舟集明葦緬懷赤
壁遊盛事今逢再容子喜見良辰感同戴葉筇陟丹
崖蒼茫姝可愛霜葉紅於花野水綠如黛高天落雁聲
殘照生驪背秉興復登舟一望雲霞靄俄見水螢升林
巒半明晦微波蕩流光万頃琉璃碎宵深燭漸短飲但
艤屡代迎船餘棹謌謌客愁不可耐今古曾幾何江山留
勝踪歸來夢羽衣開戶夫両在

十月望夕
文従招同起跂岸青敦先在話武君賈君汎
舟中即事今得地字韻

蔣翊三運南三盂持罷敬徹敕鼻此暇

正

249

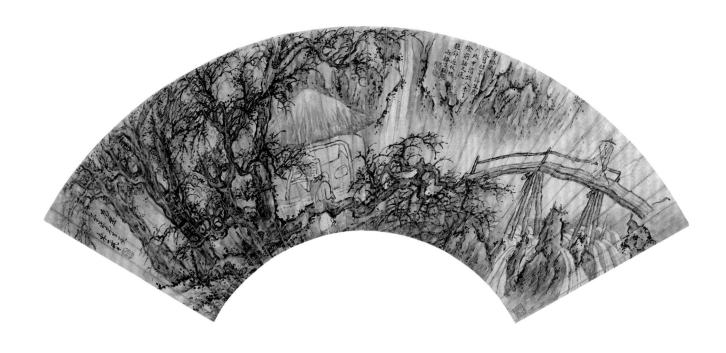

101

武丹　拖節訪友圖扇

清

紙本　設色　縱 16.5 厘米　橫 54 厘米

Calling on friend with a Cane
By Wu Dan, Qing Dynasty
Fan leaf, colour on paper
16.5 × 54cm

本幅自題："為發宣渡先生一笑。東山武丹。"鈐"武丹"（白
文）。另有湛融題詩："老樹飛泉舊結茅，浮生歲月此中消。
故人未了燈前話，又復拖節過板橋。西谿湛融題。"鈐"湛
融"（白文），另一印文不辨。

圖中描繪二老者相邀敍話的情景。林中草廬幽靜閒雅，又
配以小橋流水，反映了文人雅士們嚮往的生活。畫老樹虬
枝蒼鬱雄健，用筆較奔放粗獷，略帶鬆散的綫條勾畫出簡
潔生動的人物形象。構圖充實，設色樸素。此圖畫法近似
於"金陵八家"中的吳宏。

102

柳堉　仿惲向山水圖軸

清

紙本　墨筆　縱 196.1 厘米　橫 64.5 厘米

Landscape after Yun Xiang
By Liu Yu, Qing Dynasty
Hanging scroll, ink on paper
196.1 x 64.5cm

本幅自題："見惲香山臨叔明作，皴染
細秀，峯頓直，用解索。癸丑仲冬過
訪石林先生，凍研效顰，頗存遺意，未
知誰似也。白門柳堉。"鈐"柳堉之印"
（白文）。

癸丑為清康熙十二年（1673）。

圖繪江南山川渾厚、草木華滋的景象，
山勢、佈局均摹仿北宋范寬《溪山行旅
圖》。如清秦祖永《桐蔭論畫》所評：
"丘壑變換，層出不窮，所畫林木、山
石均無習氣。"然筆法、皴法多取董、
王和元人，墨色也較滋潤，可謂以元
人之筆墨，導宋人之丘壑，反映出明
末清初文人畫家之追求。

柳堉，字公韓，號愚谷。江寧（今南京）
人。工詩善畫，書學李北海，山水遒
逸蒼茫，得董、巨遺法，惟水口流泉
不能自然而有霸悍之態。

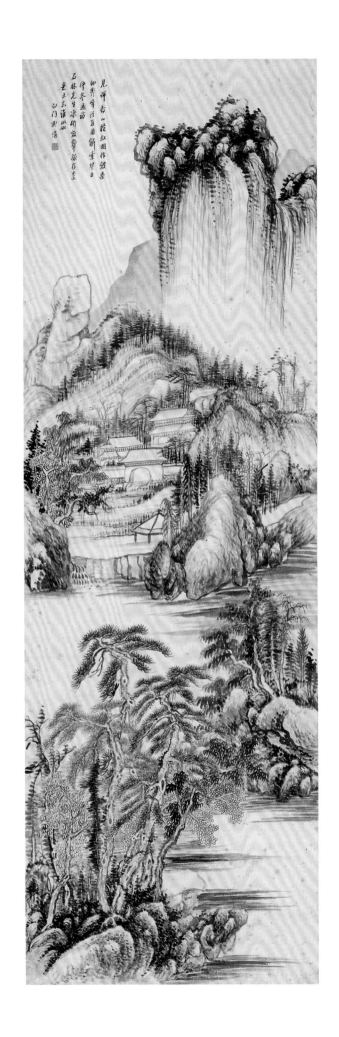

103

柳堉　山水圖冊

清

紙本　墨筆兼設色　共十開　每開縱 22.5 厘米　橫 17 厘米

Landscape
By Liu Yu, Qing Dynasty
Album of 10 leaves, ink and colour on paper
Each leaf: 22.5 × 17cm

第一開鈐"柳堉之印"（朱白文）、"洞虛"（朱白文）；第二開鈐"柳堉之印"（朱白文）；第三開印文殘；第四開鈐"養齋秘賞"（朱文）、"柳堉之印"（朱白文）；第五、六開鈐"柳堉之印"（朱白文）；第七開鈐"洞虛"（朱白文），另一印文殘；第八開鈐"柳堉之印"（朱白文）、"洞虛"（朱白文）；第九開鈐"柳堉之印"（朱白文）、"臣元"（白文）；第十開鈐"柳堉之印"（朱白文）、"養齋秘賞"（朱文）。

這套山水畫頁模寫宋元諸家筆意，風格各異，各開畫頁用筆構圖也無雷同。如第一開墨色濃淡、乾濕相間，極富層次感；第二開用墨較乾，綫條逎媚婉轉；第三開積墨濃厚沉穩；第四開仿吳鎮筆法，又結合米家氣韻，水墨淋漓，景色猶如天成，不拘泥於具體物象之形似；第五開意境空曠靈透；第六開構圖飽滿，章法平整；第八開仿倪瓚的枯筆皴擦，風格蕭逸簡淡；第七、九兩開景色偏於寫實；第十開富有田園氣息。此冊從筆墨、構圖、造境等方面反映了柳堉的山水畫藝術特色，為其存世代表作。

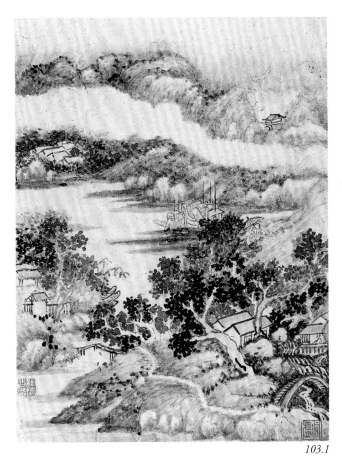

103.1

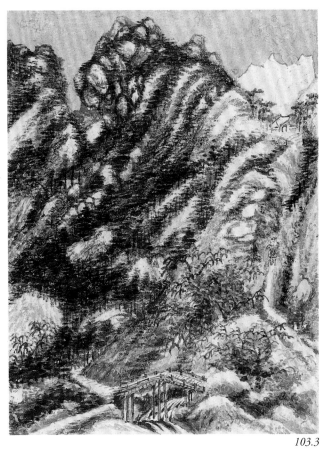

103.3

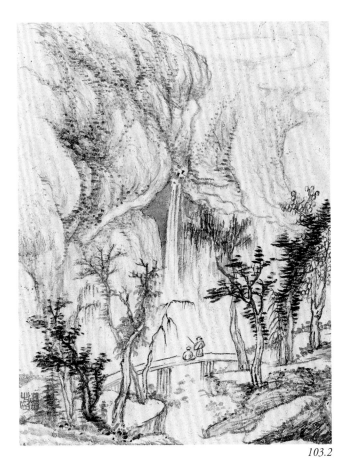

103.2

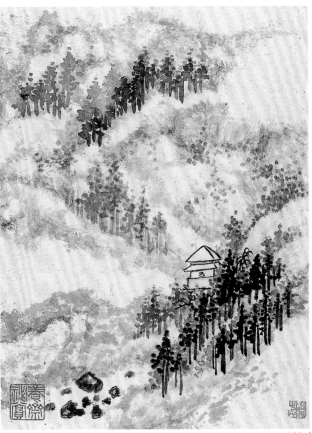

103.4

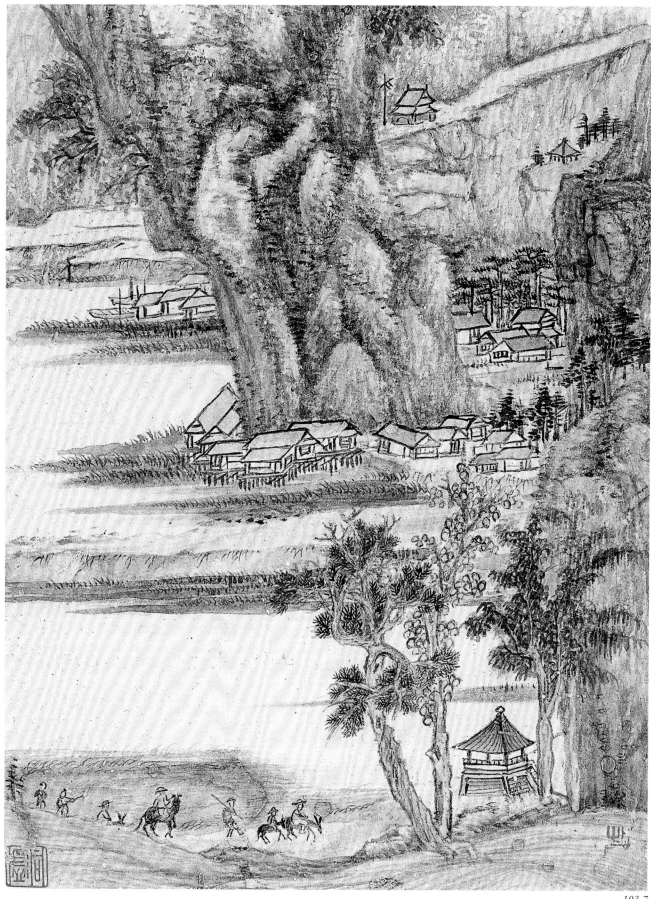

103.7

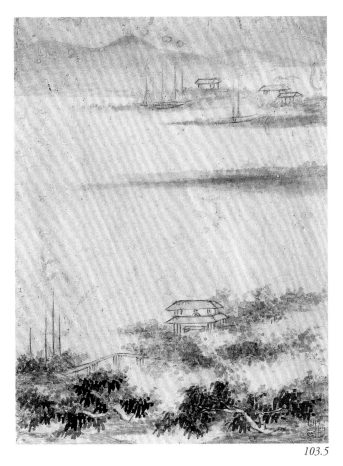

103.5

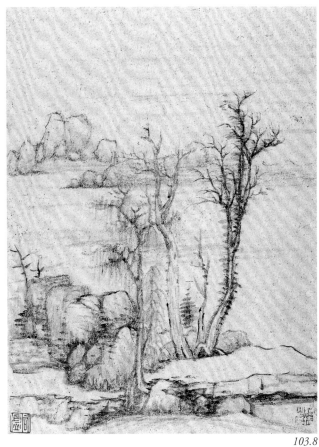

103.8

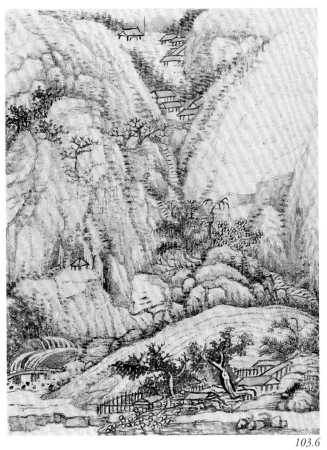

103.6

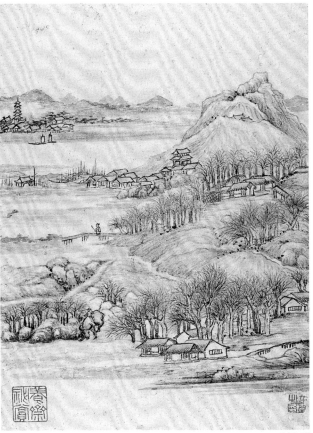

103.10

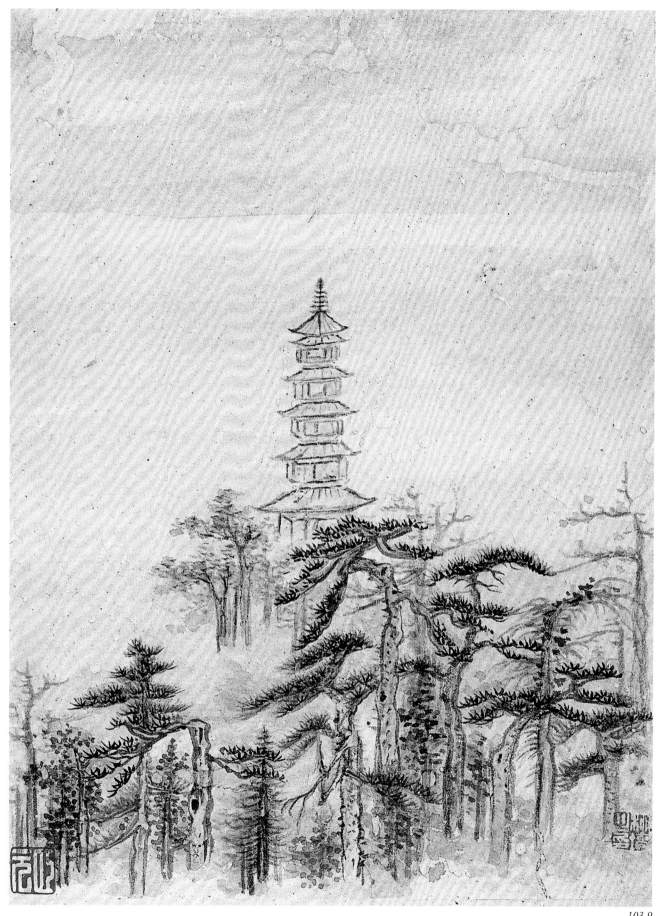

103.9

104

柳堉　山水圖卷

清

紙本　設色　縱 26.6 厘米　橫 448 厘米

Landscape
By Liu Yu, Qing Dynasty
Handscroll, colour on paper
26.6 × 448cm

引首曾熙題：“依舊江山六朝，公韓居金陵，所畫多金陵山水，因題此，農髯熙。”鈐“曾熙之印”（白文）、“戲海樓”（白文）。另有“味古閣”（朱文）、“味藜賞真”（白文）、“味藜鑑精”（朱文）。本幅無款識，鈐“味藜珍賞”（朱文）、“怡情養性”（白文）、“藜氏味古齋珍藏”（朱文）、“味藜鑑定金石書畫章”（朱文）。尾紙有龔賢、曾熙、味藜題跋。

此圖用筆運墨技法多樣，畫山巔用長披麻皴，畫岩石多用墨點，輪廓模糊，畫水邊沙洲則橫筆輕拖，筆法靈活鬆快。墨色濃淡變化，深淺得宜，疏秀蒼潤又不失渾厚。反映出畫家兼學諸家、力圖創格的追求。

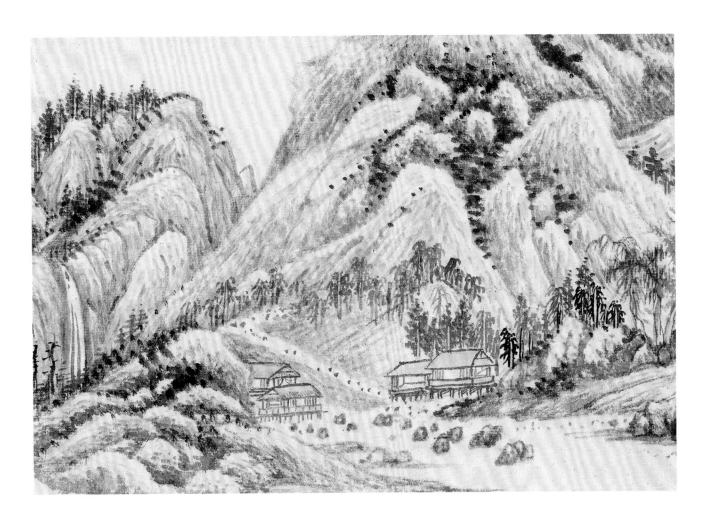

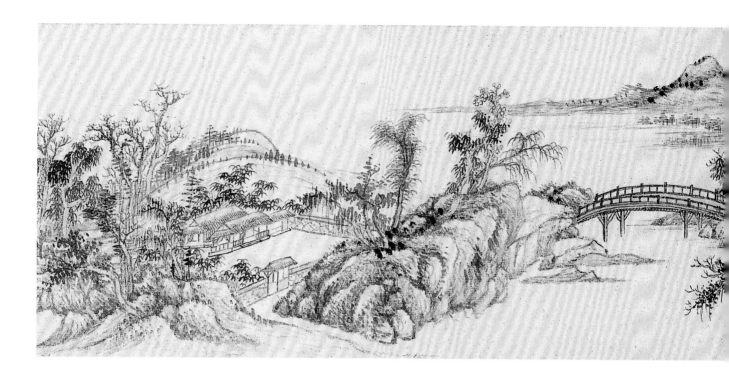

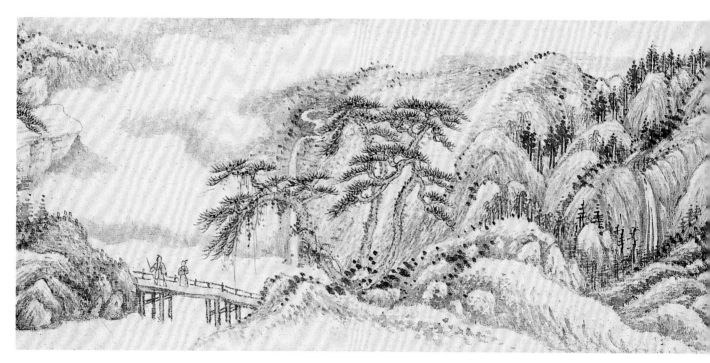

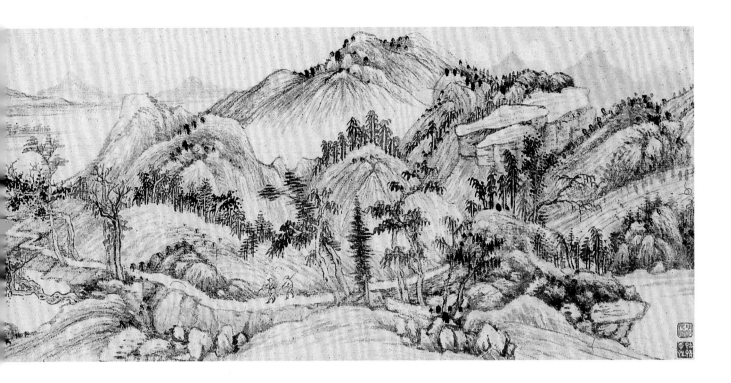

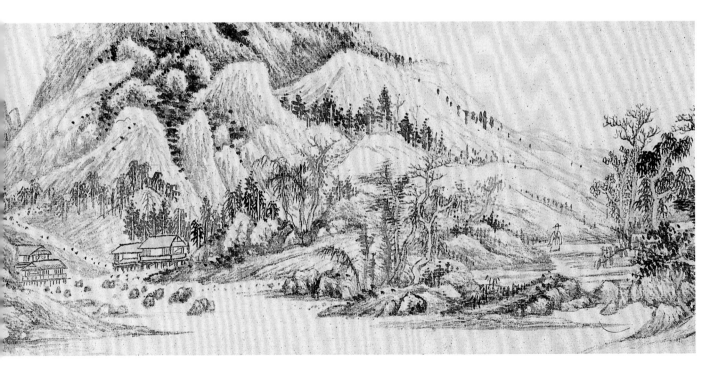

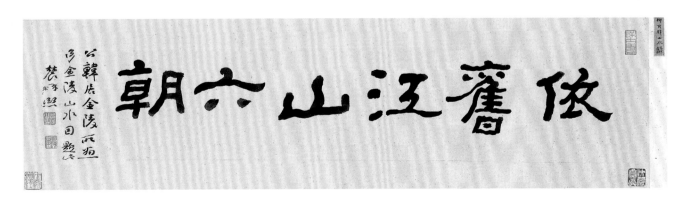

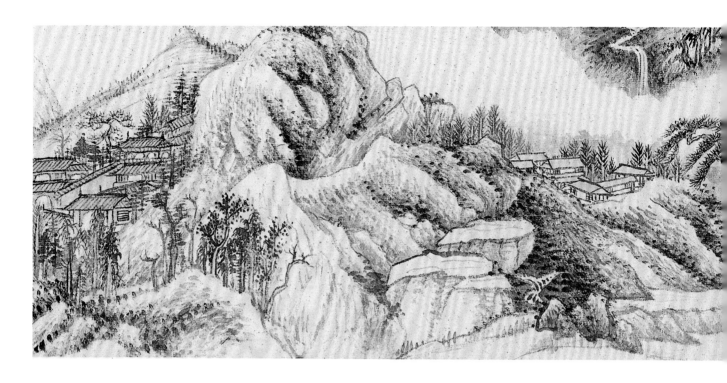

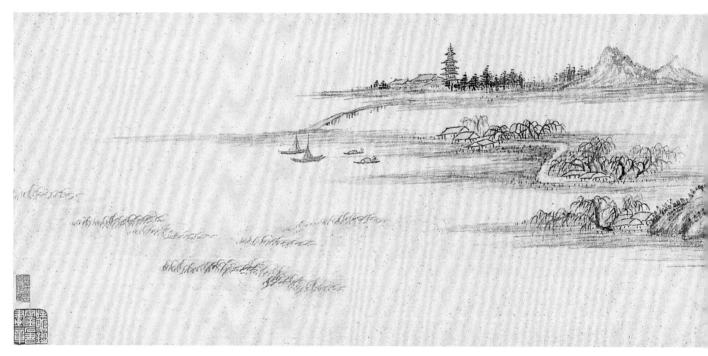

陕壤着書若杉一枝尔流飛瀑
直下为馬奔腾笑宝雷雁侣
一展觉心神为爽惟未列驳
鑊者鼎法纷纭芊亰一逗白玉间
璃似为美牛不芷五不知名稈未
梅海迴雜为松添若杉周半訊
每心一幀必恃乾心芊卷垔條畫
中後携清牛千拓改国事赴粤
泥乎
句位夫然说許速頻候玄由未
粤公题为金陵八家之一起以柳
名羣踩金陵之误钆記以恃考沅
美未古孔二章以版题诗
昌寅萃萃連峭岸大山著哉
雲霧中古松庋樹整雜客去
拐飛孔逃江東捍筆搖禎技瀑
布峣孔出高离别法花寛寚未
是孝未但恃半逄工董源卫
古浑厚千久雪林味秀通半千
题浅舂畫立徵刈此古妙郭功贲
壺白蟹未为寶所狼丸壹妙粲
泥乎
乙予诺傷楊川山人味震趙

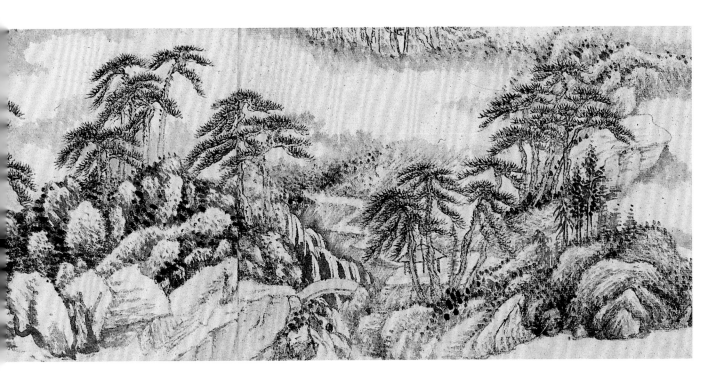

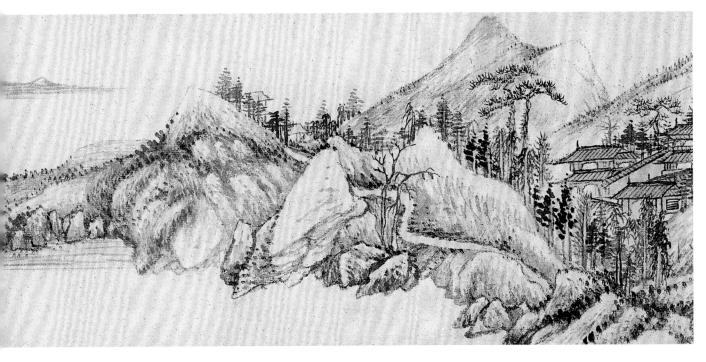

畫青綠而蒼老者趙陸而雄
勾勒皴染硯上五十年耆耋
興猶不日具蒼勁青之至
不誠維陽者之逸
甲辰趙望之未能郭
王翬此人唯日飲天地永
嘗畫廿韓葉白辰春永
綺靐留練如夏受
此皆拵華墨中兄
書窓心外韓勇東延
蘭章心波两丈卉西彼一
劳川棣我
必韓為金陵八家之
一乃考末暑款壺就
山半千耳公韓繡半
千為名然淋涓傾吐目真
面月窟半千義諸嘆
賓小畫也
戊辰五日麓子跋識

桃憩谷先生名靖宇公神江寧籍
清康熙間諸生工詩善畫名擅
時書法縱脫祝枝李北海山水
清重巨遺法却能簫蓋津挺秀
不冑維拵吼跋亞無其扛身之力
廿人多稔于北口添泉常此霸祥
之鋐子久用筆二者能過之性

105

周璕　松石圖軸

清

絹本　設色　縱 101.8 厘米　橫 150.8 厘米

Pine and Rock
By Zhou Xun, Qing Dynasty
Hanging scroll, colour on silk
101.8 × 150.8cm

本幅自題："嵩山周璕寫。"鈐"周璕之印"(白文)、'崑來'
(朱文)。

圖中畫松樹虬枝雄健，松針繁密，濃淡相雜。用淡墨烘染
樹幹與怪石，再於局部加重，以表現物象之陰陽向背，以工
整用筆和細膩暈染，力求表現出對象的真實感，是周璕顯
著的藝術特色。

周璕，字崑來，號嵩山。生卒年不詳，清初畫家，江寧 (今
南京) 人。擅畫人物花草及龍馬，筆墨工致。

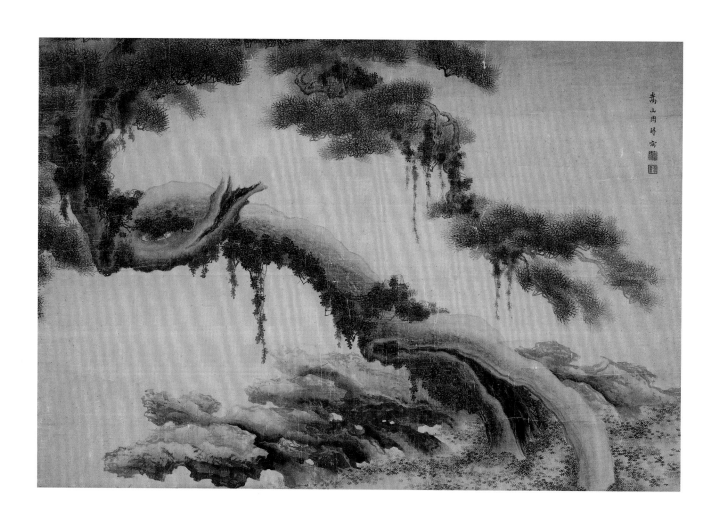

106

周璕　觀馬圖軸

清

絹本　設色　縱 194.7 厘米　橫 97 厘米

Watching Horses
By Zhou Xun, Qing Dynasty
Hanging scroll, colour on silk
194.7 × 97cm

本幅款識："觀馬圖。嵩山周璕寫。"
下鈐"周璕之印"（白文）、"崑來"（朱
文）。

此圖仿明代仇英一路畫法，人物綫條
流暢勁健，形象生動傳神。湖石、花
草、藤蘿亦皆刻畫工致，而虬結盤曲
的一松一柏則以寫意手法粗筆皴染，
使全圖於畫家的工穩細膩中顯示出特
有的筆致墨韻。尤其馬匹的造型結構
準確，勾染工細，毛色畢現，形象逼
真。在明末清初畫家中，周璕畫馬堪稱
名家。

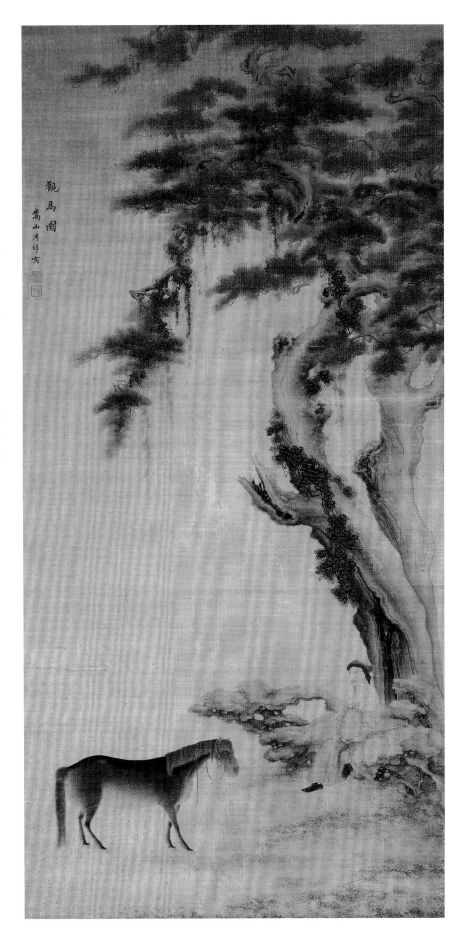

107

凌畹　山水圖頁

清

紙本　墨筆　縱 18.5 厘米　橫 17.2 厘米

Landscape
By Ling Wan, Qing Dynasty
Leaf, ink on paper
18.5 × 17.2cm

本幅自題："眉山凌畹筆。"鈐"凌畹"
（白文）。

圖中畫絕壁高聳，小屋有如空中樓閣。
石壁以長綫勾畫，短綫皴擦，樹葉、
草苔則以濃密繁複、深淺不同的細小
墨點來表現。繁多的墨點與石壁的大
塊平面形成強烈對比，再加上樹葉與
石塊不同質感的對比和墨色深淺的對
比，構成獨特的藝術效果。用點、綫、
面來展現墨色層次，顯出凌畹獨特的
表現手法。

凌畹，字又蕙。生卒年不詳，歙（今安
徽歙縣）人，寓金陵。學畫於方維，得
郭忠恕之神，長於山水、佛像、墨竹。

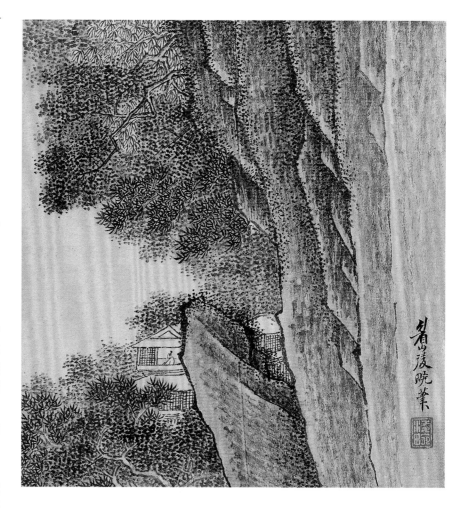

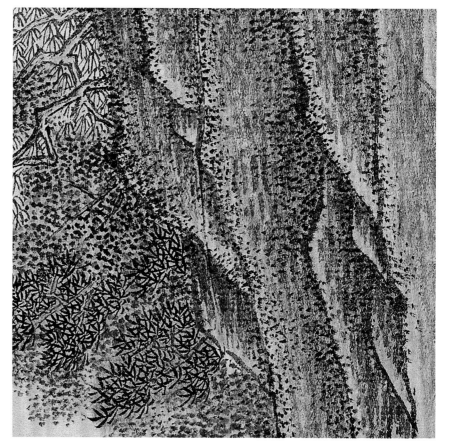

264

108

樊沂　張天師像圖軸

清

絹本　設色　縱 216.5 厘米　橫 94.8 厘米

Portrait of Zhang Tianshi

By Fan Yí, Qing Dynasty

Hanging scroll, colour on silk

216.5 × 94.8cm

本幅署款："丙午夏日，樊沂敬寫。"
鈐"樊沂印"（朱文）、"字浴沂"（白文）。

丙午為清康熙五年（1666）。

此圖描繪道教祖師張天師的形象，全
幅無任何襯景。張天師身穿道服，形
體碩偉，面部刻畫較精細，衣紋用綫
粗獷，誇張的形象似受明末陳洪綬、
丁雲鵬等人物畫風影響。為樊沂人物
畫的代表作。

樊沂，生卒年不詳，字浴沂。樊圻兄。
江寧（今南京）人。喜畫山水及人物、
花卉，風格粗勁豪放。

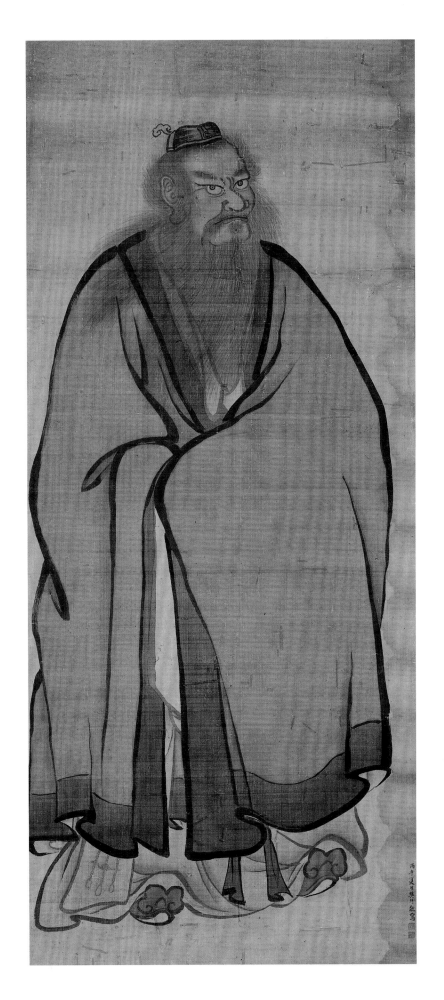

樊沂　人物圖頁

清

絹本　設色　縱 16.5 厘米　橫 22.8 厘米

Figures

By Fan Yí, Qing Dynasty

Leaf, colour on silk

16.5 × 22.8cm

本幅自題："樊沂畫。"鈐"浴沂"（白文）。

圖中描繪製茶的勞作場面，形象生動具體，體現了作者對
日常勞動生活的細緻觀察。人物勾描以釘頭鼠尾的筆法畫
成，刻畫精細，設色清新樸實。為樊沂工細一路的畫風。

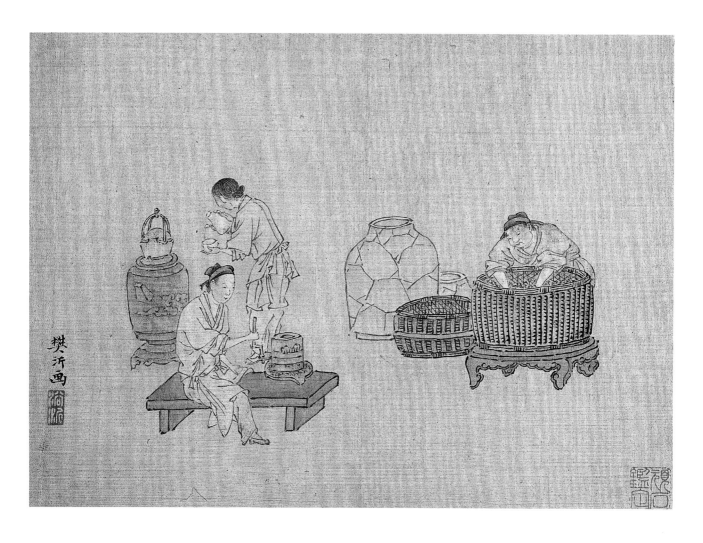

110

樊沂　山水圖頁

清

金箋　設色　縱 29.8 厘米　橫 33.2 厘米

Landscape
By Fan Yí, Qing Dynasty
Leaf, colour on gold-flecked paper
29.8 × 33.2cm

本幅自題："丙午昏日寫。樊沂。"鈐"樊沂"（朱文），另一
印文不可辨。

丙午為清康熙五年（1666）。

圖中繪山崗樹林，水波微泛，枝葉青葱茂密，以細小的墨點
層層點染，不同濃淡的墨色區分出遠近層次。中間留出較
多空白，表現江南山林中薄霧輕煙，瀰漫縹緲的特色。疏
密得當的佈局使構圖富於變化和韻律感。筆法細膩清秀，
風格清雋秀美，反映了樊沂山水畫的特色。

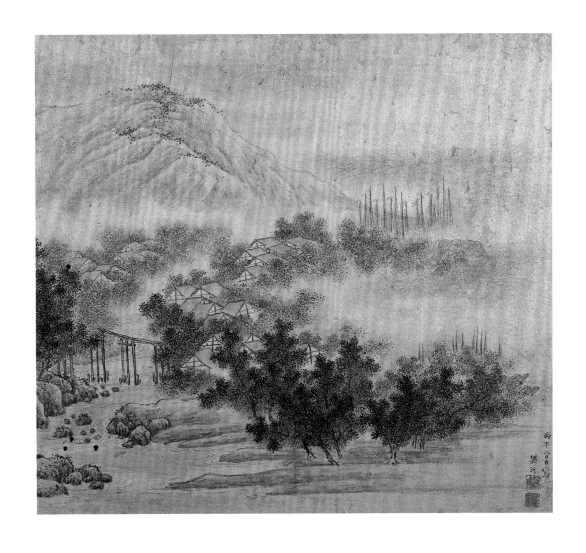

111

蔡澤　蕉蔭作畫圖軸

清

絹本　設色　縱 197 厘米　橫 102 厘米

Painting a Picture under the Shade of Banana Tree

By Cai Ze, Qing Dynasty
Hanging scroll, colour on silk
197 × 102cm

本幅自題："雪岩蔡澤畫。"鈐"澤"（朱文）、"蒼霖"（白文）。

此圖尺幅較大，是金陵諸家作品中不多見的人物畫之一。用筆工細，勾勒頓挫轉折，強健有力，其中桌案紙張等長而平直的綫條似用界筆畫成，工整細緻。人物各具形態，形象刻畫頗有古意。賦色較濃但艷不傷雅。表現文人悠然自得，寄情書畫的生活情景。

蔡澤（十七世紀末），字蒼霖，晚號雪岩。江寧人（一作溧水人）。善畫人物，兼長山水、花鳥。

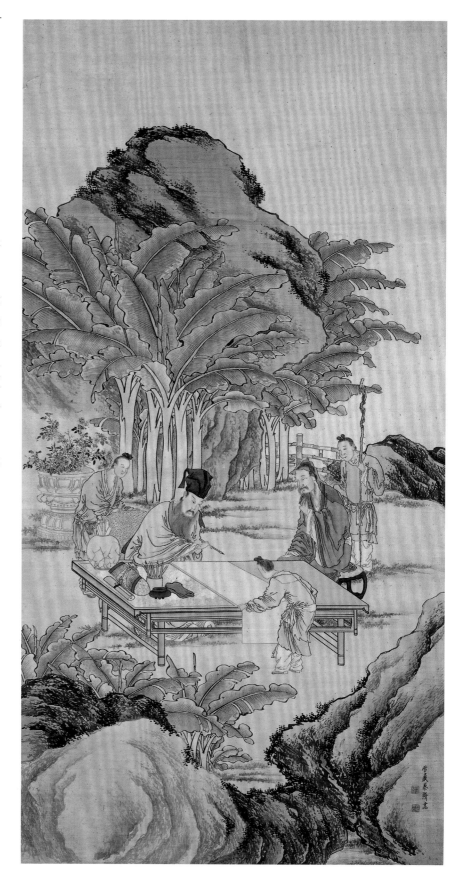

112

謝成　山水圖頁

清

金箋　設色　縱 29.8 厘米　橫 33.2 厘米

Landscape
By Xie Cheng, Qing Dynasty
Leaf, colour on gold-flecked paper
29.8 × 33.2cm

本幅自題"謝成"。下鈐兩印,印文不辨。

圖中畫山崗樹林,或勾描,或圈點,描繪出不同種類的樹
木,各具形態。以披麻皴法體現山體坡石的質感,又在其
上罩染了淡淡的花青色和朱磹色,豐富的色彩展現了秋季
山林的迷人景色,具寫實意味。

謝成(1612—1666 年),字仲美。吳(今江蘇蘇州)人。善
畫山水、花鳥,風格清淡簡括。受業於其父道陵而變以秀
潤。肖像畫亦逼真。

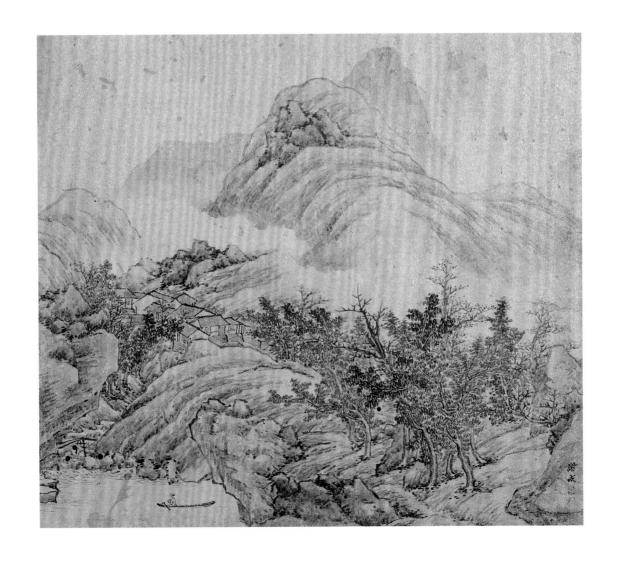

何亢宗　山水圖軸

清

紙本　設色　縱 62.2 厘米　橫 30.7 厘米

Landscape
By He Kangzong, Qing Dynasty
Hanging scroll, colour on paper
62.2 × 30.7cm

本幅自題"鍾山何亢宗"。鈐"亢宗"（朱文）、"何氏聿修"
（白文）。另有兩鑑藏印："豐亭珍玩"（朱文）、"南溪別墅
珍藏"（朱文）。裱邊有蘭甫題詩。

此圖品格雋逸，用筆勁力爽朗，筆畫清晰分明，色彩樸素淡
雅，盡得高岑筆法。

何亢宗，生卒不詳，字聿修。金陵人。高岑弟子，善畫山
水，畫風穩健清逸。

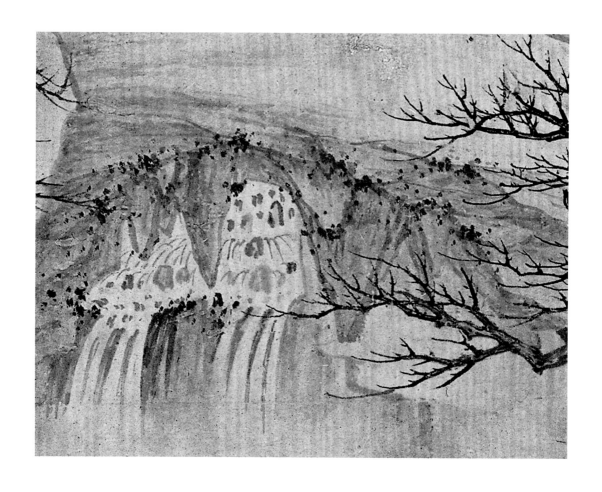

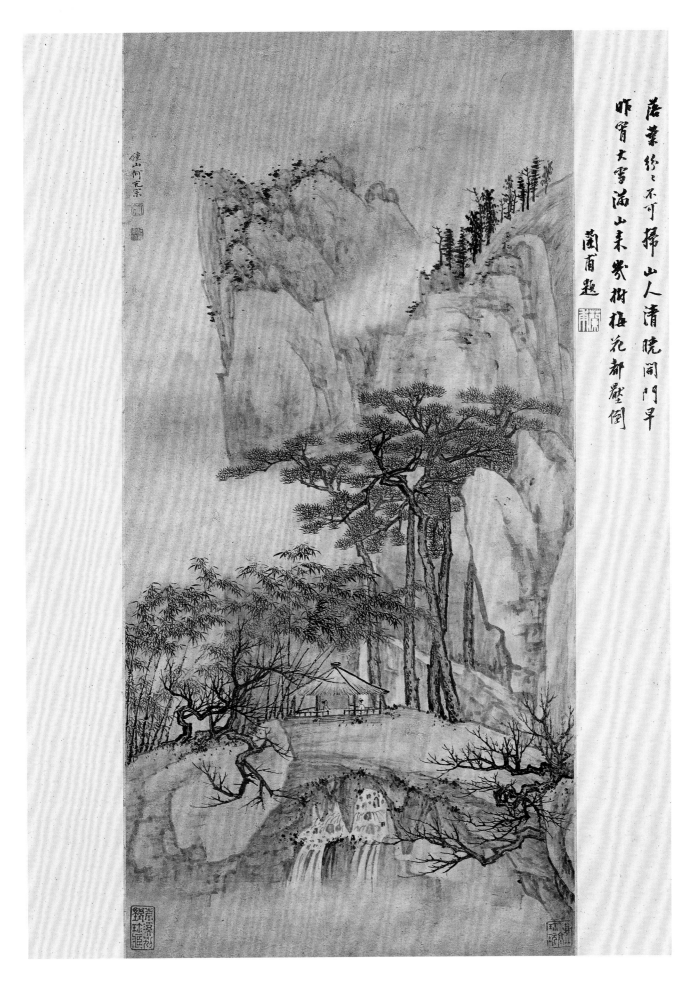

落葉紛紛不可掃　山人清曉開門早

昨宵大雪滿山来　數樹梅花都壓倒

蘭甫題

鍾山何元宗

114

官銓　山水圖冊

清

紙本　墨筆兼設色　共十二開

每開縱 17.7 厘米　橫 19.5 厘米

Landscape
By Guan Quan, Qing Dynasty
Album of 12 leaves, ink and colour on paper
Each leaf: 17.7 × 19.5cm

第一開鈐"方楷"（朱文）；第二開鈐
"官銓"（白文）；第三開鈐"銓"（朱
文）；第四開鈐"官銓"（朱文）；第五
開鈐"山啟"（朱文）；第六開鈐"字
方楷"（朱文）；第七開鈐"官銓"（朱
文）；第八開鈐"方楷"（朱白文）；第
九開鈐"方楷"（朱文）；第十開鈐"方
楷"（白文）；第十一開鈐"方楷"（朱
文）；第十二開鈐"官銓之印"（白文）。
每幅對開均有其師龔賢題記。

官銓師從龔賢，運墨用筆都與龔賢頗
為相近。此本冊頁每開面貌各異，總
匯了龔賢的各種畫法，或乾筆積墨；
或濃重潤澤；或墨點縱橫排列，用筆簡
約；或皴染結合，清新淡雅。構圖有鬆
有緊，令人回味無窮。

官銓，字方楷。江寧（今南京）人。能
詩，工山水畫，風格近龔賢。

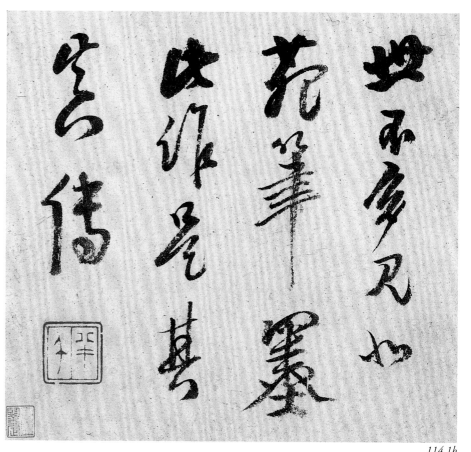

114.1b

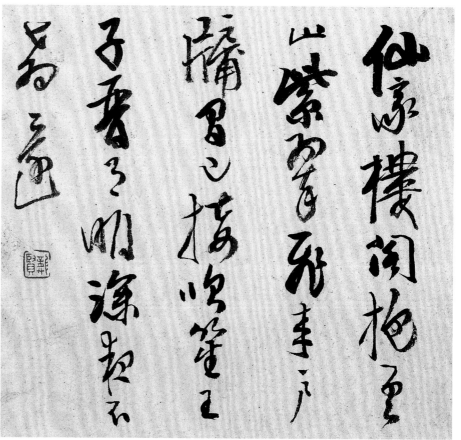

114.3b

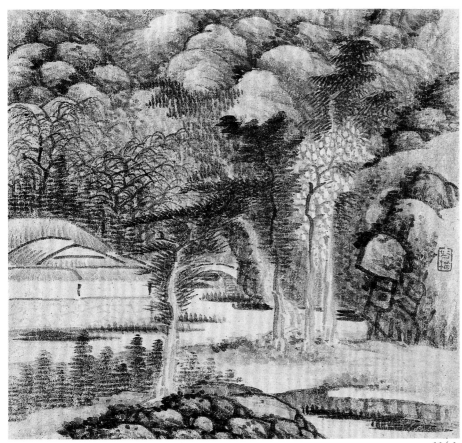

114.1a

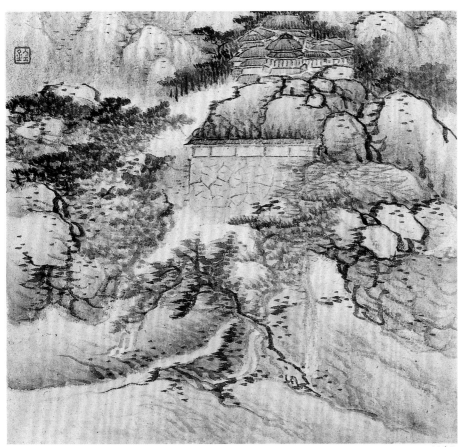

114.3a

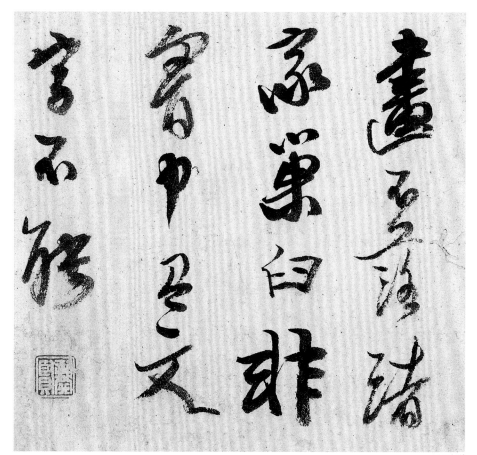

114.4b

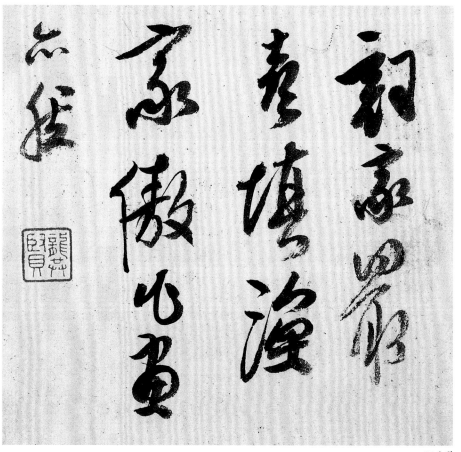

114.6b

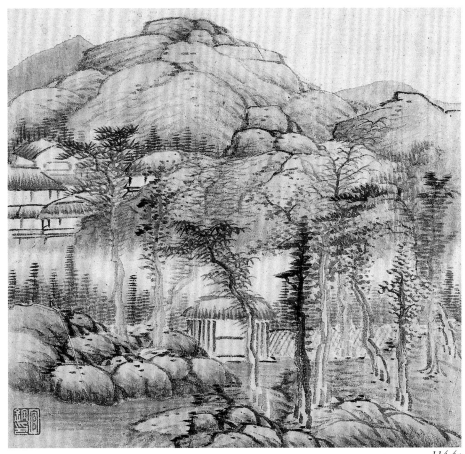

114.4a

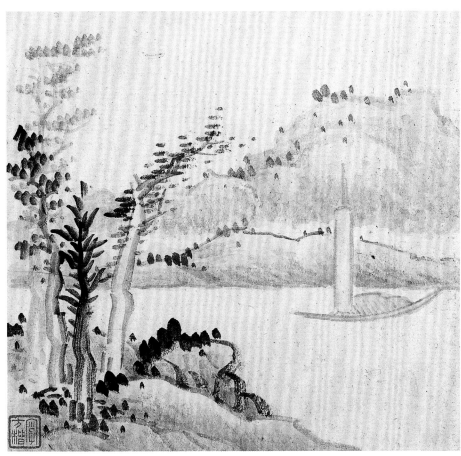

114.6a

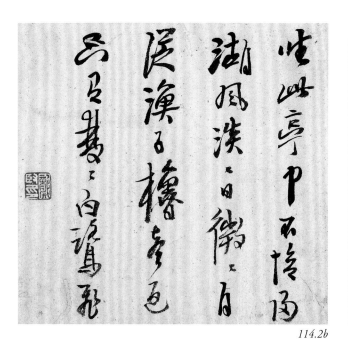

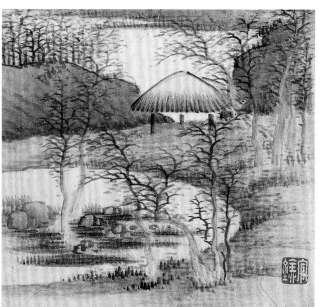

114.2b

114.2a

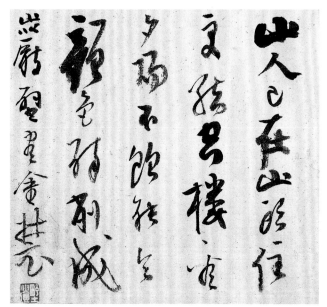

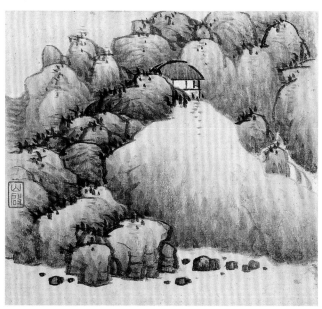

114.5b

114.5a

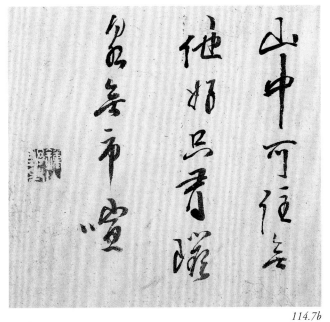

山中可住杳
便好只青嶂
留莫市□

114.7b

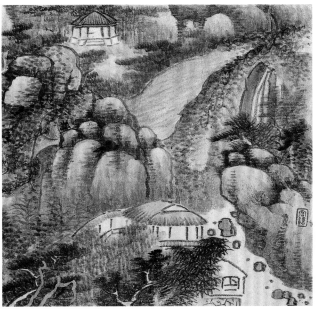

114.7a

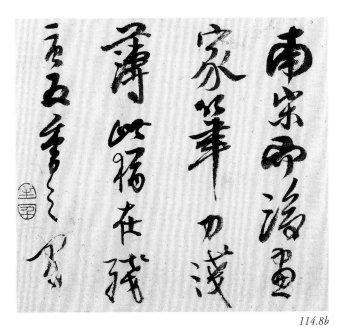

南宗雨瀹墨
家筆刀淺
薄此福在殘
五□
□

114.8b

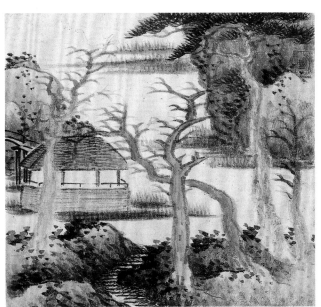

114.8a

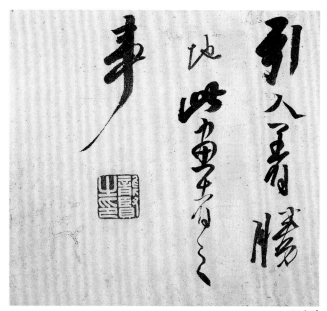

114.9b

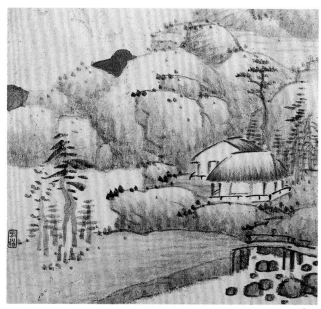

114.9a

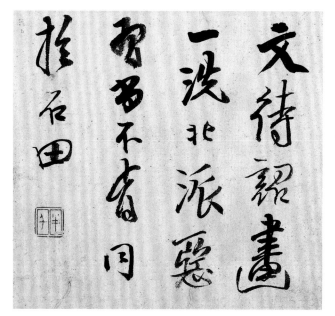

114.10b

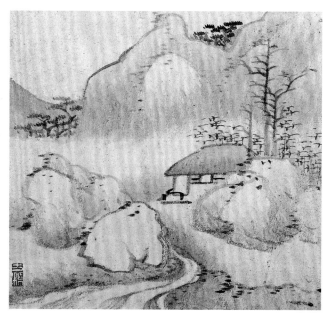

114.10a

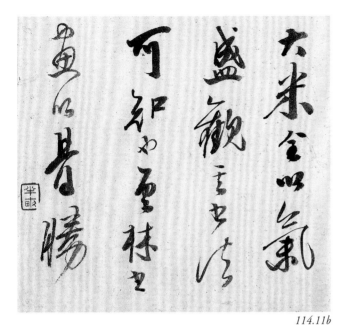

114.11b

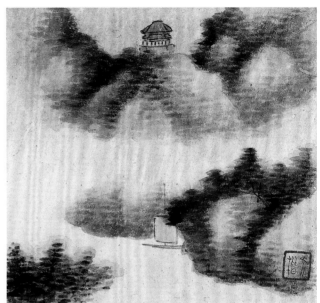

114.11a

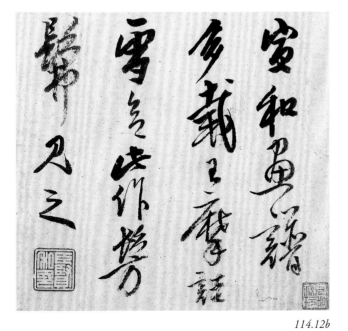

114.12b

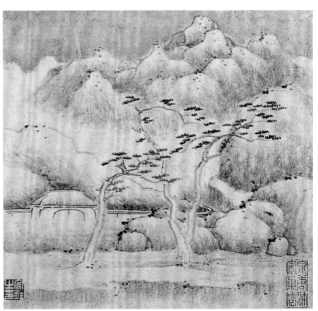

114.12a

115

鄭淮　山水圖冊

清

紙本　設色　共六開　每開縱 19.7 厘米　橫 16.4 厘米

Landscapes
By Zheng Huai, Qing Dynasty
Album of 6 leaves, colour on paper
Each leaf: 19.7 × 16.4cm

第一開鈐"鄭淮"（朱文）；第二開鈐"鄭淮"（白文）；第三開鈐"桐原"（白文）；第四開鈐"桐原"（朱文）；第五開鈐"桐原"（白文）；第六開款識："辛酉九月寫呈修翁老先生正。晚學鄭淮。"下鈐"淮印"（白文）、"桐原"（白文）。

辛酉為清康熙二十年（1681）。

此冊筆墨或輕靈鬆秀，或蒼莽渾樸。各開構圖不同，取景各異，境界或沉鬱蒼茫，或清幽淡雅，或疏闊曠遠，卻均能引人入勝，表現了作者豐富的筆墨技巧和多樣化的藝術風格。

鄭淮，生卒年不詳，字桐原，江寧（今南京）人。善山水、花卉、人物，師於樊圻。其筆意拓展，氣宇軒昂，去樊氏枯冷之氣。

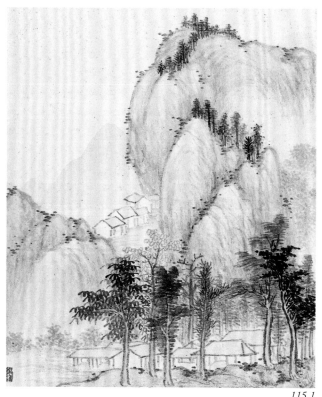

115.1

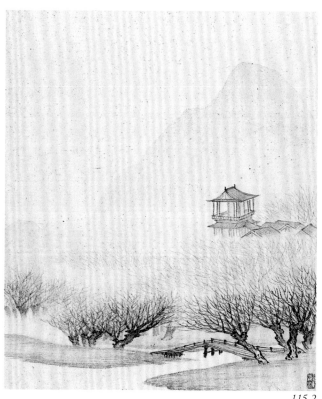

115.2

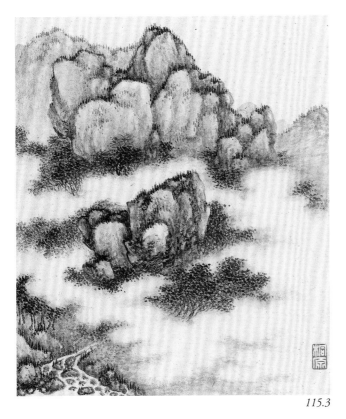

115.3

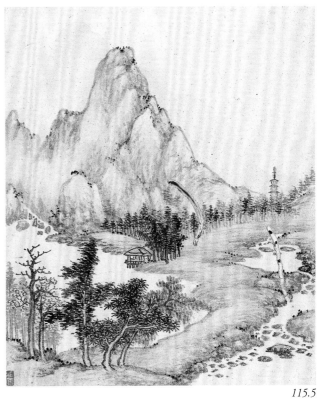

115.5

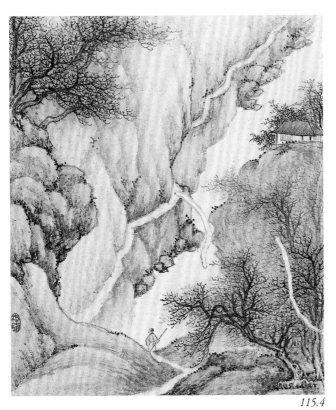

115.4

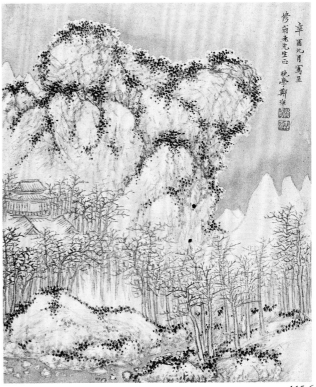

115.6

116

王蓍　鳳台秋月圖軸

清

絹本　墨筆　縱 150.7 厘米　橫 48.5 厘米

The Autumn Moon over the Feng Tai Terrace

By Wang Shi, Qing Dynasty
Hanging scroll, ink on silk
150.7 × 48.5cm

本幅自題 "鳳台秋月"。下鈐二印，上方 "詩中有畫"（白文）、下為朱文印，漶漫不清。

鳳台為古地名，即今安徽鳳陽抑或山西晉城。該圖畫古城外一高台，上有二文士對坐，台下林木葱鬱，村舍相疊。其樹法得益於畫譜，山石的綫條和皴點簡潔明朗，似有清初金陵版畫的韻味，與其兄王概之作相比少了些粗勁和沉厚之氣，多了些秀雅和清俊之態。

王蓍（？一 1737 年），原名尸，字宓草（又作伏草），號湖村。秀水（今浙江嘉興）人。王概之弟。山水學黃公望，亦擅花卉禽鳥，畫風近其兄。工篆隸。著有《瞰浙樓集》。

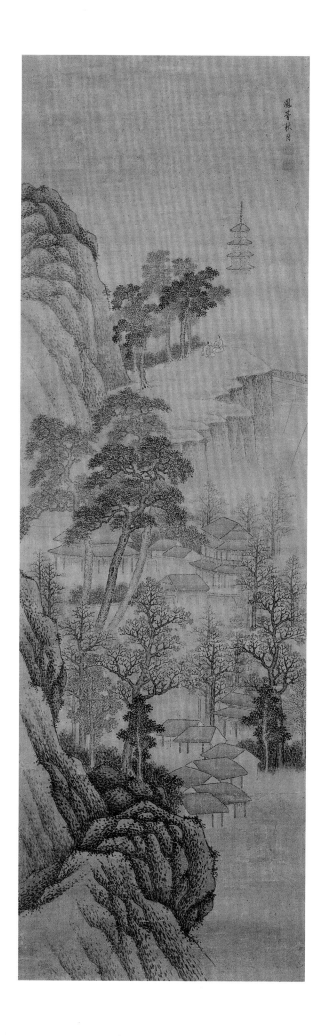

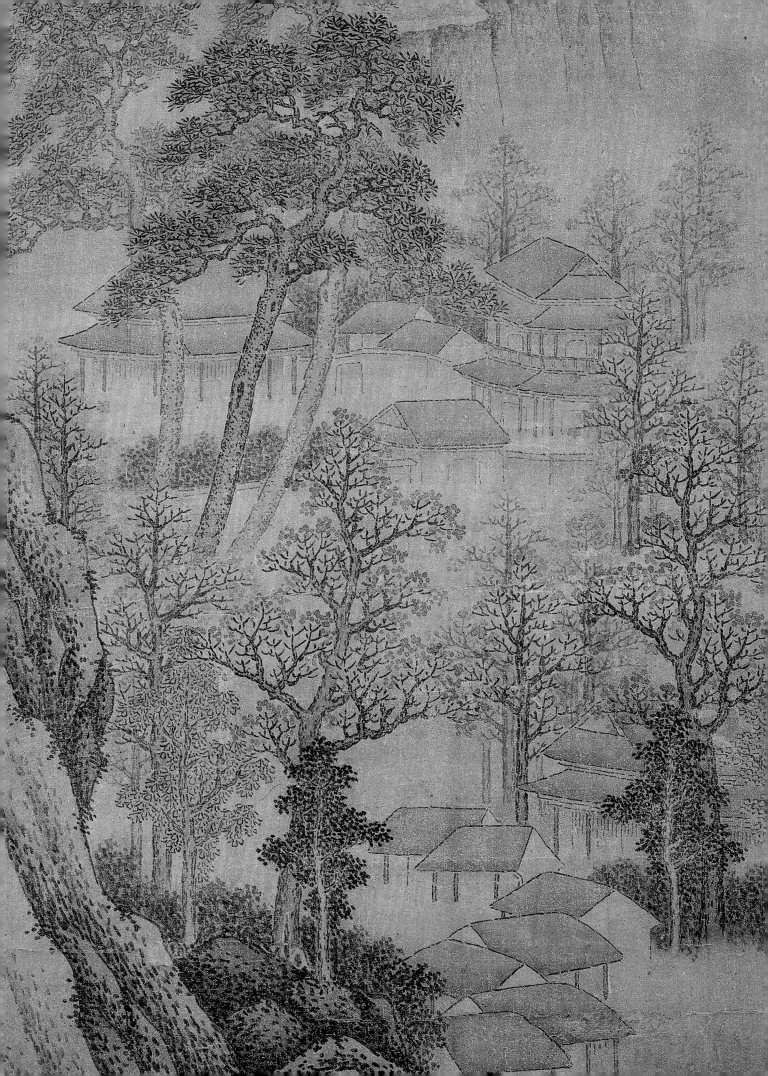

117

王著　雜畫故事圖冊裝屏

清

絹本　墨筆淡色　每條縱 20 厘米　橫 31.7 厘米

Miscellaneous Subjects Illustrating to Historical Tales
By Wang Shi, Qing Dynasty
A set of 4 vertical hung scrolls
Ink and light colour on paper
Each leaf: 20 × 3i.7cm

原為一冊，共十六開，後裱為四條屏，每屏有三頁。各繪文
人隱士所鍾愛之物，手法簡潔，極富率意和質樸，在尋常的
食用之物中，可見作者灑脫不羈的個性。

第一條作者自題："圯橋履。呼孺子進履，因以授書，後之
報韓安劉，留侯始終得力老人處多矣。"鈐"王著氏"（朱
文）、"宓草氏"（白文）。

第二條作者自題："季鷹蓴鱸。人生貴得志，江東蓴羹鱸膾
之思，豈非身後名耶？"鈐印同上。

第三條作者自題："橫渠皋比。朱子贊曰：蚤悅孫吳，晚逃
佛老；勇撤皋比，一變至道。噫！橫渠先生過人遠矣。"鈐
印同上。

第四條作者自題："玄真蓑衣。青箬笠，綠蓑衣，煙波釣徒，
飄然欲仙，不待中流浮席，揮手上升時也。"鈐印同上。

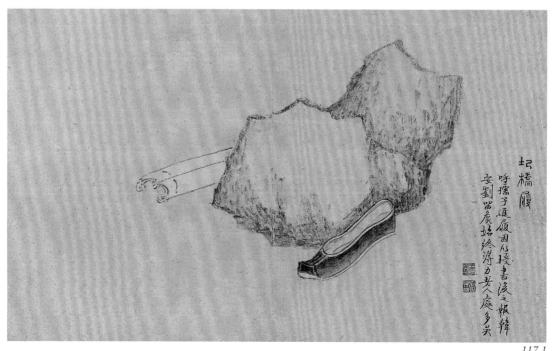

117.1

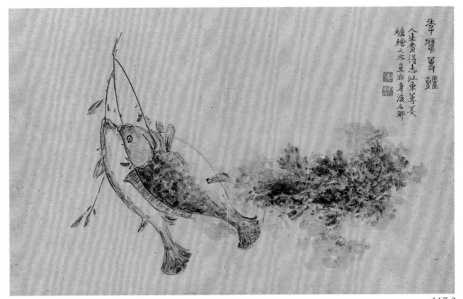

117.2

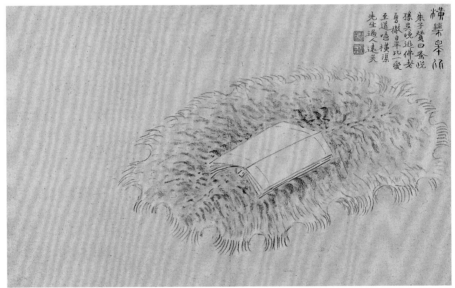

117.3

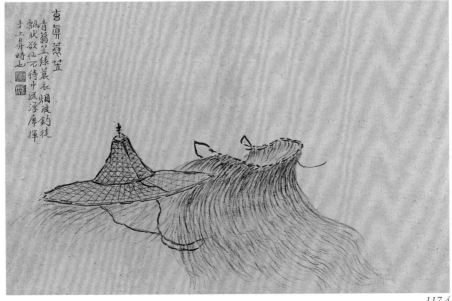

117.4

118

王蓍　金陵勝跡圖冊

清

絹本　設色　共八開　每開縱 33.5 厘米　橫 36.8 厘米

Wonderful Scenery in Jinling
By Wang Shi, Qing Dynasty
Album of 8 leaves, colour on silk
Each leaf: 33.5 × 36.8cm

每開對幅均有王蓍的小楷題文，上文介紹所畫之景的地理情況，下文以景名為題賦七律詩一首，署名款"王蓍"，下鈐"王蓍"（朱白文）、"伏草氏"（白文），畫幅上均未題名款。"伏草氏"是王蓍中晚年的號，故該冊約繪於十八世紀初。全冊以細筆、小青綠設色繪成，一樹一石，皆刻意求實，所繪之景皆是金陵城內外的著名勝景，並參韻了古人的詩意。

第一開杏村問酒。鈐"王蓍"（白文）。作者以唐代杜牧詩《清明》中"借問酒家何處有，牧童遙指杏花村"之意畫江寧縣沿邊的杏花、酒家。

第二開桃葉臨流。鈐"王蓍"（朱白文）。作者畫秦淮河畔的柳村古渡。

第三開白鷺春潮。鈐二印，上印殘破不辨，下印"宓竹"（朱文）。畫金陵城西南面的白鷺洲。

第四開赤石丹榴。鈐"王蓍"（朱文）。畫城南烏衣巷附近秦淮河畔的赤石磯。

第五開祖堂佛跡。鈐"王蓍"（朱白文）。畫城外牛首山上的佛寺祖堂。

第六開莫愁曠覽。鈐"王蓍"（朱文）。畫城南莫愁湖全景。

第七開弘濟江流。鈐"宓草氏"（白文）。畫城外東北燕子磯附近臨江的弘濟寺。

第八開達摩靈洞。鈐"王蓍"（朱白文）。畫城外東北幕府山下長江邊上的達摩洞。

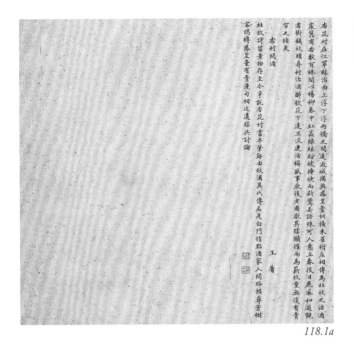

118.1a

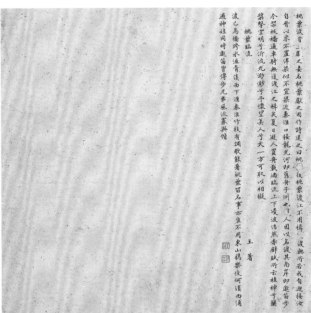

118.2a

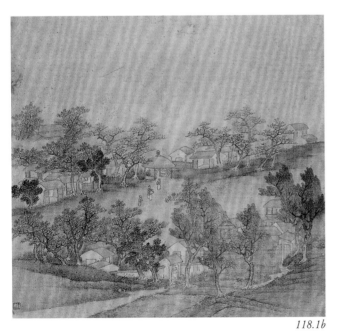

118.1b

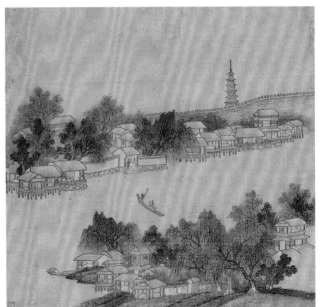

118.2b

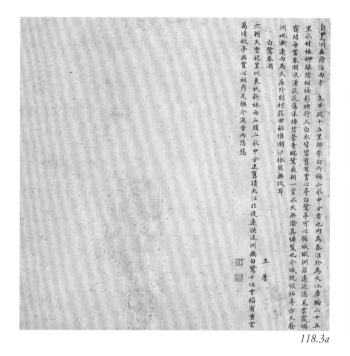

白鷺洲在府治西南身
生厥地十五里即李白所稱二水
里水村植柳綠陰相接影映行人白衣皆碧青有實心亭中分者也內為泰淮外為大江廣輪二十五
洲地漸遠內則村莊田畝惟湖沙似然無仅耳
白鷺春潮
六朝天墊把里州東抵新林西石頻二水中分遠舊蹟大江北徙遠洪流洲無白鷺千維雪稻有黃雲
萬頃秋亭與賞心相鬥足撫今追昔兩悠悠

王著

118.3a

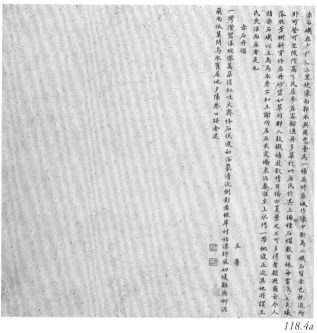

赤石磯在十一分之二里枕漲雨郭本與周宏置為一榻吳時景城作墩中斷為二磯石皆赤色枕流而
卧可登可坐陂陀高下民居李庄客船漁火集於兩岸每當春夏景不可多得若顏此圖人今人
洛瑕芳樹斜暉若丹砂碧草坪種植石榴數百株
捨奇石峽以上為永巷不如王謝所居在武定橋東沿泰淮至上水門一帶桃波正其地所謂王
民灰淮石峽而居者是也
赤石丹楊
一灣澄碧溪坡緣萬朵程紅吐火齊悟石伏波如浴象清流倒影若機岸村姑漿紆風切媛雜燕柳泥
罷向低菓閒鳥水舊居地夕陽卷口蹟全迷

王著

118.4a

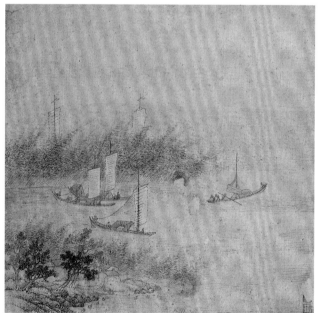

118.3b

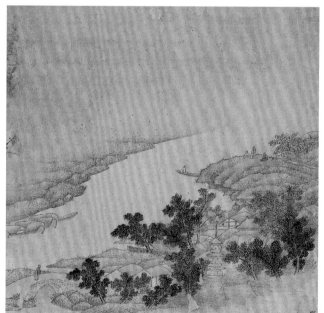

118.4b

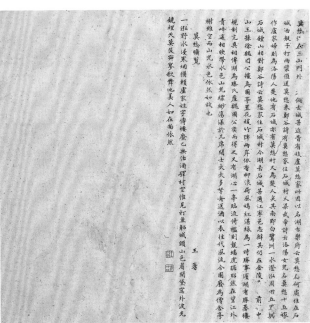

其熱地在三山門外二鋪去城善近音有姚盧莫慈家峙圍以名湖古樂府云其慈名何處住在石城西親子打兩漿惟送莫慈來鄭谷詩有莫慈家住石城村女最嚲詩云洛陽女兒對門居莫慈家家住石城村為楚人笑其南即白鷺洲一水澄泓周四五里其石城鎮山相對鄭谷詩云莫慈家住石城村合湖去石城善通江寺筆佔五金段之一莆中山王張徐魏回公接為園事置花樓竹障兩舁依舫香柳浪府凍採有勝基樓規劃充與相傳湖為魅凡庄魏國公實而得之又有湖畔依倚檻在望江外青峰道相映帶水色山光綠紗蕩漾於几席間士大夫多擊舟送酒以表往代風流令圍廢為傳舍亭榭雅室而山光水色依然如故也
莫慈曠覽
一泓野水浸果綢繆相盧家姓字傳樓底已無佑涌驛村空惟見打魚船城頭山色眉開墮窓寅外波光鏡裡天莫笑歌聲歌聲也美人如在尚依照

王著

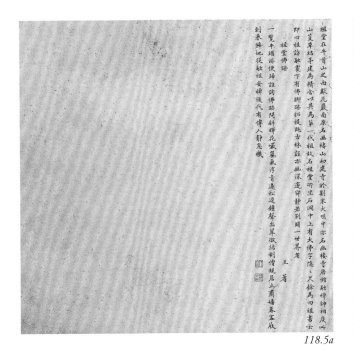

祖堂在牛首山之西獻花巖南麓名曲祿山初建為精舍又
山茨草結茅建為精舍名其去為第一代祖故名祖堂寺所
即四祖訪融菴下有佛腳跡拓提古林誼亦幽深窅靜若開一世界云
祖堂佛菴
一覽牛頭游使歸誼詢佛骸閒斜暉花藹藹氣浮青靄松逕鐘聲出草菴結制傳親居山蕭橋秦客版
到來禪地後融祖女禪樓代有傳人靜息機

王著

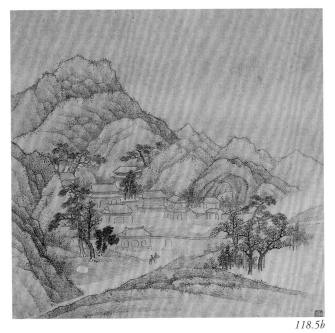

118.5b

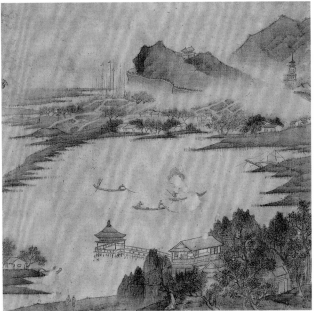

118.6b

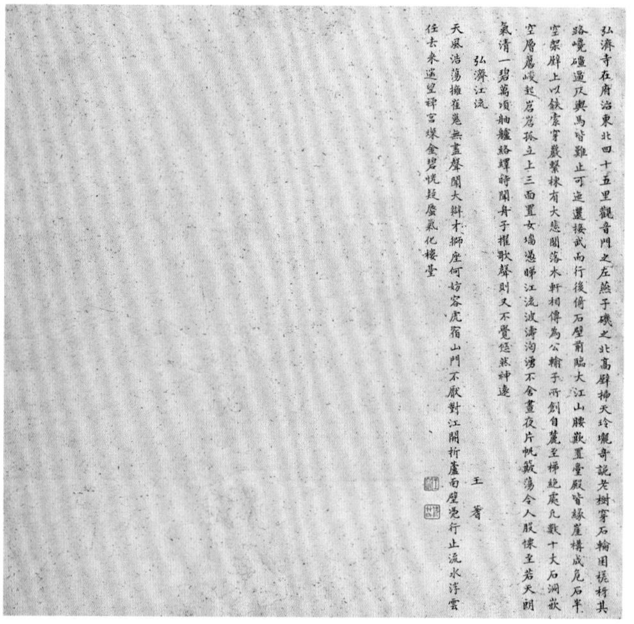
弘濟寺在府治東北四十五里觀音門之左燕子磯之北高壁插天玲瓏奇詭老樹穿石輪囷撓折其
路嶮巇逼仄輿馬皆難止可迤邐接武而行後倚石壁前臨大江山腰斷置臺殿皆緣崖構成危石半
空架壁上以鉄索穿巖繫棟有大悲閣落木軒相傳為公輸子所創自麓至梯絕處凡數十丈石洞嵌
空層巒峻起岩岩孤立上三面置女墻憑睇江流波濤洶湧不舍晝夜片帆馳蕩令人股慄至若天朗
氣清一碧萬頃舳艫絡繹時聞舟子櫂歌聲則又不覺悠然神遠
弘濟江流
天風浩蕩擁崔嵬無盡聲聞大辯才獅座何妨容虎宿山門不厭對江開折蘆面壁晃行止流水浮雲
任去來遙望禪宮爍金碧恍疑蜃氣化樓臺
王著

118.7a

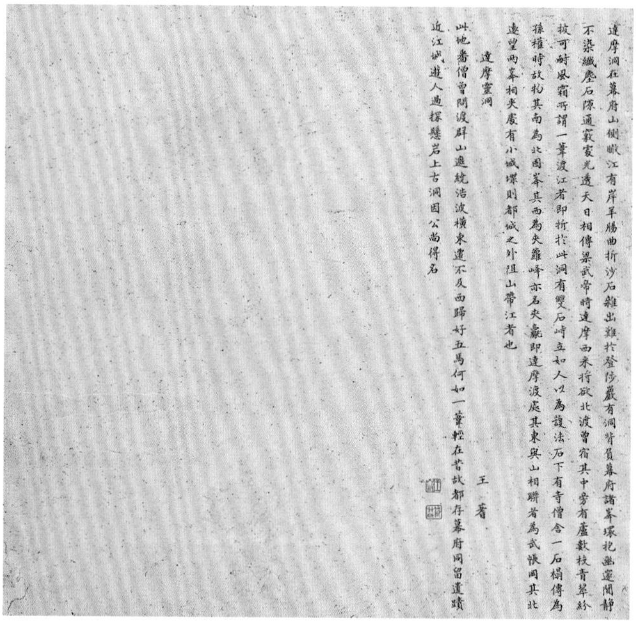
達摩洞在幕府山側瞰江有岸羊腸曲折沙石雜出難於登陟巖有洞背負幕府諸峯環抱幽邃閒靜
不染纖塵石隙通竅窦光透天日相傳梁武帝時達摩西來將欲北渡曾宿其中旁有蘆數枝青翠紛
披可耐風霜所謂一葦渡江者即折於此洞有雙石峙立如人以為護法石下有寺僧舍一石榻傳為
孫權時故物其南為北固峯其西為夾蘿峰亦名夾矗即達摩渡處其東與山相聯者為武帳岡其北
遠望兩峯相夾處有小城堞則都城之外阻山帶江者也
達摩靈洞
此地耆僧曾問渡群山遶繞浩波橫東遼不及西歸好五馬何如一葦輕在昔故都存幕府岡留遺蹟
近江城遊人過探懸岩上古洞因公尚得名
王著

118.8a

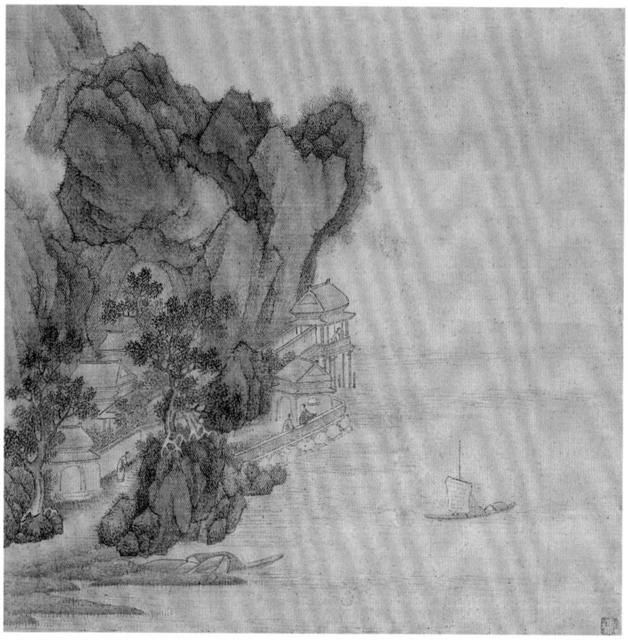

118.7b

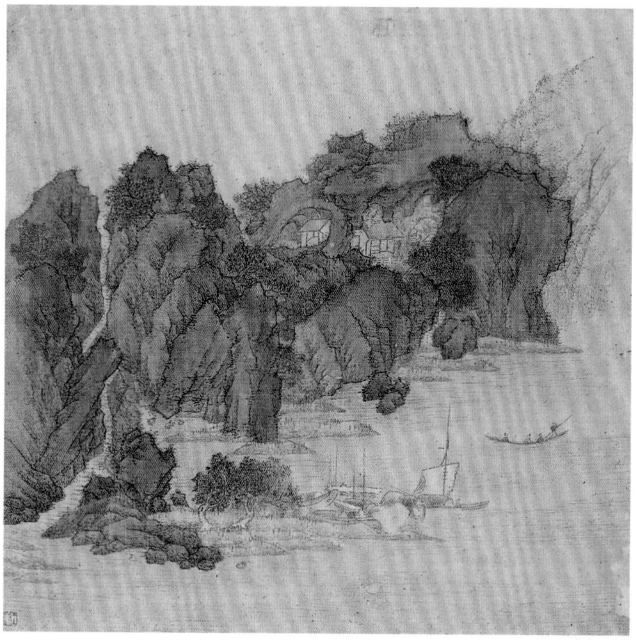

118.8b

119

張敔　雙鳥啄柳圖軸

清

紙本　墨筆　縱 79 厘米　橫 39.3 厘米

Two Birds Pecking at Insects on a Willow Tree

By Zhang Yu, Qing Dynasty
Hanging scroll, ink on paper
79 × 39.3cm

本幅自題："壬子夏五為芸昉賢姪作。雪鴻張敔。"鈐"印"（白文）、"春生"（白文）。鑑藏印"彭天真賞"。

壬子為清乾隆五十七年（1792），張敔時年五十八歲。

圖繪雙鳥攀附於柳樹上啄蟲。全幅墨色明潔，濃淡層次豐富而和諧。筆法疏放靈活。構圖精練概括。雙鳥啄蟲的專注神態刻畫得逼肖。

張敔（1734—1803 年），字芑園，又字虎人。號雪鴻，又號木者、芷沅、芷園、止道道人。安徽桐城人，遷居江寧（今南京）。精擅山水、人物、花草、禽蟲等，亦長於寫真。其筆情縱逸，韻致蕭然，橫塗豎抹，別具生氣，墨色濃淡，各極其趣，惜顯筋露骨。他工詩能書，好刻急就章，亦甚為精妙。

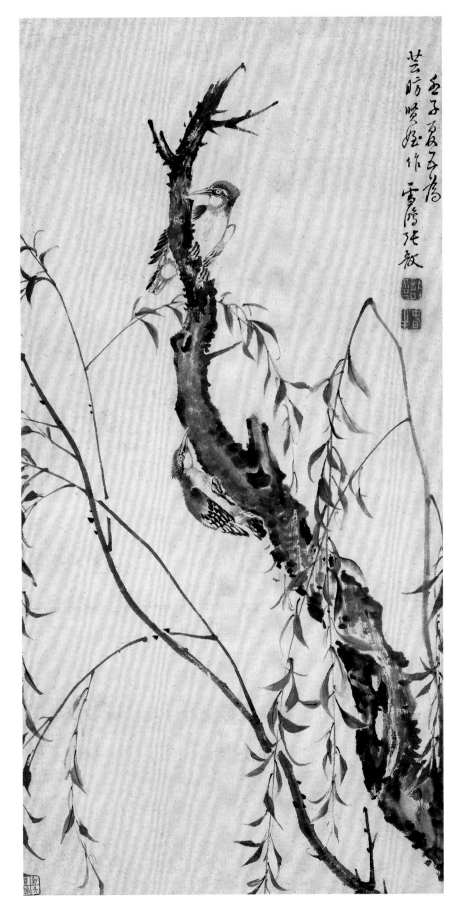

120

張敔　山水圖軸

清

紙本　墨筆　縱65.4厘米　橫37.1厘米

Landscape
By Zhang Yu, Qing Dynasty
Hanging scroll, ink on paper
65.4 × 37.1cm

本幅自題："嘉慶戊午小春之初，頑伯
學長過訪，貽我法書二幀，古雅圓勁
兼得，閱諸篆刻直逼秦漢，無愧古人。
敬服敬服，慚無以報，勉成此幅呈教，
目眊腕弱，不足供清玩也。雪鴻張
敔。"鈐"張"（白文）、"敔"（白文）。

戊午為清嘉慶三年（1798），張敔時年
六十五歲。

圖繪山巒疊嶂、林木扶疏、水榭沙渚
的江南風景。筆墨有枯濕、虛實之分。
意境蕭淡曠遠，為張敔晚年山水畫代
表作。

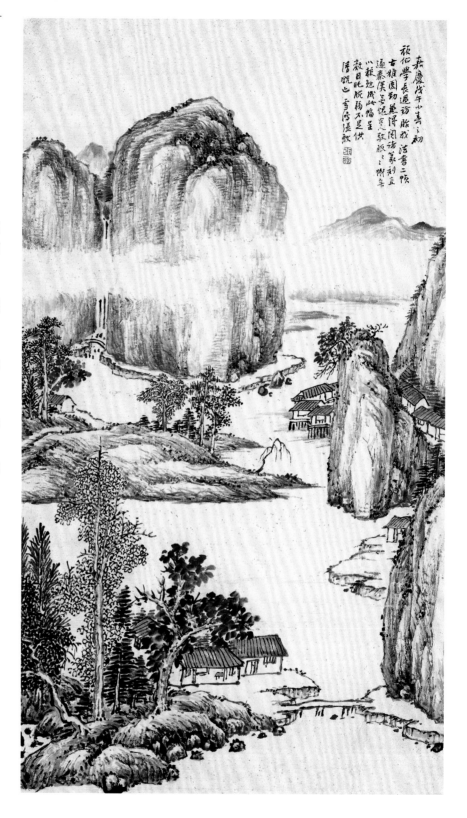

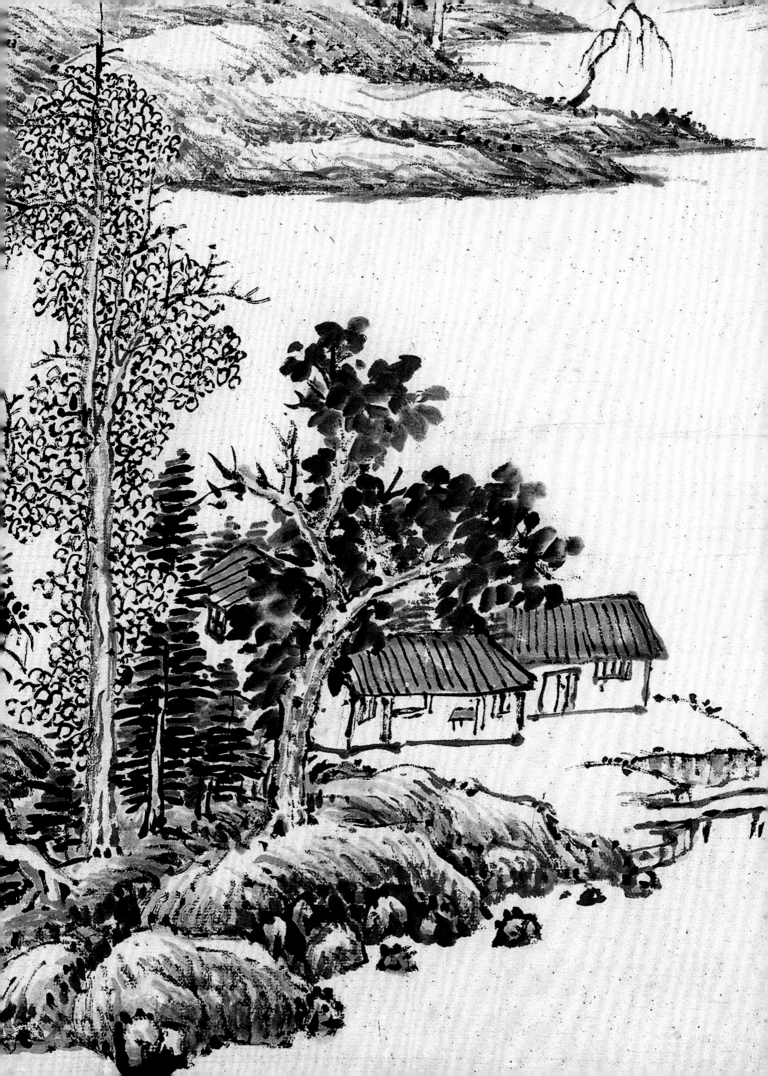

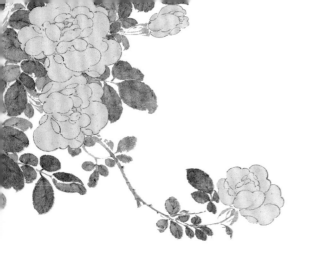

附錄

圖10

朱之蕃　馬電　金陵雙檜圖卷

一、朱之蕃題識：

"城南雙檜勢爭雄，凌歷霜雪號天風。蔽虧日月摩層空，不歎匠石不我逢。泰山有松汙秦封，蜀江有柏嵯臥龍。虞山星列同根宗，更欣地僻無遊蹤。花開笑彼春山紅，烈日焚林秋飛蓬。萬卉凍萎俄嚴冬，孰與此檜百千年載常豐茸。有客探奇歷禪宮，崇祠寂寞環羣峯。眷此雙檜蒼蔭濃，願言明堂稱棟隆。繪圖賦詠心怦忡，恨不移根上苑中。予來觀檜意靡窮，世儻見奇疇能容。輪囷偃蹇謝眾工，蕭然遠避荊榛叢。天年自保存昂顒，時從躓蹻扶長筇。萬曆辛亥馬元赤談城南古檜之奇，曾作圖賦詩以賞之。索得其稿，予亦仿彿其貌狀。至天啟元年辛酉，購得石田翁虞山之檜卷，追憶元赤之筆，並撿得拙筆，不忍棄去，爰續書舊作，合元赤二紙裝潢之，以存故人之手跡。時暮春十又三日，蘭嵎山人朱之蕃識。"鈐"朱氏元介"（白文）、"朱之蕃印"（白文）、"狀元宗伯"（白文）及引首章"聽默"（朱文），另"江上外史"（朱文）印一。

二、馬電"城南古檜行並序"：

"成都諸葛武侯祠堂前古柏數株，年祀寖遠，喬柯鉅圍，蟠固凌拔。杜子美嘗作歌，段文昌亦作文，摹狀奇瑰，人多傳誦。然以忠武之名，自漢歷今，無敢剪伐者。姑蘇虞祠有古檜數株，蓋千餘年物。龍枝虬幹，歷來題詠者眾。弘正間，吳人沈周又從而圖其形，賦詩數章，益播人口。吾鄉六代以來數經兵燹，故多名祠佛刹皆新植之木，無可觀者。萬曆丙午秋暮，趙冶卿氏要余登雨花台，散步山下，去不里許，遙見二檜下覆淫祀，枝柯挺拔，蔭藹菁蔥，非數百年不能如此之狀。當與成都姑蘇二祠之木鼎勝。雖然吾鄉素多博古好事家，卒未言及此木也。且負近城郭，何湮沒無聞焉？噫！凡天下之物有

遇與不遇耳。江東仁祠何限，乃先賢登覽之鄉，譬之植諸正祀之庭，曾經過者題詠，曷讓二祠之名。咸知為瓊木也，不致久棄道旁，觀者以為尋常，過者掉背而不顧，安知此檜之奇哉！冶卿見余低回不去，索余繪圖賦詩以發其靈秘，豈敢媲美於前賢，將慨其物之不遇也。

九月城南秋色老，故人要我來傾倒。登台萬木盡蕭疏，遙看二檜凌青昊。柯枝巋嶬蓋窮窿，皴皮剝裂蒼苔裊。根盤可惜未得也，挺立孤高當冽風。聿來不知何代種，當時未共秦人封。千年胡不遭剪伐，想應材大難為用。錦官城外武侯祠，庭下森森古柏枝。曾經杜甫一題詠，靈異頓使天下知。姑蘇虞祠樹五檜，吾師沈周昔曾繪。黛色銅青上拂雲，至今賞鑑猶稱最。此檜如何棄道旁，蘿為衣帶薜為裳。幸喜未逢斤斧厄，愛護定有神明相。我來一見何惆悵，拈筆為寫冰霜狀。虬柯敧挽泰山霞，龍禎懸縮峨嵋嶂。君不見，二祠名，兩樹時在人口。倘有憐材一顧眄，豈使身名同敝帚。江東馬電。"下鈐"馬電之印"（白文）。另收藏印三："王掞之印"（白文）、"吳下阿湄"（白文）、"江上外史"（朱文）。

圖20

張風　山水圖二頁

新村民對題詩："萬雪吹孤浪，隨人出大江。遠山摹黛細，新月弄蛾雙。今古勞寒汐，河橋滯別艟。幾年湖海氣，對此不能降。此予從燕磯出法詩也。大風此幅竟為予是日寫照。公會道兄拂冊囑題即以奉教。新村民，丁巳。"鈐"民"（朱文）、"新村老民"。

陳寅對題："古人作畫貴淡遠，一淡遠則筆墨之外即有無限豐神逸雋之氣。雖曰閱歷古人遊覽山川，然超脫塵凡，大半出之天分以此置之。今時筆墨之中則高潔與卑穢誠霄壤也。公會年道兄以為何如。邯鄲道人寅識。"